Beck-Wirtschaftsberater

Anleihen

dtv

Beck-Wirtschaftsberater

Anleihen

Geld verdienen mit
festverzinslichen Wertpapieren

von Jutta M. D. Siebers
und Alfred B. J. Siebers †

2., überarbeitete Auflage

Deutscher Taschenbuch Verlag

Hinweis: Die in diesem Buch publizierten Texte über bestimmte Wertpapiere dienen lediglich der aktuellen Information und stellen keine Aufforderung zum Kauf oder Verkauf von Wertpapieren oder anderen Anlageinstrumenten dar. Alle Informationen stammen aus Quellen, die von den Verfassern für zuverlässig gehalten werden. Dennoch können sie für die Richtigkeit oder Vollständigkeit der Angaben keine Garantie übernehmen, und keine der Aussagen ist als solche Garantie zu verstehen. Die zum Ausdruck gebrachten Meinungen oder Empfehlungen geben die aktuelle Einschätzung der Verfasser wider und können sich ohne vorherige Ankündigung ändern. Die Verfasser behalten sich einen Irrtum insbesondere in Bezug auf Zahlenangaben und Kurse ausdrücklich vor.

Im Internet:

dtv.de

beck.de

Originalausgabe
Deutscher Taschenbuch Verlag GmbH & Co. KG,
Friedrichstraße 1a, 80801 München

Gesamtherstellung: Druckerei C. H. Beck, Nördlingen
(Adresse der Druckerei: Wilhelmstraße 9, 80801 München)
Umschlaggestaltung: Agentur 42 (Fuhr & Partner), Mainz
ISBN 3 423 05824 2 (dtv)
ISBN 3 406 49676 8 (C. H. Beck)

Vorwort

Wer sein Geld in festverzinsliche Anleihen investierte, wurde von „richtigen“ Börsianern kaum ernst genommen, konnte man ihrer Meinung nach doch nur mit Aktien, Optionsscheinen oder Futures richtig gut Geld verdienen!

Nach dem Börsenkrach von 1987 hat sich dies zunächst verändert und es gab einen nie zuvor gesehenen Run auf Anleihen, oder „Bonds“, wie sie im angelsächsischen Sprachraum genannt werden.

Aber Sie kennen das vielleicht auch: Kaum lassen die Schmerzen etwas nach, glaubt der Patient gesund zu sein! Mit anderen Worten: Die Renaissance der Anleihen währte nicht lange und heutzutage werden wieder überwiegend die Aktienmärkte und andere Spielwiesen des Kapitals mit dem Geld der Anleger gefüttert.

Dabei kann auch die Anlage in Bonds ausgesprochen spannend, ja riskant sein! So simpel wie noch vor 15 oder 20 Jahren sind Anleihen von heute längst nicht mehr. Eine kaum noch zu übersehende Anzahl unterschiedlichster Instrumente machen dem Anleger die Entscheidung schwer ... und überall lockt die hohe Rendite!

Allerdings ist Vorsicht so angebracht wie nie zuvor. Immer häufiger kommen in den letzten Jahren Anlageinstrumente auf den Markt, die dem Namen nach zu den Anleihen zu zählen sind, in der Funktionsweise dagegen aber eher einer Wette gleichen. Und nicht immer bekommt der Anleger Recht, wenn er sich dagegen mit einer Klage vor deutschen Gerichten zur Wehr setzen will.

Daher muss der Anleger vor dem Kauf die Risiken bewerten, die Kurs- oder Zinsentwicklung beurteilen und die Bonität des Emittenten prüfen. Und wer sich dazu noch mit modernen Methoden des Portfolio-Managements befasst, kann sich die Suche nach der richtigen Anleihe erleichtern und mehr aus seinem Geld machen.

Sollten Sie spezielle Fragen zu diesen Themen haben, auf Fehler gestoßen sein oder Verbesserungen anregen wollen, dann senden sie uns einfach eine Email (Kontakt@BondInvestor.de). Aktuelle Informationen und Ergänzungen finden Sie auf den Webseiten von „Der BondInvestor“ oder unter www.BondInvestor.de.

Frankfurt/M., im September 2003

Jutta M. D. Siebers
Alfred B. J. Siebers

Inhaltsübersicht

Inhaltsverzeichnis

Abkürzungsverzeichnis

z. B.	zum Beispiel
FIBOR	Frankfurt Interbank Offered Rate
LIBOR	London Interbank Offered Rate
i. d. R.	in der Regel
Kap.	Kapitel
etc.	et cetera (und so weiter)
Fifo	first-in, first-out
Lifo	last-in, first-out
Abs.	Absatz
m. a. W.	mit anderen Worten
CY	Current Yield (laufende Verzinsung)
d. h.	das heißt
FRN	Floating-Rate-Note
OS	Optionsschein
YTM	Yield-to-maturity (Rendite bis zum Laufzeitende)
KGV	Kurs/Gewinn-Verhältnis
KCV	Kurs/Cash-flow-Verhältnis
VSK	Verschuldungskoeffizient
VSG	Verschuldungsgrad
VSF	Verschuldungsfaktor
DQ	Deckungsquotient
o. ä.	oder ähnlich
CTD	Cheapest-to deliver (billigst zu liefern)

1. Was sind Anleihen?

Seit die bis 1964 um 6% dümpelnde Rendite von festverzinslichen Wertpapieren steil anstieg, haben mehr und mehr Anleger dieser Art der Geldanlage oder Geldvermehrung größere Aufmerksamkeit geschenkt.

Tatsächlich kletterte die Rendite von festverzinslichen Wertpapieren mit einer Laufzeit von mehr als 4 Jahren bis 1974 – unter Schwankungen – bis auf über 10%. Kein Wunder, dass die Anziehungskraft dieser recht hohen Rendite das Kapital vom traditionellen Sparbuch abfließen ließ.

Heutzutage finden wir auf den Kurszetteln der Börse eine Vielzahl unterschiedlicher Instrumente. Sie sollen den verschiedensten Ansprüchen der Investoren genügen. Grundsätzlich haben folgende Faktoren zum Erfolg der Anleihen – sie werden auch häufig Bonds genannt – beigetragen:

(1) Die mit Anleihen zu erzielenden Renditen können mit den Renditen anderer Anlageformen konkurrieren.

(2) Die Schwankungen der Zinsen erlauben – zusätzlich zur Zinszahlung – hohe Kursgewinne.

Bei Kursgewinnen und Renditen kommt es entscheidend darauf an, um welche Anleihenart es sich handelt. Hier unterscheiden wir zwischen

- **festverzinslichen Anleihen mit fester Laufzeit** (Sie erhalten als Geldgeber während der Laufzeit einen festen Zins auf Ihr zur Verfügung gestelltes Kapital).
- **festverzinslichen Anleihen mit Call-Recht** (wie zuvor, aber hier kann die Anleihe vor dem Ende der Laufzeit durch den Emittenten (Schuldner/Geldnehmer) vorzeitig gekündigt werden. Es wird dann der Nennbetrag bzw. ein etwas höherer Betrag – je nach Anleihebedingung – zurückgezahlt).
- **variabel verzinslichen Anleihen mit fester Laufzeit** (Die Verzinsung Ihres Kapitals wird von der Zinsentwicklung abhängig gemacht. Als Messlatte wird ein Index, z.B. der FIBOR heran-

gezogen. FIBOR bedeutet Frankfurt Interbank Offered Rate und nennt die Verzinsung von Geldern unter Frankfurter Banken.)

- **variabel verzinslichen Anleihen mit Call-Recht**
- **festverzinslichen Anleihen mit Sonderbedingungen** (z. B. Optionsanleihen, bei denen der Gläubiger/Geldgeber ein Zusatzrecht wahrnehmen kann. Dieses Recht kann z. B. den Kauf von Aktien zu einem besonders niedrigen Kurs zum Inhalt haben oder den Bezug von Devisen zu einem festen Kurs erlauben).
- **variabel verzinslichen Anleihen mit Sonderbedingungen**
- **Nullcouponanleihen** (Bei diesen auch Zerobonds genannten Anleihen wird kein Zins gezahlt. Erst am Ende der Laufzeit erfolgen Tilgung und Zinszahlung gemeinsam in einer Summe).

So werden derzeit an deutschen Börsen öffentliche Anleihen (z. B. von Bund und Ländern), Industrieanleihen, Wandelanleihen und Optionsanleihen notiert. Pfandbriefe, Inhaber-Schuldverschreibungen und internationale D-Mark-Anleihen gehören ebenso wie Währungsanleihen zu den täglich gehandelten Bonds.

Die Bezeichnung **Bonds** ist dem angelsächsischen Sprachgebrauch entlehnt und wird hier als gleichbedeutend mit den Begriffen Anleihe, Obligation und Schuldverschreibung benutzt.

Historisches

Wenn Sie sich die modernen Finanzinstrumente ansehen und da von Caps, Swaps und anderen Konstruktionen verwirrt werden, werden Sie kaum glauben wollen, dass die Anleihe ein mehr als 2000 Jahre alter Hut ist.

Die Anfänge des Handels mit Anleihen sind bis ins Altertum zurückzuverfolgen. Bereits die Sumerer hielten um 2500 v. Chr. auf Tontafeln die Regeln und Ereignisse in Verwaltung und Wirtschaft fest. Funde in jüngster Zeit zeigen Inschriften auf diesen Tafeln, die vom Inhalt her unseren heutigen Anleihen gleichen. Die wichtigsten Eintragungen sind neben dem Kapitalbetrag, der Rückzahlung und den Zinsen die jeweiligen Zahltermine.

Die bekanntesten „Oldies“ dürften die Schuldverschreibungen aus dem Mittelalter sein. Sie dienten der Finanzierung von Kriegen und Kreuzzügen und erlangten so eine große Bedeutung.

Natürlich wurde der Sicherheitsaspekt vernachlässigt. Der einzige Grund für die Hergabe des Geldes dürfte die Verpflichtung des Untergebenen gewesen sein. Wer wollte schon mit seinem Dienstherren einen Streit anfangen?

Die Zeichner dieser Anleihen gingen jedoch in der Mehrzahl leer aus. Einige werden bei diesen selbst mitfinanzierten Abenteuern wohl auch ihr Leben gelassen haben. Anleihen waren auch Bestandteil eines regen Tauschhandels, lange bevor es Aktien gab.

Noch frischer in Erinnerung sind Kriegsanleihen des „tausendjährigen Reiches". Auch hier schaute der Investor in die Röhre.

Bei solch schlechten Aussichten fragt der Leser zu Recht nach dem Sinn dieser Anlageform.

Grundsatz der Anleihe

Will man die Bedingungen und die Stellung von Geldgeber und Geldnehmer auf einen Satz reduzieren, so lautet dieser aus der Sicht des Geld**nehmers:**

> „Ich bin Dir verpflichtet!"

Im Text der Anleihe erfolgt dann die genaue Beschreibung folgender Bedingungen:

- die Rückzahlung des Kapitals
- die Höhe der Zinsen
- der Zeitpunkt der Zahlung der Zinsen
- die weiteren Bedingungen.

Anleihen sind Zahlungsverpflichtungen (Urkunden über Vermögensrechte). Sie werden auch Rentenpapiere oder schlicht Wertpapiere genannt. Die Rückzahlung wird bei öffentlichen Anleihen in der Regel durch den Staat (Bund/Länder) garantiert. Gedeckt wird diese Garantie durch das Steueraufkommen. Ist der Anleihenemittent eine Aktiengesellschaft (AG), dann genießen die Anleihen gewisse Vorzugsrechte. So wird bei ungünstiger Geschäftsentwicklung (Konkurs) der Besitzer einer Anleihe – er ist Gläubiger der Gesellschaft – zuerst aus den Vermögenswerten bedient. Die Anleihe genießt also einen **erst**rangigen Anspruch gegenüber Stammaktien.

> Der Inhaber einer **Schuldverschreibung** ist ein **Gläubiger,** der Inhaber einer **Aktie** dagegen nur ein **Inhaber.**

1.1 Vor- und Nachteile von Anleihen

Wie andere Anlageformen auch (z. B. Aktien, hier ist die laufende Einnahme die Dividende, die Zahlung wird allerdings nicht garantiert) bieten Bonds zwei Arten von Einkommen:
(1) laufende Einnahmen aus den Zinszahlungen und
(2) Kursgewinne.

Die laufenden Einnahmen hängen von der Höhe und der Häufigkeit der Zinszahlungen ab, die Kursgewinne dagegen von sinkenden Zinsen. Die Zinszahlungen ergeben sich aus dem **Nennwert** und dem Couponzins. Der Nennwert ist der auf die Anleihe aufgedruckte Betrag. Die Rückzahlung erfolgt immer zum Nennwert (Ausnahmen werden in den Anleihebedingungen genannt). Der Couponzins bezieht sich auf den Nennwert.

Wenn Sie beispielsweise eine Anleihe mit einem Nennwert von 100,– € und einem Couponzins von 8% gekauft haben, dann erhalten Sie während der Laufzeit jährlich 8,– € an Zinsen und am Ende der Laufzeit den Betrag von 100,– € zurück. Haben Sie für die Anleihe 100,– € bezahlt, spricht der Handel von einem Kauf zu **pari.** Haben Sie mehr bezahlt, dann lag Ihr Preis **über pari.** Konnten Sie für weniger als 100,– € die Anleihe erwerben, spricht man von **unter pari.**

Den Preis, zu dem Sie die Anleihe erworben haben, nennt man **Kurswert.** Der Kurswert hängt von vielen Faktoren ab, z. B. von der Zinsentwicklung und von Angebot und Nachfrage. Der Kurswert ist daher mehr oder weniger instabil. Daraus ergibt sich die Chance auf Kursgewinne. Hier gilt es sich zu merken, dass sich Zins und Kurs der Anleihe entgegengesetzt verhalten.

Immer wenn die Zinsen steigen, **sinkt** der Kurswert der Anleihe. Umgekehrt – wenn die Zinsen sinken – **steigt** der Kurswert der Anleihe.

Wenn Sie daher ein festverzinsliches Papier zum Kurs von 80 gekauft haben und die Zinsen sinken, können Sie es möglicherweise zu einem Kurs von 90 wieder verkaufen.

Andererseits entsteht natürlich bei steigenden Zinsen ein Verlust. Ihr zum Kurs von 80 erworbenes Papier notiert dann vielleicht nur noch zu 70.

Zusammengenommen jedoch bieten Anleihen mit festem Zinssatz und der Chance auf Kurssteigerungen eine attraktive Alternative zu Aktien und anderen Anlageformen.

Wie kommen Sie nun in den Besitz von Anleihen, wer informiert Sie über die aktuellen Angebote? Auf beide Fragen gibt es eine Antwort: Sprechen Sie mit dem Berater bei Ihrer Bank oder Sparkasse! Er erledigt alle Formalitäten, kauft und verkauft für Sie Anleihen, Pfandbriefe oder Bundesschatzbriefe. Auch wird er Ihnen die Einrichtung eines Wertpapierdepots anbieten, in welchem dann die Zins- und Fälligkeitstermine laufend überwacht werden.

Bevor Sie aber kaufen, sollten Sie sich über die Laufzeit Gedanken machen. Schließlich erhalten Sie i. d. R. erst am Ende der Laufzeit den Nennwert zurück (Ausnahme: vorzeitiger Verkauf über die Börse bei börsennotierten Papieren). Der Handel unterscheidet zwischen Kurz- und Langläufern. Kurzläufer werden in weniger als vier Jahren fällig, Langläufer danach. Neben dieser recht ungenauen Betrachtungsweise gibt es in den USA exaktere Zahlen:

- Kurzfristige Anleihen: 30 Tage bis ein Jahr (T-Bills)
- Mittelfristige Anleihen: ein Jahr bis 10 Jahre (T-Notes)
- Langfristige Anleihen: 10 Jahre bis 40 Jahre (T-Bonds)

1.1.1 Vielseitige Nutzung

Der konservative Anleger erwartet von seiner Anleihe regelmäßige Zahlungen. Mit diesen Zahlungen erhöht er sein Einkommen und stellt seinen Lebensunterhalt sicher. Hohe Zinsen über einen möglichst langen Zeitraum sind seine Maxime.

Der aggressivere Anleger hat es dagegen nur auf Kursgewinne abgesehen. Er spekuliert auf sinkende Zinsen oder investiert nur in Kurzläufer, jederzeit bereit, seine Anlagemeinung zu ändern.

Der konservative Investor ist bereit, bis zum Ende der Laufzeit auf die Rückzahlung des Kapitals zu warten. Dann erhält er – unabhängig von dem dann gültigen Börsenkurs – den vollen Betrag zurück. Voraussetzung für die Zahlung ist, dass der Emittent der Anleihe zur Rückzahlung in der Lage ist.

Der aggressive Investor hat gelernt, mit den ständigen Kursschwankungen zu leben und davon zu profitieren. Je häufiger der Markt schwankt, umso häufiger ergibt sich eine Chance, davon zu profitieren. Detaillierte Strategien sind einem gesonderten Kapitel (Kap. 9) vorbehalten.

Schlussendlich fördert die hohe Sicherheit vieler festverzinslicher Wertpapiere die Erhaltung des Kapitals. Hier sind in erster Linie staatsgarantierte Papiere wie Schatzbriefe, Bundesanleihen etc. gemeint.

Festverzinsliche Wertpapiere bieten **größtmögliche Sicherheit, hohen Ertrag** und **kurzfristige Verfügbarkeit.**

Damit ist gemeint:

- Mit der größtmöglichen Sicherheit wird der Emittent in der Lage sein, die laufenden Zinsen und die Rückzahlung fristgerecht und in voller Höhe zu leisten.
- Durch die Zahlung des Couponzinses erzielt der Anleger einen regelmäßigen und immer gleich hohen Ertrag während der gesamten Laufzeit.
- Bei börsennotierten Anleihen ist innerhalb kurzer Frist der Verkauf der Anleihe zum Kurswert möglich, der Anleger kann dann wieder über sein Kapital verfügen.

1.2 Technische Einzelheiten

Wer Anleihen einer Gesellschaft kauft, interessiert sich in erster Linie für ihre Fähigkeit, das aufgenommene Kapital zurückzahlen zu können. Zu den wichtigen technischen Details gehören aber weitere Begriffe wie

- Rating
- Zins
- Amortisationsfonds
- Emissionskonsortium
- Schuldendienst
- Deckung
- Kündigung
- aktuelle Rendite
- Rendite über Laufzeit.

Nicht jeder dieser Begriffe muss in diesem Rahmen besprochen werden. Andererseits sollte der Anleger aber wissen, auf welche Weise das Unternehmen Einkünfte erzielt, von denen es dann die Anleihe bedient.

Information kommt vor Investition!

1.2.1 Begebung einer Anleihe

Durch die Wiedervereinigung beider Teile Deutschlands ist das Instrumentarium der Anleihen wieder in das Bewusstsein der Öffentlichkeit getreten. Eine Anleihe zur Finanzierung der Wiedervereinigung konnte ohne Probleme untergebracht werden.

Das Funktionieren der freien Marktwirtschaft hat dafür gesorgt, dass die freien Gelder zur attraktivsten Zinsquelle flossen. Dies ist natürlich sehr allgemein formuliert. Tatsächlich haben auch andere Aspekte wie Sicherheit, Patriotismus oder spekulative Motive den Ausschlag gegeben.

Wer begibt Anleihen?

Theoretisch könnte jedes größere Unternehmen an einen Geldgeber herantreten und eine sogenannte **Selbstemission** vornehmen. In der Praxis ist dieses Vorgehen allerdings recht ungewöhnlich und meist auch gar nicht praktikabel.

Selbstemissionen erfolgen daher in der Regel nur von Hypothekenbanken, Pfandbriefanstalten oder öffentlich-rechtlichen Kreditinstituten. Auch Großbanken mit der entsprechenden Akzeptanz in der Bevölkerung gehen diesen Weg der Kapitalbeschaffung.

Will das Unternehmen die Anleihe beim privaten Publikum unterbringen, wird es sich in jedem Fall der Hilfe eines **Banken-Konsortiums** bedienen. Kreditinstitute und Banken genießen beim Anleger das größere Vertrauen. Die Plazierung durch ein Konsortium ist daher Erfolg versprechender (Fremdemission).

Auch der Staat (Bund, Länder und Gemeinden) nutzen die professionelle Hilfe eines Bankenkonsortiums.

Die Emission

Bei der Emission sind zwei grundsätzlich verschiedene Arten zu unterscheiden. Zum einen haben wir es mit **Dauer-Emittenten** zu tun, zum anderen mit **Einmal-Emittenten.**

Beispiel für Dauer-Emittenten: Pfandbriefe und Kommunalobligationen werden laufend ausgegeben. Damit decken die Pfandbriefanstalten und Realkreditinstitute ihren Kapitalbedarf für ihre Hypothekenzusagen. Der Verwendungszweck ist also die fortwährende Mittelbeschaffung.

Beispiel für Einmal-Emittenten: Alle anderen Emittenten, die nicht unter dem Begriff Dauer- Emittent eingeordnet werden können, benutzen den Kapitalmarkt zur Mittelaufnahme für einen bestimmten Zweck. Dieser Zweck geht aus den Anleihebedingungen hervor.

Allerdings kann dort der Zweck der Kapitalbeschaffung auch sehr vage beschrieben sein, wie z. B. für nicht näher bezeichnete Investitionen oder auch nur zur Sicherstellung größerer Betriebsmittel.

Genehmigungen sind erforderlich

Jede Anleihe muss vor ihrer Plazierung staatlich genehmigt werden. Einzige Ausnahme von dieser Regel sind die Anleihen des Bundes und der Länder. Allerdings: Bei Emissionen der Länder ist die Zustimmung des zuständigen Bundesministers erforderlich.

Auch die Bundesbank will vor der Emission gefragt werden und verweist auf das Bundesbankgesetz. Ursprünglich sollte mit dieser Vorschrift der Anleger geschützt werden. Um Überbelastungen des Kapitalmarktes zu vermeiden, ist es auch heute noch sinnvoll, den Anleihenkalender (Emissionsfahrplan) zu studieren.

Die Zeichnung

Ohne den entsprechenden Prospekt sollten Sie nichts kaufen. Die Anleihe **zeichnen** heißt schließlich nichts anderes als kaufen. Studieren Sie die Bedingungen genau. Worauf es noch ankommt, erfahren Sie in der Risiko-Analyse in Kap. 3.

Grundsätzlich aber sollten im Prospekt folgende Angaben gemacht werden:
- Form und Nennbetrag
- Verzinsung
- Fälligkeit
- Zahlungen
- Steuern
- Vorlegungsfrist, Verlust von Zinsscheinen
- Kündigungsrecht der Anleihegläubiger
- Bekanntmachungen
- Anwendbares Recht
- Erfüllungsort und Gerichtsstand.

Auch über die begebende Gesellschaft müssen Angaben gemacht werden:
- Gründung (Dauer), Gegenstand der Gesellschaft
- Sitz der Gesellschaft
- Geschäftsführung
- Hauptversammlung
- Geschäftsjahr und Gewinnverteilung
- Grundkapital
- Vorstand und Aufsichtsrat.

Auf dem Weg der Anleihe vom Emittenten über die Bank bis zum Anleger wollen natürlich alle kräftig mitverdienen. Handelt es sich um eine Neu-Emission, dann kaufen Sie Ihren Bond zum Nettoverkaufspreis. Die Bank hat ihre Provision bereits abgezogen.

Anders bei bereits im Handel befindlichen Emissionen. Hier müssen Sie mit einer Provision von 1 bis 2% vom Nennwert rechnen.

Die Höhe der Gebühren beeinflusst auch die Rendite. Ein Beispiel soll das verdeutlichen:

Sie wollen eine Anleihe mit einem Nennwert von 20000,– € zum Kurs von 100% (pari) kaufen. Der Couponzins beträgt 10% und die Rendite stellt sich bei einer Laufzeit von 4 Jahren auf ebenfalls 10%. Ihre Bank verlangt für den Kauf 2% Spesen vom Nennwert. Ihre Kosten betragen jetzt 20400,– € und die Rendite verschlechtert sich auf 9,3774%.

Noch deutlicher wird der Einfluss der Gebühren, wenn Sie eine Anleihe unter pari erworben haben. Konnten Sie zum Kurs von 80% die obige Anleihe kaufen, so beträgt Ihre Rendite ohne Gebührenberücksichtigung 17,3394%. Werden die Gebühren eingerechnet, ergibt sich eine um 0,8429% niedrigere Rendite von 16,4965%.

Wenn Ihr Depot noch klein ist und Sie keine großen Geldbeträge zur Anlage besitzen, dann werden Sie mit Ihrer Bank oder Sparkasse kaum über Gebührennachlässe verhandeln können. Da hilft nur der Blick über den Zaun: Auch andere Banken können für Sie Anleihen kaufen und stellen Ihnen vielleicht geringere Kosten in Rechnung.

Der Handel

Wurde die Anleihe durch ein Bankenkonsortium plaziert, erfolgt auch meist die Einführung an der Börse. Durch den Börsenhandel werden die Kurs-Notierungen für den Anleger überprüfbar, da er die Notierung seiner Anleihe in der Tageszeitung nachlesen kann. So kann er die Kursentwicklung verfolgen und gegebenenfalls mit einem Verkauf auf eine Kursveränderung reagieren.

Der Börsenhandel der Anleihe gibt der bei der Emission federführenden Bank auch die Möglichkeit, schnell und oft unbemerkt die Kurspflege durchzuführen. Unter Kurspflege versteht man das Bestreben, den Kurs vor spektakulären Sprüngen zu bewahren. Droht die starke Abgabeneigung der Investoren den Kurs zu drücken, nimmt die Bank **Material** (Bezeichnung des Handels für Wertpapiere) aus dem Markt.

Kommt es durch große Nachfrage zu Engpässen, gibt die Bank Material an den Markt ab. So werden nicht gewünschte große Schwankungen des Anleihenkurses vermieden.

1.2.2 Bestandteile einer Anleihe

Jede Anleihe besteht aus zwei Komponenten: dem Nennwert und dem Couponzins. Immer wieder sind aber auch noch die Begriffe **Mantel** und **Bogen** zu hören.

In der Vergangenheit legte der Anleger den Zinsschein-**Bogen** zur sicheren Aufbewahrung in den Anleihen-**Mantel.** Die eigentliche Urkunde ist der Mantel. Allerdings stellt der Zinsschein für sich auch ein Wertpapier dar.

Der Mantel dokumentiert den Anspruch auf den Nennwert am Ende der Laufzeit, der Zinscoupon den Anspruch auf eine bestimmte Summe in bar zu festen Zeitpunkten.

Heute ist es eher unüblich, eine Anleihe in physischer Form zu erwerben. In der Regel übernimmt der Kollege Computer die Arbeit. Hier handelt es sich um eine reine Buchungstätigkeit.

Die Anleihe wird in das Konto des Anlegers eingebucht und die Bank übernimmt auch die Einlösung und die Gutschrift der Zinscoupons.

Werden aber tatsächlich noch Anleihen in physischer Form, also als Urkunde auf Wunsch des Kunden ausgegeben, dann empfiehlt es sich, ähnlich wie bei Scheck und Scheckkarte, den Anleihenmantel und den Zinsscheinbogen getrennt aufzubewahren. Da es sich i. d. R. um Inhaberpapiere handelt, könnte jedermann, der in den Besitz der Papiere gelangt, bei Vorlage zum Zahltermin die Zinszahlung oder die Rückzahlung des Anleihebetrages in Empfang nehmen.

Die Banken bieten die Aufbewahrung an und eröffnen gern ein Depotkonto. Aber dabei ist ein Vergleich der Kosten angebracht. Im Kapitel 1.2.1 haben wir eine Anleihe mit einem **Nennwert** von 20 000,– € gekauft. Nehmen wir an, der **Kurswert** der Anleihe steigt auf 21 050,– € und Sie haben die Anleihe in einem Depot bei Ihrer Bank. Die anfallenden Depotkosten können die Rendite beeinträchtigen, deshalb ist ein Vergleich der Kosten angebracht. Die Tabelle (Stand April 2003) gibt einen Überblick über die verlangten Depotgebühren pro Jahr bei ausgewählten Banken. Da diese Angaben schnell veralten, sollten Sie sich bei den in Frage kommenden Banken ein aktuelles Angebot einholen.

Sie können aber auch auf der Webseite www.BondInvestor.de eine aktualisierte Liste einsehen oder downloaden. Hier nun der erste Überblick:

Gebühren pro Jahr	**Order über**		
(Stand April 2003)	**Internet**	**Telefon**	**Filiale**
Citibank Brokerage	kostenlos	kostenlos	
Maxblue (Deutsche Bank)	kostenlos	kostenlos	
Direkt Anlage Bank	kostenlos	kostenlos	
Consors	23,40 €	23,40 €	
Comdirect	43,50 €	43,50 €	
Entrium	kostenlos		
1822 direkt (Frankfurter Sparkasse)	kostenlos		
Firmatex	pro Quartal 0,025%		
Citibank			kostenlos
Deutsche Bank 24			32,87 €
Dresdner Bank			75,– €
Commerzbank			87,– €
Stadtsparkasse Düsseldorf			57,– €

Wenn auch die Belastungen durch die Depotkosten von Bank zu Bank stark schwanken, so wird doch deutlich, dass sie sich im Rahmen von 1–1,5 Promille bewegen. Die Verhandlung über die Kauf- und Verkaufsspesen bringen dem Anleger eher eine Renditeverbesserung.

1.3 Steuern auf Anleihen

Über das Thema Steuern wurden und werden ganze Bibliotheken verfasst. Als Anleger aber haben Sie sicher schon genug damit zu tun, die richtige Anlageentscheidung zu fällen. Hier wird der eine oder andere Berufene einwenden, dass die Steuer auch einen nicht zu vernachlässigenden Einfluss auf die Anlageentscheidung haben kann oder sollte.

Der tägliche Umgang mit dem Steuerrecht und dem Steuerunrecht schärft jedoch den Blick für das Wesentliche. Nur die wichtigsten Aspekte finden Sie in diesem Kapitel.

Wer seine Anlage ausschließlich nach Steuerüberlegungen aussucht, wird schnell unbeweglich in seinen Entscheidungen. Wenn es beispielsweise gilt, einen bereits erzielten Gewinn zu sichern, ist ein Verlust nur durch eine schnelle Entscheidung zu vermeiden.

Durch die Nutzung der legalen Möglichkeiten kann der Investor seine Rendite oftmals noch verbessern. Statt nach Schlupflöchern Ausschau halten zu müssen, erschließt die Versteuerung des erzielten Einkommens aus Zinsen und Kapitalgewinn die Möglichkeit, viele Kosten in Anrechnung bringen zu können.

Die meisten Möglichkeiten und Chancen werden aus Unwissenheit nicht genutzt. Lassen Sie sich von einem Steuerberater durch den Steuerdschungel begleiten. Die Kosten sind meist geringer als vermutet und können abgesetzt werden. Fragen Sie am besten zwei Steuerfachleute nach ihren Gebühren und vergleichen Sie die angebotenen Leistungen.

Dann brauchen Sie nicht mit schlechtem Gewissen hochspekulative und geheime Aktionen durchzuführen und sind von Ihrem „Anlageberater“ nicht erpressbar.

Die Besteuerung der Zinserträge soll ab 2004 neu geregelt werden. Statt der bisherigen Zinsabschlagsteuer in Höhe von 30% soll die neue Zinsabgeltungssteuer lediglich 25% betragen. Mit dieser neuen Steuer wird die Einkommensteuer und der Solidaritätszuschlag abgegolten.

Jedoch wird die Zinsabgeltungssteuer nicht auf alle Kapitalerträge angewendet, so dass Sie diese weiterhin in Ihrer Steuererklärung angeben müssen. Allerdings haben Sie sowohl bei den der Zinsabgeltungssteuer unterliegenden Kapitalerträgen, als auch bei den nicht der Abgeltungssteuer unterliegenden Kapitalerträgen die Möglichkeit, die Zinserträge in Ihrer Steuererklärung anzugeben.

Dabei können Sie zwischen einer Veranlagung mit oder ohne Tarifbegrenzung wählen. Diese „vereinfachte“ Besteuerung scheint auf den ersten Blick bei weitem nicht so einfach zu sein, wie es sich die „Väter“ dieser Gesetze wohl gedacht haben.

Bei den nachfolgenden Ausführungen bedenken Sie bitte, dass sie sich auf den Referentenentwurf von 2003 beziehen. Dieser Entwurf wird möglicherweise ohne nennenswerte Veränderungen bezüglich der hier gemachten Ausführungen Gesetz werden.

Dennoch sollten Sie, bevor Sie Ihre Anlageentscheidungen treffen, einen kompetenten Steuerberater hinzuziehen oder sich anderweitig informieren. Grundsätzliche Informationen zu den in diesem Kapitel behandelten Themen finden Sie auf der Webseite www.BondInvestor.de. Dort befinden sich auch Links zu anderen relevanten Webseiten.

1.3.1 Zinsabgeltungssteuer

Die Zinsabgeltungssteuer soll 25% betragen und die bis dahin gültige Zinsabschlagsteuer ersetzen.

Diese neue Steuer ist ebenfalls eine sogenannte Quellensteuer auf Kapitalerträge und wird von der auszahlenden Stelle (z. B. Bank, Sparkasse, Bundesschuldenverwaltung) einbehalten, falls diese **„Zahlstelle“** ihren Sitz **in Deutschland** hat.

Die Zahlstelle überweist in monatlichem Rhythmus die Zinsabgeltungssteuer in einem Gesamtbetrag an das für Sie zuständige Finanzamt. Dabei werden die Gläubiger (z. B. die Emittenten der Anleihen in Ihrem Depot) nicht genannt.

Bei der bisherigen Zinsabschlagsteuer handelte es sich um eine Vorauszahlung und wer weniger als die einbehaltenen 30% zahlen wollte, musste sich per Steuererklärung sein Geld zurückholen.

Anders bei der neuen Zinsabgeltungssteuer. Diese Steuerbelastung ist endgültig und berücksichtigt die Einkommensteuer und den Solidaritätszuschlag, Allerdings werden weder Kirchensteuer, Erbschaftsteuer oder Schenkungsteuer in diesem „Pauschal-Angebot“ von 25% berücksichtigt.

Damit die Kirchensteuer berechnet werden kann, wird die Einkommensteuer um 25% der Zinserträge erhöht. Auf diesen erhöhten Betrag ist dann die Kirchensteuer fällig. Für Mitglieder von Kirchen, die eine Kirchensteuer erheben, bleibt es damit bei der Angabe der Zinserträge in der Steuererklärung.

Falls die **„Zahlstelle“** ihren Sitz **im Ausland** hat, wird keine Zinsabgeltungssteuer einbehalten. Der Grund dafür liegt auf der Hand: Der Bundesfinanzminister kann Banken im Ausland nicht verpflichten, für ihn die Steuerbeträge einzubehalten und an ihn zu überweisen.

Für den Anleger gilt daher, dass er Zinserträge im Ausland in seiner Steuererklärung angeben muss. Allerdings dürfen diese Zinserträge nicht höher besteuert werden, als dies bei Zinserträgen im Ausland der Fall wäre.

Über so genannte „Besondere Veranlagung mit Tarifbegrenzung“ werden diese Erträge dann ebenfalls mit 25% versteuert. Zu dieser „Besonderen Veranlagung mit Tarifbegrenzung“ später mehr.

Was muss versteuert werden?

Im Gegensatz zu der bisherigen Regelung greift die neue Zinsabgeltungssteuer weiter und berücksichtigt auch geringfügige Zinserträge. Darüber hinaus muss der Anleger auch die Kapitalertragssteuer berücksichtigen, denn nicht alle Erträge können pauschal „abgegolten“ werden.

Und dann sind da noch die Zinserträge, die anderen Einkunftsarten zuzurechnen sind. Auch diese unterliegen größtenteils der Zinsabgeltungssteuer. Hier gelten aber auch noch andere Bestimmungen, auf die wir weiter unten noch eingehen.

1.3.2 Welche Kapitalerträge unterliegen der Zinsabgeltungssteuer?

Die nachfolgende Auflistung gibt Ihnen einen Überblick über die der Zinsabgeltungssteuer unterliegenden Kapitalerträge. Auch wenn man bei mancher Position wegen Ihrer Geringfügigkeit (Ertrag unter 10,– €) an einen „Schildbürgerstreich“ glauben möchte, soll die neue Steuer mehr Gerechtigkeit bringen.

- Zinsen aus Girokonten und/oder Bausparguthaben, die mit weniger als 1% verzinst werden
- Zinsen aus Guthaben und Einlagen bei Banken und Sparkassen im Inland
- Zinsen auf Bausparguthaben

- Zinsen auf Sparkassen-Gewinn-Obligationen
- Zinsen auf Guthaben, bei denen nur einmal im Jahr der Zins gutgeschrieben wird und nicht mehr als 10,– € beträgt
- Zinsen auf den Konten loser Personenzusammenschlüsse. Dazu gehören Schulklassen, Vereine, Kegelklubs, Stammtische, Investmentclubs und andere mehr
- Zinsen und Stückzinsen bei Wertpapieren mit fester Verzinsung
- Zinszuwächse bei ab- oder aufgezinsten Wertpapieren (z. B. Zerobonds, Bundesschatzbriefe vom Typ B)
- Verkaufserlöse von Zinsseheinen von Anleihen mit abgetrennten und separat handelbaren Zinsscheinen (Stripped Bonds)
- Zinsen, Stückzinsen und Veräußerungsgewinne bei Finanzinnovationen. Dazu gehören bspw. Stufenzins-Anleihen, Step-up-Anleihen, Step-down-Anleihen, Kombizins-Anleihen, GleitzinsAnleihen, Optionsanleihen, Anleihen mit unterschiedlichen Zinsen, Disagio-Anleihen, Umtausch-Anleihen, kapitalgesicherte Index-Anleihen und Aktienanleihen.

Bei Finanzinnovationen wie z. B. Aktienanleihen etc. können Verluste entstehen, die mit anderen Kapitalerträgen und/oder anderen positiven Einkünften verrechnet werden können.
Allerdings lässt sich dies nicht mit der Zinsabgeltungssteuer vereinbaren. Aus diesem Grund ist in diesem Fall die Veranlagung ohne Tarifbegrenzung für alle Kapitalerträge zu wählen. Dazu später mehr.

1.3.3 Welche Kapitalerträge unterliegen nicht der Zinsabgeltungssteuer?

Keine Zinsabgeltungssteuer wird auf Erträge erhoben, die der Kapitalertragssteuer unterliegen. Die Kapitalertragssteuer wird auf inländische Beteiligungserträge und gewinnabhängige Ausschüttungen erhoben.

Dazu gehören folgende Erträge:

- Zinsen aus Wandelanleihen (25% Kapitalertragsteuer)
- Zinsen aus Gewinnobligationen (25% Kapitalertragsteuer),

Ausnahme: Die Zinsen bei Sparkassen-Gewinn-Obligationen unterliegen der Zinsabgeltungssteuer

- Einnahmen aus partiarischen Darlehen und stillen Beteiligungen (25% Kapitalertragsteuer)
- Zinsen und Überschusszahlungen aus steuerschädlichen Lebensversicherungen (25% Kapitalertragsteuer)
- Dividenden aus Aktien – wegen des Halbeeinkünfteverfahrens nur zur Hälfte steuerpflichtig – (20% Kapitalertragsteuer)
- Gewinne aus Genossenschaftsanteilen und GmbH-Anteilen – wegen des Halbeeinkünfteverfahrens nur zur Hälfte steuerpflichtig – (20% Kapitalertragsteuer)
- Erträge aus Genussscheinen und Genussrechten, allerdings sind dabei zwei Varianten zu beachten:
  a) bei Gläubigerpapieren, die *nicht* mit einem Recht auf den Liquidationserlös ausgestattet sind, werden die Erträge wie Zinsen behandelt und der Kapitalertragssteuer von 25% unterworfen.
  b) Bei Genussscheinen, die wie Dividendenpapiere ausgestaltet sind (mit einem Recht auf den Liquidationserlös), werden sie der Kapitalertragssteuer von 20% unterworfen.

Weitere Kapitalerträge

Über die bisher vorgestellten Kapitalerträge hinaus sind folgende Erträge noch zu erwähnen:

- Erlöse aus dem Verkauf von Dividendenscheinen ohne die dazugehörenden Aktien
- Dividenden und Gewinnausschüttungen von ausländischen Kapitalgesellschaften
- Zinsen auf Steuererstattungen vom Finanzamt, die 15 Monate nach Ablauf des Steuerjahres fällig werden
- Zinsen auf ein Darlehen von einer Privatperson oder einem Unternehmen.

Die genannten Erträge sind jedoch keineswegs steuerfrei, sondern müssen in der Einkommensteuererklärung offenbart werden. Sie werden mit dem individuellen Steuersatz zuzüglich Kirchensteuer und Solidaritätszuschlag besteuert.

1.3.4 Veranlagungswahlrecht

Als Vereinfachung gedacht, wird mit der Zinsabgeltungssteuer nicht nur die Einkommenssteuer auf das Zinseinkommen sondern auch der Solidaritätszuschlag abgegolten. Für die meisten Anleger ist damit das Wesentliche erledigt.

Allerdings kann diese Vereinfachung in bestimmten Fällen auch ein Nachteil sein.

Bisher konnten die Zinserträge in die Einkommenssteuerveranlagung übernommen werden und die einbehaltene Steuer auf die Steuerschuld angerechnet werden.

Um dies auch bei der Zinsabgeltungssteuer zu erreichen, hat der Gesetzgeber hier ein Wahlrecht eingebaut. Sie können also die Zinserträge einbeziehen und dabei zwischen zwei Varianten wählen:

- besondere Veranlagung mit Tarifbegrenzung auf 25% oder
- allgemeine Veranlagung ohne Tarifbegrenzung mit Versteuerung nach dem individuellen Steuersatz.

Für Anleger mit einem Wohnsitz im Ausland gilt: Sie können sich die einbehaltene Zinsabgeltungssteuer erstatten lassen. Sie stellen einfach einen formlosen Antrag auf Erstattung der einbehaltenen Zinsabgeltungssteuer und berufen sich dazu auf § 37 Abs. 2 AO.

Für alle anderen Anleger mit Wohnsitz in Deutschland werden nachfolgend die beiden Varianten dargestellt.

Besondere Veranlagung mit Tarifbegrenzung

Bei der besonderen Veranlagung mit Tarifbegrenzung werden die Zinserträge mit dem einheitlichen Steuersatz von 25% besteuert. Diese Variante ist besonders dann zu empfehlen, wenn

- Sie einen unzureichenden oder auch keinen Freistellungsauftrag erteilt haben und deshalb sowohl der Sparerfreibetrag als auch die Werbungskosten-Pauschale nicht berücksichtigt wurde.
- Ihre Zinserträge wegen von Ihnen gezahlten Stückzinsen negativ sind. Diese Situation kann dann eintreten, wenn Ihre Bank die gezahlten Stückzinsen nicht berücksichtigt hat. Näheres zum „Stückzinstopf“ später.

- Die Zinsabgeltungssteuer bei Finanzinnovationen nach der Marktrendite berechnet wurde. Sie wollen jedoch die Emissionsrendite nachweisen, weil dies dann zu einem geringeren Ertrag führt. Mehr dazu unter „Besonderheiten bei Finanzinnovationen“.
- Die Zinsabgeltungssteuer bei Finanzinnovationen nach der Pauschal*bemessungsgrundlage* (25% des Erlöses) berechnet wurde. Sie wollen die Anschaffungskosten nachweisen und damit bei Verlusten eine Besteuerung vermeiden. Mehr dazu unter „Besonderheiten bei Finanzinnovationen“.

Als Bemessungsgrundlage für die Zinsabgeltungssteuer wird hier der Bruttobetrag der Zinserträge herangezogen. Nur wenn Sparerfreibetrag und Werbungskostenpauschale noch nicht oder nicht in voller Höhe bei anderen Kapitalerträgen berücksichtigt wurden, kann der Restbetrag hier abgezogen werden.
Auch gezahlte Stückzinsen dürfen abgezogen werden. Dies gilt jedoch nicht für tatsächliche Werbungskosten und sonstige Ermäßigungen. Die Zinserträge dürfen auch nicht mit anderen negativen Einkünften verrechnet werden!

Allgemeine Veranlagung ohne Tarifbegrenzung

Die allgemeine Veranlagung ohne Tarifbegrenzung entspricht dem bisherigen Verfahren. Die Zinserträge werden bei der Einkunftsermittlung einbezogen und mit dem individuellen Steuersatz besteuert. Diese Variante ist besonders dann zu empfehlen, wenn

- Ihr ganz persönlicher Steuersatz niedriger als 25% ist
- Ihre Zinserträge negativ sind (z.B. durch Verluste bei einer Aktienanleihe)
- Ihre Zinserträge unter dem Sparerfreibetrag und unter dem Werbungskostenpauschbetrag liegen und Sie keinen Freistellungsauftrag erteilt hatten
- Die einbehaltene Zinsabgeltungssteuer sich auf Zinserträge bezieht, die Ihnen nicht zuzurechnen sind
- Sie höhere Werbungskosten geltend machen wollen (Pauschbetrag 51,– € für Ledige/102,– € für Verheiratete)

- Sie ausländische Quellensteuer abziehen oder anrechnen wollen
- Sie Ihre hohen Zinserträge mit negativen Einkünften aus anderen Einkunftsarten verrechnen lassen wollen.

Wenn Sie sich entschließen, die allgemeine Veranlagung ohne Tarifbegrenzung zu wählen, sollten Sie daran denken, dass diese Variante dann einheitlich für alle Kapitalerträge, die der Zinsabgeltungssteuer unterliegen, angewendet wird.

Da das Finanzamt von Amts wegen prüft, ob die Veranlagung ohne Tarifbegrenzung oder die Veranlagung mit Tarifbegrenzung für Sie günstiger ist, gehen Sie kein Risiko ein.

Falls die Veranlagung mit Tarifbegrenzung für Sie günstiger ist, gilt der Antrag als nicht gestellt und Sie werden nach der günstigeren Berechnung besteuert.

Selbstverständlich können Sie dieser Entscheidung auch widersprechen und darauf bestehen, dass die Veranlagung nach Ihren Wünschen (in diesem Fall die Veranlagung mit Tarifbegrenzung) durchgeführt wird.

1.3.5 Veranlagungspflicht

Nicht alle Kapitalerträge unterliegen der Zinsabgeltungssteuer und müssen daher in der Steuererklärung angegeben werden, damit sie in die Einkommensteuerveranlagung einbezogen werden können.

Auch bei der Veranlagungspflicht kann der Anleger wieder auf zwei Varianten bzw. Wahlmöglichkeiten zurückgreifen:
- die besondere Veranlagung mit Tarifbegrenzung auf 25% oder
- die allgemeine Veranlagung ohne Tarifbegrenzung und der Versteuerung nach dem individuellen Steuersatz.

Besondere Veranlagung mit Tarifbegrenzung

Die besondere Veranlagung mit Tarifbegrenzung bezieht sich in erster Linie auf Zinserträge, die von Banken im Ausland gutgeschrieben oder ausgezahlt wurden, da diese Erträge nicht der Zinsabgeltungssteuer unterliegen.

Diese Zinserträge dürfen jedoch nicht höher als deutsche Zinserträge besteuert werden und werden deshalb in die besondere

Veranlagung mit Tarifbegrenzung einbezogen und mit lediglich 25% besteuert.

Allgemeine Veranlagung ohne Tarifbegrenzung

Andere Zinserträge, die nicht der Zinsabgeltungssteuer unterliegen werden ebenso wie bisher in die allgemeine Veranlagung einbezogen und mit dem jeweiligen individuellen Steuersatz besteuert. Zu diesen Erträgen gehören:

- Zinsen aus Hypotheken und Grundschulden
- Renten aus Rentenschulden
- Zinsen aus Steuererstattungen vom Finanzamt nach Ablauf der Karenzzeit
- Zinsen aus einem Darlehen von einer Privatperson oder einem Unternehmen
- Einnahmen aus stillen Beteiligungen und partiarischen Darlehen
- Zinsen aus Wandelanleihen und Gewinnobligationen
- Zinsen aus Überschussanteilen und steuerschädlichen Lebensversicherungen
- Dividenden und Gewinnausschüttungen (Aktien, GmbH-Anteile, Genussscheine, Genossenschaftsanteile)
- Erlöse aus dem Verkauf von Dividendenscheinen ohne die dazugehörenden Aktien
- Dividenden und Gewinnausschüttungen ausländischer Kapitalgesellschaften.

1.3.6 Besonderheiten bei Finanzinnovationen

Zu den hier zu besprechenden Finanzinnovationen gehören

- Floating-Rate-Notes (Floater/ FRN's)
- Aktienanleihen
- Disagio-Anleihen
- Umtauschanleihen
- Optionsanleihen
- Stripped Bonds
- Zerobonds
- Stufenzins-, Gleitzins- und Kombizins-Anleihen
- Kapitalgesicherte Index-Zertifikate.

Die Risiken dieser Anleihen sollen hier nicht beachtet werden, sondern ihre Besonderheiten bezüglich der Zinsabgeltungssteuer. Dabei werden zwei verschiedene Berechnungsmethoden unterschieden:

- Berechnung der Zinsabgeltungssteuer nach der Marktrendite
- Berechnung der Zinsabgeltungssteuer nach der Pauschalmethode.

Berechnung nach der Marktrendite

Grundsätzlich wird die Zinsabgeltungssteuer von den Banken nach der Marktrendite berechnet. Dies ist auch die einfachste Methode, da hier nur der Unterschiedsbetrag zwischen dem Kaufpreis und dem Verkaufserlös zu berücksichtigen ist.

Bei Papieren mit einer Emissionsrendite (z. B. bei Zerobonds) kann der Kapitalertrag alternativ auch nach der Emissionsrendite berechnet werden. In jedem Fall aber müssen Sie in Ihrer Steuererklärung den steuerpflichtigen Ertrag nachweisen.

Sollte der Kapitalertrag unter Berücksichtigung der Emissionsrendite niedriger sein als der Kapitalertrag nach der Marktzins-Methode, sollten Sie wie folgt vorgehen:

Antrag auf Einbeziehung der Kapitalerträge in die „besondere Veranlagung mit Tarifbegrenzung". In diesem Fall wird dann nur der von Ihnen nachgewiesene niedrigere Ertrag mit dem niedrigen Steuersatz in Höhe von 25% besteuert.

Diese Vorgehensweise (Berechnung nach der Emissionsrendite) empfiehlt sich z. B. dann, wenn das Zinsniveau am Kapitalmarkt inzwischen gesunken ist und der Kursanstieg über die Emissionsrendite hinausgeht. Die dadurch erzielten Kursgewinne bleiben dann (Voraussetzung: 12-monatige Haltedauer) steuerfrei.

Berechnung nach der Pauschalmethode

Wenn Sie die Bank gewechselt haben und in Ihrem Depot Papiere liegen, die Sie bei Ihrer vorigen Bank gekauft haben, wird die Zinsabgeltungssteuer oft zu hoch von den Banken angesetzt. Der Grund dafür liegt in der Pauschalberechnungsmethode, dabei werden 25% der Einnahmen aus Einlösung oder Verkauf einbehalten.

In diesem Fall sollten Sie von Ihrem Wahlrecht gebrauch machen und dem Finanzamt den richtigen Betrag vorrechnen.

Ermitteln Sie zunächst den steuerpflichtigen Kapitalertrag nach der Markt- oder Emissionsrendite (je nach dem, welche der beiden Methoden für Sie günstiger ist) und beantragen Sie dann die Einbeziehung der Kapitalerträge in die „besondere Veranlagung mit Tarifbegrenzung“. Der von Ihnen nachgewiesene steuerpflichtige Kapitalertrag wird dann mit 25% besteuert.

1.3.7 So verhindern Sie den Abzug der Zinsabgeltungssteuer

Wenn Sie (aus welchen Gründen auch immer) vermeiden wollen, dass Ihre Bank die Zinsabgeltungssteuer einbehält, stehen Ihnen dazu drei Methoden zur Verfügung:

- Freistellungsauftrag
- Nichtveranlagungsbescheinigung
- Nachweis als Steuerausländer
- Guthaben im „Stückzinstopf“.

Freistellungsauftrag

Wie schon bei der bisherigen Besteuerung können Sie einen Freistellungsauftrag erteilen. Diesen können Sie auch auf mehrere Banken aufteilen. Allerdings darf die Gesamtsumme die Freistellungshöchstbeträge (Alleinstehende 1601,– €/Verheiratete 3202,– €) nicht übersteigen.

Auf diese Weise können Sie während des Jahres selbst über die Kapitalerträge bis zur Höhe von Sparerfreibetrag und Werbungskostenpauschale verfügen. Damit verhindern Sie auf jeden Fall, dass Steuern einbehalten werden, die dann später im Rahmen Ihrer Steuererklärung ohnehin wieder an Sie zurückfließen würden.

Nichtveranlagungsbescheinigung

Mit einer Nichtveranlagungsbescheinigung erreichen Sie einen ähnlichen Effekt, wie mit dem Freistellungsauftrag. Zinsen und Dividenden werden ohne Abzug von Zinsabgeltungssteuer und Kapitalertragssteuer ausgezahlt.

Eine solche Bescheinigung erhalten Sie, wenn Sie Ihren Wohnsitz in Deutschland haben und nicht zu erwarten ist, dass Sie zur Einkommensteuer veranlagt werden.

Nachweis als Steuerausländer

Sollten Sie Ihren Wohnsitz im Ausland haben und können Sie Ihre Eigenschaft als Steuerausländer nachweisen, wird auch künftig keine Zinsbesteuerung Ihrer Kapitalanlagen stattfinden. Der Nachweis der Eigenschaft als Steuerausländer kann durch eine Wohnbescheinigung oder den Personalausweis erbracht werden.

Achtung: Für Personen mit Sitz im Ausland, die jedoch Bezüge aus einer öffentlichen Kasse (in Deutschland) erhalten, gilt diese Ausländereigenschaft nicht! Dieser Personenkreis gilt als erweitert unbeschränkt einkommensteuerpflichtig.

Guthaben im „Stückzinstopf"

Nicht alle Anleihen oder festverzinslichen Wertpapiere, die Sie vielleicht in Ihrem Depot haben, wurden am Tag nach der Zinszahlung erworben. Daher ist neben dem Kaufpreis für das Wertpapier auch immer ein Stückzins (der bis zum Kauf aufgelaufenen, aber noch nicht ausgezahlte Zins) an den Verkäufer zu entrichten.

Wenn Sie nun bei der gleichen Bank, von der Sie Zinserträge gutgeschrieben bekommen, auch Stückzinsen bezahlt haben, wird diese Bank einen persönlichen Stückzinstopf einrichten und diese gezahlten Stückzinsen als Guthaben in den Topf einbuchen.

Erhalten Sie jetzt Zinserträge, wird die Bank diese den gezahlten Stückzinsen gegenüberstellen und keine Zinsabgeltungssteuer einbehalten. Erst wenn die Stückzinsen verbraucht sind, wird wieder die Zinsabgeltungssteuer abgeführt.

Eventuelle Freistellungsaufträge oder Nichtveranlagungsbescheinigungen werden dabei selbstverständlich auch noch berücksichtigt.

1.3.8 Meldung an den Fiskus

Die Daten aus den Freistellungsaufträgen werden jährlich an das Bundesamt für Finanzen gemeldet. Dabei dient diese Meldung in erster Linie dazu, die Einhaltung der Höchstgrenzen bei den Freibeträgen zu überprüfen.

Seit dem Jahre 2002 werden z. B. folgende Daten übermittelt:

- Name, Anschrift und Geburtsdatum (ggfls. auch des Ehegatten)
- Zinsen und andere Kapitalerträge, die ohne Abzug der Zinsabgeltungssteuer ausgezahlt oder gutgeschrieben wurden
- Name und Anschrift der auszahlenden Stelle bzw. des Gläubigers.

Wohin gelangen nun diese Daten? Zunächst einmal nur zum Bundesamt für Finanzen, aber seit 1999 dürfen die Daten auch bei den nachfolgenden Verfahren und Behörden verwendet werden:

- Steuerstrafverfahren
- Steuerordnungswidrigkeitsverfahren
- Steuerveranlagungsverfahren
- Arbeitsamt
- Familienkasse
- Sozialamt
- Krankenkasse
- Rentenversicherung.

Die vorstehenden Behörden und Ämter wissen oder könnten sich die Informationen besorgen darüber, mit welcher Bank (oder welchen Banken) Sie in Geschäftsbeziehung stehen und wie viel Zinsen Sie ohne Abzug von Steuern erhalten haben.

1.3.9 Alte und neue Steuer im Vergleich

Um die Vorteile der neuen Zinsabgeltungssteuer erkennen zu können, ist ein Vergleich notwendig. Dabei gehen wir in der nachfolgenden Tabelle von einem Zinsertrag in Höhe von 10 000,– € aus. Bei den derzeit niedrigen Zinsen (4,00% als Durchschnittswert) ist dafür ein Kapital von 250 000,– € erforderlich.

Bei den in der Tabelle durchgeführten Berechnungen ist berücksichtigt, dass

- der Sparerfreibetrag und die Werbungskostenpauschale (1551,– €/3202,– €) vollständig bei den Zinsen berücksichtigt werden

- der Solidaritätszuschlag (5,5%) bei der Zinsabschlagssteuer (alt) hinzugerechnet wurde, dagegen bei der Zinsabgeltungssteuer bereits inbegriffen ist
- sich bei der Zinsabschlagssteuer (alt) die endgültige Steuerbelastung nach dem persönlichen Steuersatz richtet, bei der Zinsabgeltungssteuer dagegen ebenfalls inbegriffen ist.

Steuerbelastung bei Zinserträgen in Höhe von 10 000,– Euro

Persönl. Steuersatz	zu versteuerndes Einkommen		Zinsabschlagssteuer		Zinsabgeltungssteuer	
	Ledige	Verheiratete	Ledige	Verheiratete	Ledige	Verheiratete
30%	22 000	44 000	2674	2151	2112	1700
35%	30 000	60 000	3120	1510	2112	1700
40%	40 000	80 000	3565	2868	2112	1700
45%	50 000	100 000	4011	3227	2112	1700
48,5%	55 000	110 000	4323	3478	2112	1700

Wenn das neue Gesetz auch teilweise kompliziert klingt, scheint es doch zu einer Reduzierung der Belastung des Anlegers zu führen.

Obwohl wir größte Sorgfalt bei der Zusammenstellung dieser Informationen haben walten lassen, wird für manche Anleger der Rat eines kompetenten Steuerberaters unumgänglich sein.

Da die steuerlichen Aspekte einer Kapitalanlage nicht zu unserem Hauptthema gehören, können wir auch keinerlei Haftung für die Richtigkeit oder Vollständigkeit der vorstehenden Informationen übernehmen.

Auch in dieser Hinsicht gilt deshalb unser Motto:

Information kommt vor Investition!

1.4 Rendite-Berechnungen

Wer Anleihen kauft, erwartet in aller Regel die ständige Verzinsung seines Kapitals. Bei den meisten Bonds handelt es sich um

Festzins-Anleihen, m.a.W. es wird ein vorher bereits festgelegter und damit bekannter Zins gezahlt.

Diesen Zins nennt man auch Nominalzins. Er ist bei physischen Papieren (Urkunden) auf der Anleihe aufgedruckt. Dieser Zins ist aber nicht gleichbedeutend mit der Rendite, also dem Ertrag der Anleihe pro Jahr. Die Rendite berücksichtigt die jährliche Zinszahlung, den Kaufpreis und die restliche Laufzeit bis zur Tilgung (Rückzahlung) der Anleihe.

Der erste Schritt auf dem Weg zur Rendite ist die Berechnung der laufenden Verzinsung. Die Internationalisierung der Kapitalanlage hat dazu geführt, dass mehr und mehr deutschsprachige Bezeichnungen durch englische Fachausdrücke ersetzt werden. Damit Sie und Ihr Berater *eine* Sprache sprechen, haben wir in diesem Text nicht auf solche Bezeichnungen verzichten können. Deshalb heißt die laufende Verzinsung im nächsten Abschnitt Current Yield.

1.4.1 Der Current Yield (CY)

Die einfachste Methode ist die Berechnung der laufenden Verzinsung. Hier werden nur Couponzins und Kaufkurs berücksichtigt.

Beispiel: Sie erwerben einen Bond im Nennwert von 1000,– € mit einem Coupon von 10%. Sie zahlen dafür einen Kurs von 120%, also 1200,– €. Das sieht eher wie ein schlechtes Geschäft aus? Sie geben 1200,– € und erhalten nach 10 Jahren Laufzeit nur 1000,– € zurück.

Mit einer einfachen Formel können Sie die tatsächliche Rendite pro Jahr ermitteln, sie lautet:

$$\frac{\text{Couponzins} \times 100}{\text{Kaufkurs}} = \text{CY} \qquad \frac{10 \times 100}{120} = 8{,}33\%$$

Diese tatsächliche Rendite pro Jahr ist die laufende Verzinsung. Andere Bezeichnungen lauten Flat Yield, Income Yield oder **Current Yield (CY).**

Durch den über pari (über dem Nennwert) liegenden Kaufkurs verschlechtert sich der CY. Statt eines Ertrags von 10% aus dem Coupon rentiert die Anleihe nur mit 8,33%.

(1) Liegt der **Kaufkurs über dem Nennwert,** verringert sich der CY und liegt unter dem Couponzins.
(2) Stimmt der **Kaufkurs mit dem Nennwert überein,** entspricht der CY dem Couponzins.
(3) Liegt der **Kaufkurs unter dem Nennwert,** ergibt sich ein höherer CY als der Couponzins.

Diese Berechnungsmethode reicht völlig aus, wenn Sie die laufende Verzinsung nur grob berechnen wollen. Sie können aber auch Veränderungen des CY beobachten, vorausgesetzt, Sie benutzen immer die gleiche Methode.

1.4.2 Die Daumenregel

Und das genau ist der Knackpunkt: Es gibt zu viele unterschiedliche Berechnungsmethoden! Wenn Ihnen Ihr Berater also die Rendite eines Papieres nennt, fragen Sie auch gleich nach der Berechnungsmethode.

Ein weiteres **Beispiel** soll die Wichtigkeit dieser Frage unterstreichen: Wir verwenden die gleiche Anleihe wie in dem vorgehenden Beispiel:

- Laufzeit exakt 10 Jahre
- Couponzins 10%
- Kaufkurs 120
- 1 Coupon pro Jahr

$$\frac{\text{Jahreszins} + \text{amortisierter Discount} - \text{amortisierter Aufschlag}}{\frac{\text{aktueller Kurs + Nennwert}}{2}} = \text{Rendite bis zur Fälligkeit}$$

Die Formel sieht mit Zahlen versehen so aus:

$$\frac{10 - \frac{(120-100)}{10\ \text{Jahre}}}{\frac{(120+100)}{2}} = \frac{10-2}{110} = 7{,}2727\%$$

(1) Hier wird der über die Restlaufzeit verteilte **Aufschlag** auf den Kaufkurs vom Jahreszins **abgezogen** oder der **Discount** auf den Kaufkurs dem Jahreszins **zugeschlagen.**

In unserem Beispiel haben wir einen Aufschlag von 20% für die 1000,– € Nennwert der Anleihe bezahlt. Auf die Restlaufzeit von 10 Jahren verteilt, ergibt sich somit ein Betrag von 2%. Dieser Betrag ist vom jährlichen Couponzins von 10% **abzuziehen.** Es ergibt sich ein Betrag von 8%.

(2) Der aktuelle Kurs wird zum Nennwert addiert und anschließend durch 2 geteilt. D.h.: 120% plus 100% geteilt durch 2 = 110%.

(3) Nun werden 80% durch 110% geteilt und es ergibt sich eine Rendite von 7,2727%. Dieses Ergebnis liegt um gut 1% niedriger als der vorher berechnete Current Yield (CY).
Hier wird deutlich, dass durch die Berücksichtigung der noch verbleibenden Laufzeit bei der **Daumenregel** das Ergebnis **genauer** wird.

1.4.3 Die Finanzformel

Eine weitere gern benutzte Methode ist die folgende Finanzformel.

$$R = \frac{P \times 100}{Co} \; (+/-) \; \frac{(Cn - Co) \times 100}{n \times Co}$$

In dieser Formel sind

R = Rendite
Co = Kaufkurs
Cn = Rückzahlkurs
P = Jahreszinssatz
n = Restlaufzeit in Jahren

Für unser bisheriges Beispiel ergeben sich folgende Werte:

$$R = \frac{10 \times 100}{120} = \frac{(100-120) \times 100}{10 \times 120} = 6{,}66\%$$

Gegenübergestellt ergeben sich, je nach Berechnungsart, doch erhebliche Renditeunterschiede.

Current Yield (CY)	8,3333%
Daumenregel	7,2727%
Finanzformel	6,6663%

Man ist versucht zu sagen: je genauer die Berechnung, umso geringer (höher) die Rendite. Richtig? Falsch? Wir haben mit dem **Bond Calculator,** einem Taschenrechner aus dem Gillardon Verlag nachgerechnet.

Dieser Rechner arbeitet nach Methoden von *Braess/Fangmeier* und *Moosmüller* sowie den Regeln der Securities Industry Association Standards (USA). Das Ergebnis lautet

7,13468%.

Einen weiteren Vorteil dieses Rechners sehen wir darin, dass nicht erst umständlich die Restlaufzeit in Jahren errechnet werden muss. Es genügt die Eingabe des Laufzeitendes und des heutigen Datums. Den Rest macht der Bond Calculator.

Weitere Renditeberechnungen sind bekannt, bringen aber keine wesentlichen Verbesserungen gegenüber den hier vorgestellten Methoden. Unsere Empfehlung: Benutzen Sie die Daumenregel oder einen speziellen Taschenrechner für die Errechnung Ihrer Rendite.

> Aufgrund der unterschiedlichen Berechnungsweisen sollte immer nach der Methode gefragt werden, mit der eine Rendite errechnet wurde.

1.5 Die Altersvorsorge

Da viele Anleger mit Anleihen ihre Altersvorsorge aufbauen, ist ein Blick auf das Rentensystem sinnvoll. Auch neue Entwicklungen wie die „Riester-Rente“ sollen berücksichtigt werden, da sie eine Konkurrenz zur Anleihe als Altersvorsorge darstellt.

Wenn man 20 Jahre alt ist, nimmt man sich normalerweise nicht viel Zeit, um über seine Altersvorsorge nachzudenken. Auf einem Plakat der Sparkasse fand ich diesen Gedanken recht ansprechend formuliert:

> „Alles können Sie später anfangen, nur nicht Ihre Altersvorsorge“

Um die Problematik richtig verstehen zu können, ist ein kleiner Ausflug in die Vergangenheit und in die komplizierten Zusammenhänge staatlicher Vorsorge genau der richtige Anfang.

1.5.1 Das Rentensystem

In Deutschland besteht das Rentensystem aus drei Teilen. Sie werden auch häufig die drei Säulen der Altersvorsorge genannt: die gesetzliche, die betriebliche und die private Vorsorge.

Die gesetzliche Altersvorsorge

Die gesetzliche Altersvorsorge war bisher und wird auch zukünftig die Hauptsäule des Rentensystems bleiben. Bereits 1889 wurde die Erste umlagefinanzierte Altersvorsorge durch den damaligen Reichskanzler *Bismarck* durch entsprechende Gesetze installiert.

Deren Grundprinzipien gelten auch noch heute: Die heute ausgezahlten Renten werden durch die heute eingezahlten Rentenbeiträge der rentenversicherten Bevölkerung, die Anteile der Arbeitgeber und durch staatliche Zuschüsse aufgebracht.

Die Höhe der Rente richtet sich dabei nach dem individuellen Verdienst des Versicherten. Aufgrund der veränderten Situation auf dem Arbeitsmarkt (hohe Dauerarbeitslosigkeit) und der gestiegenen Lebensdauer (unter anderem auch ein Verdienst der Medizin), kann dieses System allein die Kosten nicht mehr auffangen.

Dennoch bleibt die gesetzliche Rentenversicherung auch nach der Riester-Rentenreform die wichtigste finanzielle Altersvorsorge.

Die betriebliche Altersvorsorge

Die betriebliche Altersvorsorge ist zwar noch nicht ausgereift, gewinnt aber durch die Rentenreform an Bedeutung. Bisher boten viele Betriebe ihren Arbeitnehmern die Möglichkeit, an einer innerbetrieblichen Altervorsorge als freiwilliger Sozialleistung des Betriebs teilzunehmen. Durch die Gestaltung der Verträge war diese Vorsorge nicht nur für den Arbeitnehmer interessant, sondern konnte auch eine längere Bindung an den Arbeitgeber erreicht werden.

Durch die Rentenreform gewinnt die betriebliche Altersvorsorge auch für den Arbeitgeber an Attraktivität. So werden durch Direktversicherungen, die vom Bruttogehalt oder Zusatzleistungen (Weihnachtsgeld, Urlaubsgeld) finanziert werden, Steuern und Sozialabgaben eingespart.

Und seit dem Jahresbeginn 2002 kann ein Arbeitsnehmer auch von seinem Arbeitgeber verlangen, aus dem unversteuerten Bruttogehalt Zahlungen in eine betriebliche Altersvorsorge zu leisten. Diese Beträge können in einen Pensionsfonds, eine Pensionskasse oder auch in eine Direktversicherung laufen.

Ein besonderer Hinweis ist hier für Frauen angebracht. Bei der „Betriebsrente" erhalten sie für ihre Beiträge meist einheitliche Leistungen. Bei privaten Abschlüssen müssen sie dagegen auf Grund der statistischen höheren Lebenserwartung mit geringeren Rentenzahlungen rechnen!

Die private Altervorsorge

Durch die private Altervorsorge soll zukünftig ein Ausgleich erreicht werden für die Leistungen, die eine stattliche Versorgung allein nicht mehr gewährleisten kann.

Langfristiges Ziel jeder Regierung wird es auch zukünftig sein, von dem bisherigen Umlageverfahren wegzukommen und nur noch das Kapitaldeckungsverfahren für die Altersvorsorge zuzulassen.

Der Grund dafür liegt auf der Hand: Immer weniger junge Arbeitnehmer müssen die Rentenzahlungen für immer mehr ältere und aus dem Arbeitsprozess ausgeschiedene Mitmenschen aufbringen.

In den Berechnungen der Statistiker heißt es, dass ab 2030 ein Arbeitnehmer einen Rentner finanzieren muss, wenn bis dahin nichts geschieht.

Vor diesem Hintergrund ist die Rentenreform zu sehen. Statt wie bisher aus den Beiträgen der Arbeitnehmer die Rente zu finanzieren, sollen die eingezahlten Gelder am Kapitalmarkt investiert werden.

Der Staat unterstützt diese privaten und freiwilligen Zusatzleistungen durch Zuschüsse und Steuerfreibeträge in der Hoffnung, dass möglichst viele Arbeitnehmer davon Gebrauch machen und sich selbst absichern.

Für die Finanzbranche ist das natürlich ein gefundenes Fressen, werden ihre alten und wenig geliebten Produkte (wenn sie denn „*riester*-fähig" sind) wieder attraktiver. Und neue Angebote erhalten von vorn herein einen gewissen „*Riester*-Appeal"!

Allerdings müssen sich die Politiker schon heute entgegenhalten lassen, dass diese Maßnahmen zu spät kommen, zu wenig bewirken und lediglich politischem Blendwerk zuzuordnen sind.

1.5.2 Die private Altersvorsorge

Wer ab 2002 einen bestimmten Prozentsatz seines sozialversicherungspflichtigen Einkommens für seine eigene Rente anspart erhält die größtmögliche staatliche Unterstützung.

In Zahlen sieht das so aus:

Zeitraum	Geförderte Eigenvorsorge	Max. jährliche Grundzulage	Max. jährliche Kinderzulage
2002–2003	1%	38,– €	46,– €
2004–2005	2%	76,– €	92,– €
2006–2007	3%	114,– €	138,– €
ab 2008	4%	154,– €	185,– €

Wer also fleißig spart, wird vom Staat belohnt, richtig? Das kommt vielen bekannt vor, gab es auch in der Vergangenheit immer wieder Modelle, die das Kapital der Bevölkerung umleiten sollte.

Von Förderung kann da doch überhaupt nicht die Rede sein! Stellen Sie sich doch einmal einen Familienvater im Alter von 35 Jahren vor, verheiratet, zwei Kinder, die Mutter zieht die Kinder groß. Er spart den jährlichen Maximalbetrag in Höhe von 2100,– € und das gut dreißig Jahre lang.

Geht man davon aus, dass die Sparbeträge immer mit durchschnittlich 6% rentieren, ergibt sich daraus eine Summe in Höhe von rund 350 000,– €. Wird diese Summe wiederum mit 6% rentierlich angelegt, ergibt sich ein monatliches Einkommen von rund 1750,– €.

Rein rechnerisch ein hübsches Sümmchen! Hier ist allerdings die Preisentwicklung bzw. die Inflation nicht berücksichtigt. Nach heutigen Maßstäben wird man damit noch nicht einmal die Miete bezahlen können! Die *Riester*-Rente allein kann es also nicht sein, die dem Normalbürger die Angst vor der Zukunft nimmt.

Wenn der Staat nicht mehr für seine Bürger sorgen will, bleibt dem Bürger nur noch übrig, seine eigenen Anstrengungen zu verdoppeln.

Hier muss er stärker als bisher zum Selbstversorger werden. Er darf sich durch solche *Riester*-Rechnungen nicht einschläfern lassen, denn sonst gibt es ein böses Erwachen!

Daraus folgt, dass größere Beträge erforderlich sind und diese größeren Beträge auch von der Steuer absetzbar sein müssen. Hier sind (wieder einmal) die Politiker gefordert.

Die allerdings werden sich kaum in die Gefühle der Bevölkerung hineinversetzen wollen oder können, sind sie selbst doch nur zu gut abgesichert.

Wichtig wäre auch, in der Bevölkerung ein Gefühl für die Selbstversorgung wachzurütteln und durch entsprechende Anreize die Eigenleistung auch zu belohnen.

1.5.3 Zweifel an der Riester-Rente

Die Zweifel und die Kritik an der *Riester*-Rente werden immer lauter und Vorschläge zur Reform der Reform gibt es zuhauf. So wird von manchen Stellen gefordert, den Bürgern die Möglichkeit einzuräumen, dass sie auch noch 2003 rückwirkend die Förderung von 2002 in Anspruch nehmen können.

Auch die Idee, die private Zusatzrente in eine obligatorische Altersvorsorge umzuwandeln, wird unter den Profis gehandelt. Für die beteiligten Politiker wie *Schröder* oder *Riester* kommt das jedoch nicht in Frage, da es ihnen wie ein Eingeständnis vorkommen würde, dass die Reform endgültig gescheitert ist.

Der hohe Grad der Ablehnung der *Riester*-Rente wird von anderen darauf zurückgeführt, dass die Regierung die Rentenaussichten geschönt habe. So werde das gesetzliche Rentenniveau im Jahre 2030 nicht bei 67% liegen, sondern nur bei 63,8%.

Auch die Finanzdienstleister, die doch von neuen Einnahmequellen begeistert sein müssten, halten sich mit positiven Äußerungen zurück.

Sie sind der Meinung, dass niemand diese Rente haben will. Weder die Berater noch die Kunden würden dieses Produkt nachfragen. Die *Riester*-Rente ist einfach nicht attraktiv genug, heißt es. Sie sei mit Abstand die schlechteste Alternative der Altersvorsorge.

Dafür sorge auch die Tatsache, dass der administrative Aufwand überdimensional groß sei. Darüber hinaus können die Anleger das Angesparte auch nicht in einer Summe erhalten, um damit beispielsweise eine Hypothek zu tilgen. Auch darf der Pensionär nicht mit dem Geld ins Ausland gehen.

Diese und andere Punkte (z. B. die schlechte Rendite) führen nach Ansicht der Finanzdienstleister zur Ablehnung der *Riester*-Rente.

Aber auch die Folgen der *Riester*-Rente halten viele davon ab, sich sofort für einen Vertrag zu entscheiden. Nach einer erst kürzlich vorgestellten Studie kommt der vorzeitige Abbruch der *Riester*-Rente den Anleger teuer zu stehen.

Bis zu 3000,– € setzt der Verbraucher in den Sand, wenn der Vertrag vor Ablauf der Laufzeit gekündigt wird. Dies trifft besonders deshalb zu, da sich 95% der Verträge auf Rentenversicherungen beziehen.

Daher sollte sich der Verbraucher sehr genau überlegen, ob er den Vertrag auch tatsächlich bis zum Ende der Laufzeit durchhalten kann.

Da mehr als ein Drittel der deutschen Haushalte mit Konsumkrediten verschuldet sind und die Wechselfälle des Lebens schon lange nicht so kalkulierbar sind, wie noch vor 20 Jahren, raten Verbraucherzentren dazu, zuerst die Schulden abzubauen, bevor eine neue Verpflichtung aufgebaut wird.

1.5.4 Die Unterstützungskasse

Die Unterstützungskasse bietet für besserverdienende Angestellte und Geschäftsführer eine interessante und lukrative Möglichkeiten die Steuer- und Sozialversicherungslast zu reduzieren und zusätzlich für das Alter vorzusorgen.

Bei der Altersvorsorge mit Hilfe der Unterstützungskasse lässt sich für das Alter vorsorgen, und der Staat beteiligt sich dabei.

Grundsätzlich gilt, dass die Beiträge des Unternehmens in die Unterstützungskasse beim Unternehmen selbst als Betriebsausgaben gelten. Handelt es sich dabei um eine Gehaltsumwandlung, dann reduzieren diese Beiträge das zu versteuernde Einkommen des Arbeitnehmers.

Weiterhin kann die Unterstützungskasse zusätzlich zu anderen Formen der Betrieblichen Altersversorgung genutzt werden. Eine Begrenzung (z.B. auf 1752,– € pro Jahr wie bei der Direktversicherung) gibt es nicht.

Die Versteuerung der Leistungen der Unterstützungskasse erfolg bei Zufluss im Alter. Dies ist günstiger, da im Alter nach der Erfahrung die Besteuerung doch geringer ist.

Beispiel: Geschäftsführer *Manfred K.*, geb. am 1. Januar 1950. Das zu versteuernde Einkommen beträgt 80000,– €, die Splittingtabelle (verheiratet) ist anzuwenden.

Manfred K. zahlt seit dem 1. 1. 2003 monatlich 500,– € durch Gehaltsumwandlung in die Unterstützungskasse ein. Seine Steuerersparnis beträgt 3565,43 € pro Jahr. Am 1. 1. 2014 (mit 65) erhält er 93960,– € aus der Unterstützungskasse.

Durch die Nutzung von Altersvorsorgefreibeträgen, die Aufteilung des Rückflusses aus der Unterstützungskasse in verschiedene Zahlungen über mehrere Jahre hinweg, sollte nur eine sehr geringe oder keine Besteuerung stattfinden.

Die Gestaltungsmöglichkeiten

(1) Arbeitgeber finanziert die Altersvorsorge zusätzlich zum Lohn/ Gehalt des Arbeitnehmers. Diese Zahlungen sind als sogenannte „Zuwendungen“ beim Arbeitgeber i.d.R. als Betriebsausgaben abzugsfähig.

(2) Arbeitnehmer finanziert seine Altersvorsorge durch Entgeltumwandlung. Hier ist zu beachten, dass bei auf einem Tarif-

vertrag beruhenden Entgelten, eine Umwandlung nur dann möglich ist, wenn der Tarifvertrag dies vorsieht oder dies im Wege der Betriebsvereinbarung oder durch individuelle Vereinbarung zulässig ist.

(3) Arbeitgeber und Arbeitnehmer finanzieren die Altersvorsorge des Arbeitnehmers gemeinsam unter Berücksichtigung Voraussetzungen aus den Varianten 1 und 2.

Die Unterstützungskasse ist ein hervorragendes Instrument gerade für besser verdienende Angestellte.

2. Anleihen im Überblick

Wer sich mit Anleihen befasst, stellt schnell fest, wie umfangreich das Angebot ist, aber auch wie verwirrend die Unterschiede der einzelnen Arten sind. Um in dieser Vielfalt dennoch einen Überblick zu erhalten, teilen wir den Anleihenmarkt in drei Segmente ein.

Diese drei Elemente sind die **Geldmarktpapiere,** die **Kapitalmarktpapiere** und die **Finanzinnovationen.** Innerhalb dieser Segmente können wir eine weitere Aufteilung vornehmen: Wir unterscheiden die Papiere nach der Art der Übertragung (Eigentümerwechsel) und den Basiselementen.

Art der Übertragung

Die gebräuchlichste Wertpapierart ist das **Inhaberpapier.** Hier wechselt der Eigentümer nach dem Motto „Zug um Zug, hier Geld – da Papiere". Bei diesen Inhaberpapieren wird der Eigentümer nicht namentlich erwähnt. Das erleichtert den Handel („Zeit ist Geld"), stellt aber gleichzeitig auch eine Erhöhung des Verlustrisikos dar.

Ergo ist nicht verwunderlich, dass der Handel mit diesen Papieren nicht mehr physisch, sondern nur noch per Buchung in Konten vorgenommen wird. Allerdings führt diese Entwicklung auch dazu, dass es bald keine schön bunt bedruckten Anleihen mehr gibt und die Sammler historischer Papiere zukünftig leer ausgehen.

Die zweite Wertpapierart bei der Unterscheidung der Papiere nach der Art der Übertragung ist das **Namenspapier.** Hier erfolgt die Übertragung durch eine schriftliche Abtretungserklärung. Der neue Eigentümer kann nun durch Vorlage der Urkunde beim Emittenten der Anleihe die Ausfertigung einer neuen, auf seinen Namen lautenden Urkunde beantragen.

Eine dritte Wertpapierart soll hier nur der Vollständigkeit halber erwähnt werden: Es sind die **Orderpapiere.** Auch hier wird der

Eigentümer namentlich erwähnt. Die Übertragung erfolgt durch ein Indossament, d.h. die auf der Urkunde genannte Person erklärt, dass die Leistung (Rückzahlung des Nennwertes und/oder Zahlung der Zinsen) an eine andere Person erfolgen soll.

Die Basiselemente

Wie weiter oben bereits angesprochen, werden Anleihen auch nach ihren Basiselementen unterschieden. Diese sind:

- Nominal-(Coupon-)Zins
- (Rest-)Laufzeit
- Art der Rückzahlung.

Wenn es früher nur wenige Arten bei Anleihen gab, so drängt sich uns heutzutage der Eindruck auf, als bastelte jeder Emittent seine eigene Maßanleihe. Wenn die Bedingungen nur witzig oder ein wenig spekulativ sind, findet er schnell die entsprechenden Geldgeber. Bei manchen Anleihen werden (Coupon-)Zinsen von weniger als 2% gezahlt, obwohl der Marktzins (also die aktuelle Verzinsung Ihres Kapitals) bei über 8% liegt.

Hier soll durch die Möglichkeit des Bezugs von Aktien oder durch andere Versprechungen ein Ausgleich zum Marktzins hergestellt werden. Unserer Meinung nach wird damit die Anleihe eher zu einem Spekulationsvehikel statt zu einer fest einplanbaren Anlageform. Wir werden später noch näher darauf eingehen.

2.1 Geldmarkt-Papiere

Ganz allgemein gesprochen sind Geldmarktpapiere eine kurzfristige Anlageform mit einer Laufzeit von maximal einem Jahr. Bei dieser Form der Geldanlage sind zwei Grundbedingungen vom Anleger zu erfüllen:

(1) relativ hohes Kapital und

(2) Flexibilität, um auf die Marktbewegungen reagieren zu können.

Hohes Kapital ist erforderlich, da manche Geldmarktpapiere erst ab einer bestimmten Größenordnung zu haben sind. Die Flexibilität aber ist notwendig, um auf die Marktbewegungen (Zinsen steigen oder fallen) und die damit verbundenen Wertveränderungen der Anlage reagieren zu können. Die relativ kurzen Laufzeiten verlangen oft schnelle Entscheidungen und kurzfristige Anpassungen des Depots.

Besonders in diesem Bereich hat sich die Fantasie der Wertpapierindustrie ausgetobt. Seit einigen Jahren kommen in schöner Regelmäßigkeit neue Spielarten auf den Markt. Ein Buch kann da nur begrenzt aktuell sein. Aus der Erfahrung der Vergangenheit aber kann der folgende Merksatz abgeleitet werden:

> Wer den Sinn eines Wertpapieres nicht versteht, sollte es auch nicht kaufen!

Das ist keineswegs ketzerisch gemeint, aber grundsätzlich auf jedes Wertpapier anwendbar. Wird Ihnen also ein neues Instrument angeboten, dann sollten Sie sich die Funktion erklären lassen. Wichtig ist, dass Sie verstehen, wann Sie verdienen und wann Sie verlieren. Versuchen Sie das Risiko einzuschätzen und fragen Sie bei einer anderen Bank bzw. einem anderem Broker nach diesem Instrument.

Es gibt kein Wertpapier, das – wenn es erfolgreich ist – nicht von anderen Banken nachgemacht wird. Eine „letzte Chance" zum Kauf gibt es immer wieder.

Bei den Geldmarktpapieren unterscheiden wir folgende Anlageformen:

- Termin(Call-)geld
- Abgezinste Papiere
- Einlagenzertifikate.

Termin(Call-)geld

Das Termingeld, auch **call-money** genannt, sowie das Tagesgeld sind geldmarktähnliche Anlageformen. Die meisten Banken oder Broker bieten diese Formen der Kapitalanlage in mehreren Währungen an. Je nach Hausbank kann problemlos zwischen den Währungen hin- und hergehüpft werden.

Bei Termingeld wird die Dauer (Laufzeit) der Anlage festgelegt. Möglich sind Laufzeiten von einem Tag bis zu einem Jahr. Allerdings werden auch schon mal längere Zeiten verabredet, bis zu vier Jahren sind möglich. Durchschnittlich liegt die Laufzeit bei drei bis vier Monaten.

Achtung: Bei längeren Laufzeiten wird häufig die vorzeitige Rückzahlung an die Zahlung einer Strafe (Strafzinsen) gekoppelt. Diese Methode hat sogar schon die Pop-Musik beeinflusst (und führte zu dem Hit „Going to the Bank").

Bei Tagesgeld (richtiger wäre die Bezeichnung Kündigungsgeld) wird der Bank auf unbefristete Zeit die Einlage überlassen. Die Kündigungsfrist beträgt einen Tag, bei Euro-Tagesgeld (Tagesgeld, das auf dem Euro-Markt angelegt wird) zwei oder sieben Tage.

Abgezinste Papiere

Abgezinste Papiere werden mit einem Abschlag (Discount) zum Nennwert ausgegeben, eine Zahlung von Zinsen erfolgt nicht. Der Zinsertrag entspricht der Differenz zwischen dem Emissionskurs und dem Nennwert (Rückzahlungsbetrag).

Schwankt der Marktzins, so ändert sich auch der Kurswert des Papieres. Typische Vertreter dieser Anlageform sind die Finanzierungsschätze des Bundes oder Treasury Bills des US-Schatzamtes. Bei beiden Anlageformen wird nicht der Kurswert, sondern die Rendite gehandelt.

Einlagenzertifikate (CDs, Certificates of Deposit)

Einlagenzertifikate sind Wertpapiere, die ebenfallls auf der Basis ihrer Rendite gehandelt werden. Die Emission erfolgt zum Nennwert (pari), in der Regel erfolgen eine oder zwei Zinszahlungen pro Jahr.

Diese Zertifikate sind handelbare Geldmarktinstrumente (Vorteil gegenüber Termingeld) und werden meist von Banken emittiert. Die Laufzeit beträgt zwischen 30 Tagen und 4 Jahren. Auch bei der Zinszahlung sind Unterschiede auszumachen. So werden solche mit festem Zins (fixed-rate) ebenso begeben wie solche mit variablem Zins (floating-rate).

2.2 Kapitalmarkt-Papiere

Kapitalmarkt-Instrumente sind, im Gegensatz zu den vorher besprochenen Geldmarkt-Instrumenten, längerfristig laufende Papiere. Wir unterscheiden zwischen

- mittelfristigen Papieren und
- langfristigen Papieren,

wobei die mittelfristigen Bonds eine Laufzeit von einem bis zu 8 (10) Jahren, die langfristigen Anleihen eine Laufzeit von 8 (10) bis 30 Jahren (und darüber) haben. Die Angaben in Klammern beziehen sich auf den Wertpapiermarkt in den USA.

Die in der Regel höhere Verzinsung der Festverzinslichen gegenüber herkömmlichen Anlageformen hat dazu geführt, dass auch die privaten Haushalte in immer größerem Umfang Bonds kaufen. Anleihen bilden daher in den meisten Depots die Grundlage, das Fundament der sogenannten Anlagepyramide.

Da in den folgenden Abschnitten die einzelnen Anleihearten näher vorgestellt werden, beschränken wir uns an dieser Stelle auf eine kurze Darstellung des Kapitalmarktes in Deutschland.

Größte Emittenten

- **Banken:** Bankschuldverschreibungen (ca. 10%), Pfandbriefe (ca. 17%), Kommunalobligationen (ca. 36%).
  Bankschuldverschreibungen werden bei Laufzeiten von bis zu drei Jahren (seltener bis vier Jahren) Kassenobligationen genannt. Bei längeren Laufzeiten (vier bis zehn Jahre) nennt man sie Inhaberschuldverschreibungen. Die Mittel werden zur Finanzierung des gewerblichen Kreditgeschäftes verwendet.
  Pfandbriefe sind festverzinsliche Wertpapiere, die von Spezialbanken wie den deutschen Hypothekenbanken und öffentlichen Banken ausgegeben (emittiert) werden. Die Verwendung der Gelder erfolgt meist für Bauzwecke. Aus den Erträgen dieser Hypotheken werden Zins- und Tilgungszahlungen vorgenommen. Als Sicherheiten dienen die beliehenen Gebäude.
  Kommunalobligationen ermöglichen Bund, Ländern und Gemeinden die Finanzierung öffentlicher Einrichtungen wie Kindergärten, Krankenhäuser oder Kraftwerke. Zins- und Tilgungszahlungen erfolgen aus den Einnahmen der Einrichtungen und aus dem Steueraufkommen.

- **Öffentliche Hand:** Anleihen von Bund, Bahn, Post, Ländern etc. (Anteil insgesamt ca. 30%)

Währung

- Kein Währungsrisiko für Inländer
- Der € ist neben dem US-Dollar und dem japanischen Yen eine der Hauptwährungen der Welt.

Zinsen

Bei hohen Zinsen entsteht auf längere Sicht ein erhebliches Zinssenkungspotential. Kommt es dann zur Zinssenkung, steigen die Kurse der festverzinslichen Anleihen entsprechend an. Besonders stark ist diese Bewegung bei langlaufenden Anleihen und Zerobonds zu beobachten.

2.3 Finanzinnovationen

Seit einigen Jahren befindet sich das internationale Bankgeschäft in einer andauernden Strukturumwandlung. Begriffe wie **Globalisierung** und **Securitization** weisen auf die neuen Finanzierungsformen in einem weltumspannenden Finanzmarkt hin.

Kein anderer Begriff aber hat die Finanzwelt so nachhaltig verändert wie das Wort **Finanzinnovation.** Die 80er Jahre werden heute als das Jahrzehnt der Finanzinnovationen bezeichnet.

Tatsächlich haben gerade die neuen Finanzierungsformen zur Ausweitung des Volumens der Kapitalmärkte beigetragen. Am Anfang waren es noch Zerobonds (auch Nullcouponanleihen genannt; während der Laufzeit wird kein Zins gezahlt, Zins- und Tilgungsleistung erfolgen am Ende der Laufzeit), dann folgten Junkbonds (Anleihen mit außergewöhnlich hoher Rendite aber auch ebenso hohem Ausfallrisiko) und heutzutage ist die Flut neuer Instrumente kaum noch in die Seiten eines Buches zu packen.

Der weltweite Handel mit dem Wirtschaftsgut Kapital, teilweise bereits rund um die Uhr (Globalisierung), hat ebenso wie die Verbriefung von Forderungen (Securitization) zur Entstehung vieler

Finanzierungsvehikel geführt. Internationale Konzerne konnten sich auf Grund ihres hohen Ansehens in verschiedenen Währungen verschulden und so Zins- und/oder Währungsvorteile ausnutzen. Auch der Tausch der einzelnen Zahlungsverpflichtungen unter Firmen wurde so möglich. Dem Finanzmanagement in den Konzernen wuchs damit mehr Verantwortung zu. Gleichzeitig entwickelte es sich zu einem Profit-Center und erbrachte selbst einen oft großen Beitrag zum Unternehmensgewinn. Bei dieser Ausgangslage ist klar, dass die Instrumente maßgeschneidert wurden.

Es handelt sich fast ausschließlich um Finanzierungen für spezielle Zwecke. Sie wurden dann später durch Wiederverwendung zu Quasi-Norm-Instrumenten. Andere Arten starben nach kurzer Zeit aus, wieder andere erfuhren nach längerer Zeit ein Comeback.

Für den privaten Anleger sind in den meisten Fällen die Mindest-Kapitalanforderungen zu groß. Hier wird im Millionen €-Bereich angelegt. Entsprechend knapp ist die Kalkulation.

2.4 Festzinsanleihen

Zu Beginn dieses Kapitels haben wir die Unterscheidung der Anleihearten nach der **Art der Übertragung** dargestellt. In den folgenden Abschnitten unterscheiden wir die Anleihen nach der **Art der Zinszahlung.**

Da wäre zuerst die Festzinsanleihe. Diese Anleihe ist der Ausstattung nach der traditionelle Bond, auch **Straight Bond** genannt. Laufzeit, Nennwert und Couponzins liegen von vornherein fest. Der Anleger kann das Risiko einschätzen und seine Dispositionen treffen. Will er den Bond bis zum Laufzeitende behalten, so besteht sein einziges Risiko in der Bonität des Emittenten.

Diese Betrachtung ist unvollständig, das Risiko ist nur auf den ersten Blick eingeschränkt. Tatsächlich aber besteht es aus vielen Faktoren. Der Vergleichbarkeit wegen aber begrenzen wir die Betrachtung an dieser Stelle auf die offensichtlichen Risiken.

Die Zinsen werden in Deutschland einmal im Jahr, in den USA zweimal im Jahr gezahlt.

Da zum Zeitpunkt dieser Aktualisierung (April 2003) das Zinsniveau in Deutschland recht niedrig ist, können verschiedene Beispiele sich nicht auf aktuelle Anleihen oder Wertpapiere beziehen. Bei einer Umlaufrendite von beispielsweise 4% ist das so genannte Zinssenkungspotential nur noch minimal bzw. nicht vorhanden.

Aus diesem Grunde werden bei manchen Erklärungen „historische" Wertpapiere – also Papiere, die möglicherweise schon ausgelaufen bzw. zurückgezahlt worden sind – als Beispiele herangezogen.

Zur Verdeutlichung der sich laufend verändernden Zinsen betrachten Sie bitte die nachfolgende Grafik mit den Umlaufrenditen.

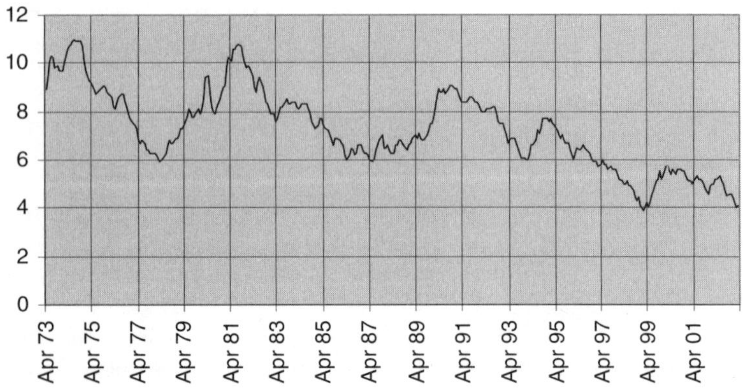

Umlaufrenditen inländischer Inhaberschuldverschreibungen von 1973 bis 2003. Mittlere Restlaufzeit von über 9 bis einschl. 10 Jahren/Monatswerte (Quelle: Deutsche Bundesbank)

Beginnend mit dem Jahr 1973 zeigt die Grafik die Zinshöchststände in 1974, 1981, 1990, 1994 und 2000. In den genannten Jahren erreichte die Umlaufrendite in einem insgesamt sinkenden Trend dennoch bemerkenswerte Höchststände.

Das folgende Beispiel bezieht sich auf das Jahr 1990 und schildert eine Situation, die bei einem Zinsniveau von rund 9% ausgesprochen attraktiv für Anleger war.

Da sich eine solche Situation (trotz, bzw. gerade wegen der derzeitig niedrigen Zinsen) jederzeit wiederholen kann, hat dieses Szenario und einige noch später aufgeführte Beispiele dauerhaften Wert.

Beispiel: Inhaber-Schuldverschreibung der **Österreichischen Kontrollbank** von 1986/1996. Der Coupon beträgt 6% pro Jahr. Gezahlt wird einmal im Jahr am 12. September nachschüssig, die Anleihe lautete damals noch auf D-Mark. Diese Anleihe notierte am 6. August 1990 bei 87,00 und rentierte mit 8,837 Prozent.

Bei diesem Straight Bond wird das unter 2.2 angesprochene Zinssenkungspotential besonders deutlich. Nehmen wir an, Sie kaufen die 6%ige Anleihe zum Kurs von 87,00 mit einer Rendite von 8,837%. Anschließend sinkt der Zins und die Rendite Ihrer Anleihe rutscht auf 6% herab. Der Kurs wird dann bei 100,00 liegen und Sie haben einen Kursgewinn von 13,00 erzielt.

Ein aktuelles Beispiel für eine Festzinsanleihe ist z. B. die Staatsanleihe von Österreich mit der WKN 130920. Diese Anleihe wurde 1996 emittiert und läuft bis zum Februar des Jahres 2006.

Der Zinscoupon (Festzins) beträgt 6% und der Kurs lag am 24. 4. 2003 bei 107,55. daraus ergibt sich eine Rendite bis zum Laufzeitende in Höhe von 3,102%. Die Anleihe wurde noch in D-Mark begeben, jetzt natürlich gehandelt in Euro (€).

Bei diesem Beispiel wird deutlich, dass ein Kauf über pari (über einem Kurswert von 100) die Erträge aus dem Zinscoupon senkt. Zu Bedenken ist auch, dass bei einem Halten der Anleihe bis zur Rückzahlung der gezahlte Aufschlag (107,55) verloren geht, da die Rückzahlung immer zu pari (100,00) erfolgt.

Natürlich hat der Anleger in der Zwischenzeit einen deutlich über der Marktrendite liegenden Zinscoupon erhalten, ein echter „Verlust" wird daher nicht eintreten. Sollte der Anleger jedoch vor dem Ende der Laufzeit verkaufen wollen, wird er auch nur den jeweiligen Marktpreis erhalten.

Im günstigsten Fall – wenn das Zinsniveau tatsächlich noch weiter gesunken ist – wird der Anleger einen höheren Verkaufskurs erzielen und so einen Kursgewinn erhalten. Viel wahrscheinlich jedoch ist, dass das Zinsniveau wieder ansteigen wird und der Anleger nur einen erheblich niedrigeren Verkaufskurs erreichen wird.

Hier wird deutlich, dass das Risiko bei Anleihen immer vorhanden ist und es sich keineswegs um eine absolut krisenfeste Anlageform handelt. Allerdings – wer die Funktion der Anleihe versteht und sich dementsprechend verhält, kann nicht nur die Risiken minimieren, sondern auch die Chancen erhöhen. Dazu später mehr.

2.5 Variabelzinsanleihen

Bei den variabel verzinslichen Anleihen ändert sich der Zinssatz nach einem festgelegten Modus.

2.5.1 Stufencoupon-Papiere

Bekannt sind Anleihen mit **Stufencoupons.** Bei diesen ändert sich der Zinscoupon nach einem in den Anleihebedingungen aufgeführten Plan.

Ein Beispiel für die stufenweise Veränderung sind die **Bundesschatzbriefe vom Typ A.** Sie werden seit 1969 ausgegeben und waren ursprünglich zur Förderung der Vermögensbildung gedacht. Inzwischen haben sie sich zum wichtigsten Finanzierungsinstrument des Bundeshaushaltes gemausert. Unserer Einteilung nach sind Bundesschatzbriefe Kapitalmarkt-Papiere. Sie verfügen über eine feste Laufzeit von 6 Jahren und sind frühestens nach einem Jahr kündbar (Gläubigerkündigungsrecht). Sie werden als Daueremission über die Bundesbank begeben. Ziel ist die Finanzierung öffentlicher Investitionen und die Förderung der Eigentums- und Vermögensbildung in allen Bevölkerungsschichten. Bundesschatzbriefe sind also keine Wertpapiere (Effekten) im engeren Sinne, sondern lediglich Schuldbuchforderungen. Beim Kauf werden – bei Einzeleintragung – der Name des Käufers und die Summe eingetragen. Bei Sammeleintragung wird der Betrag auf den Namen Ihrer Bank eingetragen. Bundesschatzbriefe sind – wie andere

Sparbriefe auch - zwischen den Effekten und den Spareinlagen einzuordnen. Damit fehlt ihnen das Hauptmerkmal börsennotierter Anleihen, die Fungibilität (Vertretbarkeit). Daher sind sie auch nicht handelbar, eine Börseneinführung entfällt.

Da der Bund nur an einer längerfristigen Verfügung über das Anlagekapital interessiert ist, hat er die Rückforderung des Kapitals durch den Gläubiger für einen ersten Zeitraum ausgeschlossen. Die vorzeitige Rückgabe (vor dem Ende der Laufzeit) ist erstmals nach einem Jahr möglich. Der Betrag ist auf 5000,– € pro Monat und Anleger begrenzt. Die Rückgabe erfolgt zum Nennwert.

Die folgende Übersicht zeigt die Zinsen und Renditen:

Laufzeit	Nominalzins %	Rendite %
1. Jahr	3,00	3,00
2. Jahr	3,25	3,12
3. Jahr	3,75	3,33
4. Jahr	4,25	3,54
5. Jahr	4,75	3,77
6. Jahr	5,50	4,03

(Konditionen gültig seit 1. 7. 2002: Typ A, Ausgabe 2002/7, WKN 110605, fällig 1. 7. 2008, jährliche Zinszahlung) Zinstermin 1. 7. gzj., Stückelung 0,01 €, Mindestauftrag 50,– €.

Bundesschatzbriefe des Typs A sind schon mit kleinen Geldbeträgen zu bekommen, und zwar in einer Stückelung von 50,– €. Zinsschwankungen können ihnen nichts anhaben, da sie immer zu 100% zurückgezahlt werden (keine Kursverluste). Allerdings sind dadurch auch Kursgewinne ausgeschlossen. Bundesschatzbriefe können Sie gebührenfrei bei der Bundeswertpapierverwaltung in Bad Homburg hinterlegen lassen.

2.5.2 Floating-Rate-Notes (FRNs)

Ein weiteres Beispiel für variabelverzinsliche Wertpapiere sind die **Floating-Rate-Notes.** Es handelt sich um mittel- bis langfristige Schuldverschreibungen mit einem sich nach einem bestimmten Modus der Marktzinsentwicklung anpassenden Zinssatz. Dieser

Zinssatz wird für jeden Zinszahlungszeitraum im Voraus festgelegt.

Dazu bedient man sich der Geldmarktsätze (Zinssatz für kurzfristig geliehenes Geld unter Banken) als Referenzzinssatz, entweder dem LIBOR (London InterBank Offered Rate) oder dem FIBOR (Frankfurt InterBank Offered Rate). In der Praxis werden $^1/_8$ bis $^1/_2$ Prozent über dem Geldmarktsatz gezahlt.

Der Emittent (Schuldner) erhält eine langfristige Kapitalmarktfinanzierung zu kurzfristigen Konditionen. Der Anleger trägt nur ein begrenztes Kursrisiko, da die Zinssätze regelmäßig angepasst werden.

Weitere Referenzzinssätze sind LIBID (gebotener Geldmarktsatz für Einlagen) und die Rendite von US-Treasury-Bills (90 Tage bis ein Jahr laufende Schatzamtstitel).

Die Laufzeit liegt zwischen 5 und 15 Jahren, es gibt aber auch Anleihen ohne Endfälligkeit (sogenannte perpetual floater). Bei diesen FRNs, wie diese Anleihen von den Händlern kurz genannt werden, gibt es inzwischen eine große Anzahl unterschiedlicher Arten. Die Bezeichnung für einen normalen FRN ist **Plain Vanilla Floating-Rate-Note.**

Wenn Sie nun in Floating-Rate-Notes investieren wollen, liegt Ihr Risiko in sinkenden Zinsen. Jedesmal, wenn der Zins zum Zeitpunkt der Neufestsetzung niedriger liegt, wird auch der Zins für Ihren FRN auf ein niedrigeres Niveau festgeschrieben. Steigt dagegen der Zins an, wird natürlich auch Ihr Zins höher festgelegt – aber das ist ja kein Risiko!

Zur Verdeutlichung folgt hier ein historisches **Beispiel:** Die Dresdner Bank emittierte 1986 auf US-$ lautende Floating-Rate-Notes mit einer Laufzeit bis 1991.

Alle sechs Monate wird von einer Bank in New York als Referenzstelle der Referenzzinssatz festgestellt. Dazu werden bestimmte Banken in London aufgefordert, am Zinsfeststellungstag um 11.00 Uhr Londoner Zeit einen Zins für die Hereinnahme von Eurodollar-Einlagen von führenden Banken für einen Zeitraum von 6 Monaten zu nennen.

Die genauen Anleihebedingungen sind im Prospekt nachzulesen. Sie gehen natürlich bedeutend detaillierter auf die Modalitäten ein, als das hier möglich ist. Wir empfehlen daher immer, **vor** einer Investition die Bedingungen genau zu studieren!

Für das obige Beispiel ergaben sich folgende Zinsen (1 = erste halbjährliche, 2 = zweite halbjährliche Zinszahlung):

1986(1) 10%, 1986(2) 9,5%, 1987(1) 9%, 1987(2) 9,5%, 1988(1) 10%, 1988(2) 10,5%, 1989(1) 10%, 1989(2) 9%, 1990(1) 8,5%, 1990(2) 9%, 1991(1) 8,5%.

Ein aktuelles Beispiel ist die Floating Rate Note (FRN) des Landes Niedersachsen vom 12. 8. 2002. Die mit einem Volumen von 200 Mio. € auf den Markt gelangende Emission zahlt als Zins den 3-Monats-Euribor minus 2,75 Basispunkte (bps) bei einer Laufzeit von 3 Jahren und einem Emissionspreis von 100,05%.

Floor

Um sich nun vor stark schwankenden Zinsen und einer entsprechend sehr niedrigen Verzinsung zu schützen, sollten Sie nur FRNs kaufen, die mit einem **Floor** ausgestattet sind. Der Floor ist ein Mindestzins; darunter kann die Verzinsung Ihres FRNs nicht fallen.

Bei einigen Sonderformen werden FRNs mit einem **Initial Floor** angeboten. Hier ist nur zu Beginn der Laufzeit für einen exakt festgelegten Zeitraum ein Mindestzinssatz festgeschrieben. Danach wird der Zins in der für FRNs üblichen Weise bestimmt.

Cap

Aber auch der Emittent von FRNs will sich schützen. Er muss sich gegen steigende Zinsen sichern. Dies geschieht durch einen **Cap.** Der Cap ist ein vertraglich vereinbarter Höchstzinssatz. Dieser Cap wird auch als Zinsdeckel bezeichnet. Erreicht der Marktzins das Niveau des Caps, wird sich die FRN wie ein Festzins-Wertpapier verhalten. In diesem Fall wird die FRN bereits mit Cap emittiert. Vorteil: Bei sinkenden Zinsen profitiert der Emittent von der niedrigeren Kostenbelastung. Bei steigenden Zinsen ist die maximale Kostenbelastung durch den Höchtzinssatz (Cap) begrenzt.

Üblich ist auch der separate Verkauf des Caps, da sogenannte synthetische Caps als selbstständiges Recht gehandelt werden.

Wer durch Zahlung einer Prämie einen solchen Cap erwirbt, kann sich damit gegen Zinsschwankungen bei seiner eigenen variablen Verschuldung absichern (z.B. der Emittent von normalen FRNs ohne Floor und Cap). Hier bieten Banken oder – durch Vermittlung von Banken – große Unternehmen Caps an. Mit der Zahlung der Prämie übernimmt der Emittent des Caps das Zinsrisiko während der Laufzeit. Erreicht der Zins nicht das Höchstzinsniveau, kann er die Prämie behalten und macht einen Gewinn. Steigt der Zins über das Niveau hinaus, zahlt der Emittent des Caps die Zinsdifferenz.

Sonderformen bei Floating-Rate-Notes

Der große Erfolg der FRNs hat dazu geführt, noch mehr Varianten zu entwickeln, die Anleihen noch mehr auf die Bedürfnisse von Emittent und Kapitalgeber abzustimmen. So sind FRNs entstanden, die mehrere Eigenarten verschiedener Bonds miteinander verbinden. Die nächsten Beispiele zeigen eine Auswahl davon.

FRNs mit Collar

Bei diesen FRNs sind ein Mindestzinssatz und ein Höchstzinssatz festgelegt. Beide Werte sind mehr als 100 Basispunkte (1%) voneinander entfernt. Diese FRNs besitzen einen sogenannten **Collar** (Kragen).

Minimax-FRNs

Minimax-Floating-Rate-Notes besitzen ebenfalls einen Mindest- und einen Höchstzinssatz. Der Unterschied zwischen Minimum und Maximum beträgt in der Regel weniger als 100 Basispunkte (1%). Daher bezeichnen manche sie auch schon als eine (fast) festverzinsliche Anleihe.

FRNs mit Stufencoupons

Sie erinnern sich noch an die Bundesschatzbriefe? Diese Stufencoupons werden auch bei FRNs angeboten. Zwei Varianten sind bisher auf dem Markt: FRNs mit absteigendem Coupon, die **Step-down-FRNs** und FRNs mit aufsteigendem Coupon (wie bei den Bundesschätzchen), die **Step-up-FRNs.**

Mismatch-FRNs

Bei diesen Floating-Rate-Notes ist die Wahl zwischen zwei Zinssätzen möglich. Meist steht der 6-Monats-LIBOR oder der 6-Monats-Durchschnittswert des Ein-Monats-LIBOR zur Auswahl. Hier helfen nur der spitze Stift und der Taschenrechner, wenn Sie Ihren Vorteil berechnen wollen.

Je weiter sich die Sonderform vom normalen FRN entfernt, umso problematischer wird die Risiko/Chancen-Bewertung für den Anleger.

Rolling-Rate-Note

Bei dieser Variante wird der Zinssatz der Floating-Rate-Notes mehrmals festgelegt (z. B. monatlich), ohne den Auszahlungszeitpunkt zu verändern. Am Zinstermin werden dann die Zinsen nach dem Durchschnitt der gefixten Werte berechnet und gezahlt. Es erfolgt eine Glättung der Zinsschwankungen.

Convertible FRNs

Bei diesen FRNs erwirbt der Anleger das Recht, während der ersten Jahre der Laufzeit zu jedem Zinstermin die FRNs in eine Festzinsanleihe umzuwandeln. Damit ist er – in bestimmten Grenzen – gegen sinkende Zinsen geschützt.

Drop-lock-FRNs

Ähnlich funktionieren auch die Drop-lock Floating-Rate-Notes. Sinkt das Zinsniveau unter einen festgeschriebenen Zinssatz, werden die FRNs automatisch in eine Festzins-Anleihe umgewandelt.

Perpetual-FRN

Wie bereits weiter oben angedeutet, werden auch Floating-Rate-Notes ohne Endfälligkeit begeben. Bei manchen dieser FRNs ist die Möglichkeit gegeben, zu jedem Zinstermin zu pari zu kündigen.

Unterbleibt die Kündigung, wird aus einem mittelfristig angelegten Instrument im Laufe der Jahre eine langfristige Anlage mit einem ständig den Marktgegebenheiten angepassten Zinssatz. Das Recht der Kündigung bleibt davon natürlich unbenommen.

FRNs mit Optionsscheinen

Eine letzte Sonderform der Floating-Rate-Notes ist eine solche mit Optionsscheinen. Diese Optionsscheine erlauben den Bezug einer neuen Festzins-Anleihe mit einem bereits heute festgelegten und bekannten Couponzins.

2.6 Anleihen mit gemischtem Ertrag

Bei den nachfolgend aufgeführten Beispielen nimmt der Zinsertrag nur einen kleinen oder überhaupt keinen Stellenwert ein. Teilweise wird ein Mindestzins geboten, teilweise werden nur Rechte eingeräumt. Bei manchen Instrumenten ist der Ertrag an den Gewinn des Unternehmens (Emittenten) gekoppelt.

Gewinnschuldverschreibungen

Diese Anleiheform bietet dem Anleger neben einem festen Zins die Beteiligung am Gewinn des Unternehmens. Der feste Zins ist selbstverständlich nicht sehr hoch, dadurch hat die begebende Gesellschaft in ertragsschwachen Zeiten eine geringere Belastung zu tragen. Der Gläubiger erhält auch in diesen gewinnlosen Jahren seinen Mindestzins gezahlt. Gewinnschuldverschreibungen können auch von Nicht-Aktiengesellschaften emittiert werden.

Einige Sparkassen haben im Zusammenhang mit dem fünften Vermögensbildungsgesetz (936-DM-Gesetz) eigene Papiere begeben. Sie werden mit dem relativ niedrigen Zinssatz für Einlagen mit gesetzlicher Kündigungsfrist verzinst und werden mit einem – vom Bilanzgewinn des Vorjahres abhängigen – Zuschlag versehen. Ihr Bankberater nennt Ihnen gern die aktuellen Konditionen. Damit Sie sich ein Bild über den möglichen Zuschlag machen können, sollten Sie sich die letzte Bilanz (Bilanzgewinn) geben lassen.

Genussscheine

Genussscheine sind wertpapiermäßig gesehen Gläubigerpapiere, die einen Anteil am Gewinn verbriefen, aber keine Gesellschaftsrechte beinhalten, sind also keinesfalls mit Aktien gleichzusetzen.

Sie bieten in der Regel keine Mindestverzinsung. Sie können einen Nennwert haben, aber auch nennwertslos sein. Oft ist auch ein Betrag vereinbart, zu dem die begebende Gesellschaft sich verpflichtet hat, den Genussschein zurückzukaufen. Der Handel in Genussscheinen erfolgt an der Börse, im geregelten Markt, aber auch im Freiverkehr.

Beispiele: *Bertelsmann*-Genüsse von 1991 sind mit einer Dividende von 7,5% ausgestattet und notierten am 31. 7. 2002 bei 190%. Die Genüsse der *Commerzbank* von 1991 (ohne Optionsscheine) bieten eine feste Verzinsung von 9,5% und notierten am 31. 7. 2002 bei 110,10%.

Durch die Vielzahl der Möglichkeiten, an oder mit Genussscheinen zu verdienen, ist es unumgänglich, die Prospekte genau zu studieren.

Genussscheine gehören übrigens zu staatlich geförderten Vermögensanlagen. Wer die Einkommensgrenzen nicht überschreitet, erhält eine Sparzulage von 20%. Allerdings darf über das Kapital während der sechsjährigen Sperrfrist nicht verfügt werden.

Auch an die Genussscheine stellt der Staat Mindestanforderungen. So darf eine Rückzahlung zum Nennwert nicht garantiert sein, und eine eventuell vorgesehene Mindestverzinsung darf zum Zeitpunkt der Emission höchstens die Hälfte der Emissionsrendite von festverzinslichen Wertpapieren betragen.

Aktien-Anleihen

Zu den Anleihen mit gemischtem Ertrag gehören zweifelsohne die sogenannten Aktien-Anleihen. Hier stehen Zins und Risiko in einem direkten Verhältnis zur Kursentwicklung einer bestimmten Aktie.

Allerdings setzt sich die Aktien-Anleihe dem Vorwurf des Etikettenschwindels aus, denn die Funktion einer solchen Aktien-„Anleihe“ hat mit den Funktionen einer normalen Anleihe nichts mehr gemein.

Dabei behält sich die Emittentin dieser Anleihe, in der Regel eine Bank, das Recht vor, zum Ende der Laufzeit oder einem anderen Zeitpunkt nicht den Nennwert (in Geld) zurückzuzahlen, sondern dem Anleger statt dessen eine bestimmte Anzahl an Aktien zu überreichen. Und dies nach Maßgabe und Wahl der Emittentin.

Diese Vorgehensweise hat mittlerweile auch schon zu vereinzelten Protesten der Anleger und auch zu einigen Prozessen geführt. Einer dieser Prozesse ging jetzt positiv für den Anleger aus.

In „Der BondInvestor" hat *Alfred B. J. Siebers* dazu folgendes geschrieben:

Pyrrhussieg für Anleger?

Wenn es nach dem Willen des Berliner Kammergerichts geht, können Anleger, die in der Vergangenheit Aktien-Anleihen gekauft haben, Hoffnung schöpfen.

Der Fall: Ein Anleger hatte über seine Hausbank *Volkswagen*-Anleihen für 50 000,– DM gekauft. Am Telefon hatte der Berater erklärt, dass diese Anleihe 10% Zinsen zahlt.

Mit dem Blick auf die Rendite und dem Bewusstsein, dass es sich bei *Volkswagen* um eine seriöse Firma handelt, hatte der Anleger keine Bedenken.

Ein Jahr später erhielt er dann jedoch statt der 50 000,– DM Nennwert nur 305 Stammaktien von *VW* mit einem Kurswert von lediglich 32 940,– DM.

Der Trick: Nicht alle Anleger wissen, dass bei Aktien-Anleihen nicht immer Geld zurückgezahlt wird, sondern der Emittent (meist eine Bank) auch mit einer bestimmten Anzahl an Aktien „zurückzahlen" kann.

Von dieser Möglichkeit wird die Bank immer dann Gebrauch machen, wenn der Kurs der Aktien gesunken ist und der Wert der Aktien unter dem zurückzuzahlenden Nennwert liegt. Also nur eine Wette?

Das Urteil: Die Berliner Richter scheinen dies auch so zu sehen, da sie die schriftliche Aufklärung des Kunden vor dem Kauf als zwingend ansehen. Auch Aktien-Anleihen auf sogenannte Standardwerte wie *Siemens, VW* oder *Telekom* sind dabei einzubeziehen.

Eine telefonische Warnung vor möglichen Verlusten reicht nach Ansicht der Kammer nicht aus. Ebenso wenig die Übersendung eines Merkblattes nach dem Kaufabschluss.

Der Anleger ist in diesem speziellen Fall nach Meinung des Berliner Kammergerichts (AZ: 29 U 7237/00) über das besondere Risiko von seiner Bank nicht ausreichend aufgeklärt worden, die Bank soll dem Anleger die Differenz zum Nennwert auszahlen.

Die Lösung?

Damit ist unserer Ansicht nach die Sache noch nicht ausgestanden und es bleibt abzuwarten, ob und mit welcher Argumentation die Bank den Fall zu ihren Gunsten entscheiden kann.

Eines aber ist schon absehbar: Dem Anleger ist damit in Wirklichkeit nicht geholfen. Sollte die schriftliche Aufklärung vor dem Kauf zwingend werden (wobei noch offen ist, ob Aktien-Anleihen ein „eigenes Gesetz" benötigen oder ob sie einfach den Termingeschäften zugeordnet werden), wird der Schutz des Anlegers verwässert.

Bei den Termingeschäften ist die Entwicklung schon seit einigen Jahren zu beobachten. Der Kunde unterschreibt, weil er sonst überhaupt nicht zu diesen Geschäften zugelassen wird. Ein Erkennen der erhöhten Risiken ist damit zwangsläufig allerdings nicht verbunden.

Auch weiterhin wird schlampig aufgeklärt oder nur unzureichend erläutert, aber zur Beruhigung der Berater und ihrer Arbeitgeber unterschreibt der Kunde das entsprechende Formular.

Tatsächlich werden die Totalverluste in dieser Geschäftssparte nicht weniger, im Gegenteil, immer mehr Anleger fallen der Versuchung auf schnelle und vermeintlich risikolose Gewinne anheim.

Das Fazit

So wird es dann wohl auch bei den Aktien-Anleihen sein. Statt sorgfältiger Ausbildung der Berater, umfassender Information der Anleger und vorbeugender Schulung in Seminaren oder auch an Schulen und Universitäten, werden echte oder erfundene Erfolgsstories gehandelt und Hans und Gretchen Müller wollen es den vermeintlichen Profis nachmachen.

Der Traum von der Traumrendite ist schnell ausgeträumt und das Geld, vorhin noch schwer verdient, ganz plötzlich einfach weg!

Also kein Grund sich über das Urteil zu freuen?

Zunächst bleibt abzuwarten, wie die nächst höhere Instanz entscheidet und sich die daraus resultierenden Folgen auf die Beteiligten auswirken. Und im Übrigen gilt noch immer das alte Gesetz:

> Information kommt vor Investition!

Wenn Sie also vorhatten, durch Aktien-Anleihen ein kleines Vermögen zu machen, sollten Sie immer im Auge behalten, dass der Schuss auch nach hinten losgehen kann.

Sollten Sie bereits durch Aktien-Anleihen Geld verloren haben und nicht wissen, wie Sie zu Ihrem Recht kommen können, sollten Sie einmal einen Blick auf die Webseite www.BoersenSachverstaendiger.de werfen. Vielleicht kann man Ihnen dort weiterhelfen!

2.7 Anleihen mit besonderer Ausstattung

Die einen kann man verwandeln in Aktien, die anderen räumen Rechte ein. Die Rede ist hier von Bonds mit besonderer Ausstattung. Zu diesen gehören Wandelanleihen ebenso wie Zerobonds, Auslandsanleihen, Währungs- und Doppelwährungsanleihen, indexgebundene Anleihen und Abos.

Auf diesem Parkett tummelt sich häufig die blanke Spekulation. Bevor Sie sich aber abwenden, muss auf die Vorteile, die manche Anleihen bieten, zumindest hingewiesen werden.

2.7.1 Wandelanleihen

Der Name weist schon auf die Besonderheit hin: das Umwandeln der Anleihe in Aktien. Diese Bondart wird seit 1925/1930 auch in Deutschland begeben. Allerdings erlangte sie erst nach 1965 größere Bedeutung. Die Vorbilder dieser Anleihe kommen aus den USA.

Bei diesen Obligationen besitzt der Inhaber des Bonds das (unentziehbare) **Recht auf Umtausch** der Anleihe in Aktien. Bereits vor der Ausgabe der Bonds wird in den Bedingungen festgelegt,

- welche Anzahl oder
- zu welchem Kurs,
- innerhalb welcher Frist,
- mit welcher Zuzahlung (wenn überhaupt)

Aktien oder Vorzugsaktien gegen die Anleihe getauscht werden.

Dieses Recht auf Umtausch ist an den Besitz der Anleihe gebunden, kann also nicht selbstständig gehandelt werden. Je nach Ertragslage des Unternehmens kann es für den Anleiheninhaber lukrativer sein, das Recht auf feste Zahlungen (Zinsen) aufzugeben und statt dessen direkt am Erfolg des Unternehmens (durch Dividendenzahlungen) beteiligt zu sein.

Gleichzeitig gewinnt der Aktionär durch sein Stimmrecht an Einfluss auf die Geschäftspolitik. Dies gilt allerdings nur für Stammaktien; bei anderen Aktienarten ist oder kann das Stimmrecht eingeschränkt sein.

Durch Wandlung wird aus dem **Obligationär** ein **Aktionär.** Anspruch auf Zinszahlung wird gegen Zugewinn an Einfluss und Beteiligung am Gewinn getauscht.

Das nachfolgende historische Beispiel zeigt die grundsätzliche Funktionsweise einer Wandelanleihe auf:

Wandelanleihe der *Julius Baer Bank and Trust Company Ltd.* mit einem Festzins von 2% und dem Wandelrecht in neun Partizipationsscheine der *Baer Holding AG.* Der Partizipationsschein mit einem Nennwert von 20,– SFr notierte bei 370,– DM, und die Wandelanleihe wurde zum Kurs von 81,05 gehandelt. Eine Umwandlung erscheint nicht sinnvoll, da der Wert der Anleihe bei 8105,– DM liegt, die neun Partizipationsscheine aber nur einen Wert von 3330,– DM darstellen. Die Rendite der Anleihe stellt sich auf 8,6750%.

Name	**Zins**	**Kurs am 31. 7. 02**	**Rendite**
Vodafone Fin. 99/04	1%	101,50	6,99%
Continental 99/04	2%	99,25	5,24%
EnBW Int. Fin. 01/02	3%	102,00	13,61%
Holzmann 98/03	3,25%	9,40	45,78%

Wie bei allen Beispielen und Empfehlungen gilt:
Die in dieser Tabelle vorgestellten Wertpapiere dienen lediglich der Information des Lesers und stellen keine Aufforderung zum Kauf oder Verkauf von Wertpapieren oder anderen Anlageinstrumenten dar. Alle Informationen stammen aus Quellen, die von den Verfassern für zuverlässig gehalten werden.

Dennoch können sie für die Richtigkeit oder Vollständigkeit der Angaben keine Garantie übernehmen, und keine der Aussagen ist als solche Garantie zu verstehen. Die zum Ausdruck gebrachten Meinungen oder Empfehlungen geben die aktuelle Einschätzung des Verfassers wieder und können sich ohne vorherige Ankündigung ändern.

Die Verfasser behalten sich einen Irrtum insbesondere in Bezug auf Zahlenangaben und Kurse ausdrücklich vor.

Für die oben aufgeführten Wandelanleihen gilt dies im Besonderen. Gerade die Wandelanleihe der *Holzmann AG* macht das Risiko deutlich. Da die Rückzahlung keineswegs gesichert ist und auch die Wandlung in Aktien keinen Erfolg verspricht, ist der Kurs der Wandelanleihe dementsprechend niedrig.

Niedriger Kaufpreis und gleichzeitig hohe Rendite machen überdeutlich, dass der Kauf dieser Wandelanleihe ein überdurchschnittlich hohes Risiko darstellt und die Rückzahlung des Nennwerts eher unwahrscheinlich ist.

2.7.2 Optionsanleihen

Optionsanleihen sind Schuldverschreibungen, die mit einem Optionsrecht ausgestattet sind. Letzteres wird in einem Optionsschein (engl.: warrant) verbrieft. Diese Anleihenform hat in Deutschland in den letzten Jahren eine wahre Renaissance erlebt. Im Gegensatz zur Wandelanleihe kauft der Anleger kein Wandelrecht. Vielmehr besteht die Optionsanleihe aus zwei Teilen: der Schuldverschreibung (mit einem in der Regel festen Zinssatz) und dem Optionsschein.

Dieser Optionsschein kann entweder bei Emission oder nach Ablauf eines bestimmten Zeitraums (Frist) von der Schuldverschreibung getrennt und separat gehandelt werden. Es hat sich ein reger Sekundärmarkt für diese (spekulativen) Scheine gebildet, so dass sie (fast) so einfach zu kaufen und zu verkaufen sind wie Aktien.

Über den lukrativen (und spekulativen) Handel mit Optionsscheinen wurden bereits viele Bücher geschrieben, in einem Exkurs weiter unten werden grundsätzliche Fragen des Handels mit Optionsscheinen erörtert.

Die Ausstattung der den Straight Bonds beigefügten Optionsscheine (OS) ist sehr unterschiedlich und hängt von den Zielen des Emittenten ab. Hier eine kleine Übersicht:

Optionsscheine auf

- Aktien
- Anleihen
- Aktien-Index

- Aktienkorb
- Währungen
- Waren.

An der Börse werden Optionsanleihen meist in drei Formen gehandelt, nämlich als
- Optionsanleihe **mit** Optionsschein (cum)
- Optionsanleihe **ohne** Optionsschein (ex)
- Optionsschein.

Durch den Optionsschein und das damit verbundene Bezugsrecht kann der Emittent den festen Zinssatz der Schuldverschreibung relativ niedrig halten. Der Zins bei Optionsanleihen ist also in der Regel niedriger als der aktuelle Marktzins.

Anhand des nachfolgenden historischen **Beispiels** sollen die zahlreichen Möglichkeiten der Spekulation mit Optionsanleihen aufgezeigt werden: *Mitsubishi Chemical Industries Limited* 1,25% D-Mark-Optionsanleihe von 1986/93 mit Optionsschein auf Bezug von Aktien der Gesellschaft. Bei dieser winzigen Verzinsung ist kaum noch von einer festverzinslichen Wertpapieranlage zu sprechen. Der Optionsschein (je 5000,– DM Teilschuldverschreibung) erlaubt den Bezug von 448 Aktien zum Kurs von 831 Yen. Dieser Optionspreis kann gemäß den Bedingungen bis zum Ende der Laufzeit noch verändert werden.

Die Optionsanleihe bietet durch den Schuldverschreibungsteil eine feste Verzinsung des Kapitals. Der Optionsschein lässt den Anleger an eventuell eintretenden Kurssteigerungen der Aktien des Unternehmens teilhaben.

Wer also die niedrigere Verzinsung in Kauf nimmt, kann mit dem Optionsschein auf steigende Kurse spekulieren. Auch wenn der Anleger seinen Optionsschein (OS) verkauft oder das Optionsrecht selbst ausübt, so bleibt in beiden Fällen die Anleihe (und damit der festverzinsliche Teil der Optionsanleihe) bestehen.

Am 8. März 1991 notierte die Anleihe cum (also mit OS) mit 96,00. Aus Kaufpreis, Laufzeit und Coupon ergibt sich eine Rendite von 3%. Die Differenz zum Marktzins von über 8% wird durch den OS und die erwartete Kurssteigerung der Aktien wettgemacht.

Am gleichen Tag notiert die Anleihe ex (also ohne OS) mit 82,60. Hier ergibt sich eine Rendite von 9,68%. Das spekulative Moment des OS fehlt hier zwar und damit auch die Chance auf einen besonders großen Gewinn. Dafür aber ist die Verzinsung akzeptabel.

Ebenfalls am gleichen Tage notiert der Optionsschein als separates Handelsobjekt mit 800,– DM. Bei einem Wechselkurs des Yen von 1,146 DM pro 100 Yen und dem Bezugrecht von umgerechnet 448 Aktien zum Kurs von 831 Yen wird der Bezug erst ab einem Aktienkurs von über 987 Yen interessant.

Wenn der Wechselkurs sinkt, 100 Yen für 1,00 zu haben sind, wird erst ab einem Aktienkurs von über 1010 Yen der Bezug lukrativ. Steigt der Wechselkurs dagegen an, vielleicht auf 1,50 DM pro 100 Yen, dann wird bereits bei einem Aktienkurs von 950 Yen der Bezug der Aktien interessant.

Name	**Zins**	**Kurs am 31. 7. 02**	**Rendite**
Stada Arzneimittel 00/05	7,50%	166,00	0,65%
Stada Arneimittel 00/05, o. O.	7,50%	104,70	5,69%

Hier wird deutlich, dass der Optionsschein, der bei der ersten Anleihe noch enthalten ist, in der Einschätzung der Anleger einigen Wert hat.

So sind Investoren bereit, knapp 65% mehr für die Anleihe mit Optionsschein aufzuwenden, als sie für die „normale" Anleihe ohne Optionsschein zahlen müssten. Entsprechend unterschiedlich sind die Renditen.

Bei den nächsten Beispielen handelt es sich bewusst um historische Wertpapiere. Daraus folgt, dass diese Konstellationen nicht jederzeit nachzuvollziehen sind. Allerdings geben sie einen guten Überblick über die tatsächlich vorhandenen Chancen und Risiken.

Exkurs Optionsscheine

Ein Optionsschein berechtigt den Inhaber zum Bezug eines bestimmten Gegenstandes (Wertpapiere, Devisen etc.) zu einem beim Kauf bereits festgelegten Preis bis spätestens zu einem bestimmten Termin in der Zukunft.

Entstanden sind viele Optionsscheine durch den Finanzierungsbedarf von Unternehmen. Für ein Unternehmen wie beispielsweise *Siemens-Nixdorf* oder *IBM* gibt es mehrere Möglichkeiten der Finanzierung.

Einerseits könnte man durch eine Kapitalerhöhung das Stammkapital vermehren. Andererseits kann durch eine Anleihen-Emission Kapital für neue Investitionen beschafft werden. Der Nachteil der zweiten Finanzierungsweise ist der möglicherweise hohe Zins, der für das geborgte Kapital gezahlt werden muss.

Durch die Emission einer Optionsanleihe mit sehr niedrigem Zinssatz könnte man die Kapitalkosten vermindern. Wenn nun der Zins unter dem marktüblichen Zins liegt, werden sich die Anleger nicht gerade um diese Anleihe reißen. Damit sie trotzdem diese Anleihe mit dem niedrigen Zins kaufen, bietet der Emittent dem Kapitalgeber ein Bonbon an.

Dieses Bonbon ist der Optionsschein, der den Käufer dieser Anleihe beispielsweise dazu berechtigt, Aktien von *Siemens-Nixdorf* zu einem bestimmten (Vorzugs-)Preis zu erwerben.

Ein anderes Bonbon war mit der Optionsanleihe der *Deutsche Bank Finance N. V.* verbunden. Hier wurde ein fester Zins von 6% pro Jahr gezahlt und die Optionsscheine berechtigten zum Bezug von insgesamt 2500 US-Dollar zum Kurs von 2,06 DM pro Dollar. Bei dem letztgenannten Optionsschein war die Laufzeit auf knapp zwei Jahre begrenzt.

Optionsscheine haben in der Mehrzahl allerdings längere Laufzeiten, teilweise bis zu 10 Jahren. Gerade diese längeren Laufzeiten machen Optionsscheine gegenüber normalen Optionen (mit Laufzeiten von nur wenigen Monaten) für den Anleger attraktiv. Während dieser langen Laufzeiten kann es nämlich sogar mehrmals zu starken Kurssteigerungen kommen.

Ein Beispiel für schnelles Geld

Sehr gern wird in Anlegerkreisen das nachfolgende Beispiel zitiert, um zu zeigen, wie schnell viel Geld verdient werden kann. Allerdings ist hier Vorsicht geboten: Dies ist ein extremes Beispiel, eine Wiederholung ist nach unserer Ansicht so gut wie ausgeschlossen.

Allerdings zeigt sich hier auch, auf welche Weise und mit welchen Mitteln Anlageberater versuchen (könnten), die Anleger zur Anlage in Optionsscheine zu „überzeugen“.

Beispiel: Wer schnell entschlossen den *Nomura*-Optionsschein gekauft hat und bereit war, zwei Jahre zu warten, der konnte mit einem Einsatz von knapp 40000,– DM zum Millionär werden. (Alle Berechnungen noch in D-Mark).
Im Juli 1984 kostete der *Nomura*-Optionsschein etwa 620,– US-$. Bei 20 Scheinen wurde der Käufer daher mit 40000,– DM belastet. Bis zum September 1986 war der Kurs des Scheins auf 29500,– US-$ gestiegen, bei dem damaligen Wechselkurs entsprach dies einem Betrag von 58000,– DM pro Schein. Bei einem Depot mit 20 Scheinen betrug der Wert daher genau 1160000,– DM. Auch nach Abzug des Einsatzes von 40000,– DM blieben immer noch über eine Million D-Mark übrig.

Das klingt alles ganz einfach und logisch. Die meisten Anleger werden aber die Chance verpasst haben oder zu spät eingestiegen sein.

Das Aufgeld

Um das mit Optionsscheinen verbundene Risiko einschätzen zu können, sollten Sie immer das Aufgeld und die Prämie berechnen. Dieses Aufgeld, fälschlicherweise hin und wieder auch Prämie genannt, ist ebenso wie die Prämie ein Merkmal für die Erwartung der künftigen Kursentwicklung. Das Aufgeld nennt den exakten Geldbetrag, die Prämie zeigt die pozentuale Steigerung an. In beiden Fällen wird deutlich, welche Kursentwicklung die Marktteilnehmer für den betreffenden Wert erwarten. Schließlich bestimmt die Fantasie der Anleger als Kursmotor der Börse, wohin die Reise geht.

Beispiel für die Berechnung des Aufgeldes: Optionsschein (OS) der ABC-Gesellschaft von 1986

- mit einem Basispreis **E** (Preis zu dem bezogen werden kann) von 308,– DM
- einem Bezugverhältnis von 1:1 (ein OS berechtigt zum Bezug von einer Aktie)
- einem Aktienkurs **K** von 275,– DM (also unter dem Bezugskurs)
- einem Optionsschein-Kurs **OS** von 90,50 DM.

  Nach folgender Formel errechnen Sie das Aufgeld **AU:**

AU = OS + E – K

AU = 90,50 + 308–275 = 123,50 DM

Die Prämie **PR** ergibt sich wie folgt:
PR = ((OS + E – K)/K) × 100
PR = ((90,50 + 308–275)/275) × 100 = 44,9%

Bei diesem OS muss der Kurs um 123,50 DM steigen, bevor der Bezug der Aktie der ABC-Gesellschaft profitabel wird. Das entspricht einer Kursveränderung von fast 45%. Allein Ihre Erwartung kann entscheiden, ob dieses Aufgeld gerechtfertigt ist und mit einem Gewinn gerechnet werden kann. Bei den langen Laufzeiten der Optionsscheine ist eine solche Steigerung allerdings durchaus denkbar.

Die Hebelwirkung

Die Berechnung der Hebelwirkung zeigt die Risiken und Chancen eines Optionsscheins auf. Oft wird von Anlegern nur auf die enormen Chancen geachtet. Der Hebel zeigt an, um ein Wievielfaches der Kurs des Optionsscheins sich bewegt, wenn die Aktie steigt oder sinkt.

In dem vorhergehenden Abschnitt haben wir an dem Beispiel der ABC-Gesellschaft die Berechnung des Aufgeldes durchgeführt. Der Kurs der Aktie lag bei 275,– DM. Nehmen wir an, sie hätten den Schein für 90,50 DM gekauft. Sie erwarten, dass der Kurs in der nächsten Zeit steigt. Vielleicht wüssten Sie auch gern, mit welchen Gewinnen Sie rechnen können, wenn Ihre Einschätzung sich als richtig erweist.

Wir unterstellen, dass der Kurs der Aktie um 10% auf 302,50 DM steigt. Weiterhin nehmen wir an, dass die Prämie (vgl. Erklärung Aufgeld/Prämie im vorhergehenden Abschnitt) gleich bleibt. Daraus ergibt sich ein fiktives Aufgeld, von dem Sie den Bezugsrechtskurs E abziehen können:

fiktive PR = 302,50 × 44,9% = 135,80 DM.

Das Ergebnis ist der fiktive Optionsscheinkurs, also der Kurs, der Ihnen nach einer Kurssteigerung der Aktie um 10% gezahlt werden würde.

Sie selbst haben für den OS 90,50 DM gezahlt, Ihr Gewinn entspricht einem Wertzuwachs des OS von 50%. Die Aktie ist dagegen nur um 10% gestiegen.

Daraus ergibt sich ein Hebel von 1:5 oder mit anderen Worten: 1,– DM Kursgewinn der Aktie stehen 5,– DM Kursgewinn beim Optionsschein gegenüber.

Übrigens: Der Hebel wirkt genauso stark in die andere Richtung und reduziert den Wert Ihres Optionsscheins. Totalverluste sind nicht auszuschließen, denn schließlich ist die Börse keine Einbahnstraße! Sie erzeugt Vermögen und sie vernichtet Vermögen.

2.7.3 Auslandsanleihen

Bei dieser Spezies ist der Begriff Auslandsanleihen nicht konkret genug. Zur Unterscheidung wollen wir die drei Arten und deren Unterarten getrennt vorstellen.

Wir unterscheiden zwischen

- **Anleihen ausländischer Emittenten, die an deutschen Börsen gehandelt werden.** Sie können in verschiedenen Währungen begeben werden und z. B. auf
  - Euro
  - ausländische Währungen (z. B. US-$ oder AUS-$) lauten.
- **Anleihen inländischer Emittenten, die im Ausland gehandelt werden** und auf ausländische Währungen (z. B. US-$ oder auch ECU) lauten
- **Anleihen ausländischer Emittenten, die im Ausland gehandelt werden** und auf ausländische Währungen lauten.

Anleihen ausländischer Emittenten, die an deutschen Börsen gehandelt werden

Die steigende Attraktivität des Finanzplatzes Deutschland hat zu einer großen Anzahl von Anleihen ausländischer Emittenten geführt. Die Konvertibilität des Euro und die Position dieser Währung in der Welt üben eine starke Anziehungskraft auf Kapitalgeber und Schuldner aus.

Neben europäischen Staaten sind auch außereuropäische Länder wie Brasilien, Argentinien oder Australien mit Schuldverschreibungen an deutschen Börsen vertreten. Weitere Gläubiger sind ausländische Provinzen, Städte, Nationalbanken, Kreditinstitute und Unternehmen. Zu ihnen zählen auch die ausländischen Töchter deutscher Banken oder Unternehmen.

Weiterhin nehmen auch supranationale Institute den deutschen Kapitalmarkt in Anspruch. Große Emittenten sind beispielsweise die *Internationale Bank für Wiederaufbau und Entwicklung* (*Weltbank* bzw. *IB*), die *Asiatische Entwicklungsbank,* die *Afrikanische Entwicklungsbank* oder die *Europäische Investitionsbank.*

Diese Anleihen sind in der Regel mit einer Endfälligkeit (Rückzahlung am Ende der Laufzeit in einem Betrag) oder mit Ratentilgung ausgestattet. Als Sicherheiten werden staatliche Garantien oder Bankgarantien geboten.

Anleihen inländischer Emittenten, die an ausländischen Börsen gehandelt werden

Die Gründe für ein inländisches Unternehmen, sich an einem ausländischen Kapitalmarkt zu verschulden, sind vielfältig. Auch steuerliche Gründe mögen der Anlass sein, eine 100prozentige Tochter im Ausland zu gründen, deren einziger Geschäftszweck die Aufnahme von Kapital im Ausland oder auf dem sogenannten Euromarkt ist.

Die wichtigsten Währungen bei dieser Anleihenart sind der US-Dollar, der Austral-Dollar, die D-Mark, der Schweizer Franken und der japanische Yen. Da die Anleihen auf eine andere als die inländische Währung lauten, werden sie auch **Währungsanleihen** genannt.

Bedingt durch zwei Weltkriege, wurden die deutschen Auslandsschulden 1953 neu geregelt. Die bekannteste Anleihe dieser auch **Auslandsbonds** genannten Schuldverschreibungen war die sogenannte Zündholzanleihe.

Die Zündholzanleihe gehörte zu den Deutschen Auslandsbonds, die in den Jahren 1924 bis 1931 nach der Stabilisierung der Währung (Mark) vom Deutschen Reich, von den Ländern, Gemeinden etc. und Industriegesellschaften emittiert wurden. Diese Anleihen wurden hauptsächlich in anderen Währungen als der Mark begeben. Zu den bedeutendsten Vertretern gehörten die Dawes-Anleihe von 1924, die Young-Anleihe von 1930 und die Zündholz-Anleihe. Bei der zuletzt genannten handelte es sich um eine 6%ige äußere Anleihe des Deutschen Reichs von 1930. Sie wurde in Verbindung mit dem schwedisch-englisch-amerikanischen Zündholz- und Finanztrust (Konzern) Kreuger begeben.

Der Gründer *Ivar Kreuger* (1880–1932) erlangte mit seinem Konzern ein Weltmonopol. Die Bezeichnung „Zündholzanleihe" erhielt die Anleihe wegen des mit ihr vergebenen Zündholzmonopols. So gelangten nur Zündhölzer des Zündholzmonopols auf den Markt (Wettbewerbsvorteil). Diese Anleihe war am längsten in Umlauf und wurde in Raten bis 1983 getilgt. Allerdings wurden beim Londoner Schuldenabkommen die ausgefallenen Zinszahlungen der Jahre 1944–1952 nicht berücksichtigt. Hier ergab sich ein sogenannter Schattenquotenanspruch, der bei Wiedervereinigung Deutschlands befriedigt werden sollte. In der nächsten Zeit wird dieser Anspruch abgewickelt. Alles in allem soll es sich um einen Wert von 250 Millionen D-Mark handeln. Auch dies sind Kosten der Einheit Deutschlands.

Anleihen ausländischer Emittenten, die an ausländischen Börsen gehandelt werden

Seit dem 1. 1. 1959 gibt es für die Bürger der Bundesrepublik Deutschland keine Beschränkung beim Kauf ausländischer Wertpapiere. Das gilt gleichermaßen für Aktien wie für Anleihen. Auf der anderen Seite steigen mit der Freizügigkeit auch die Risiken bei der Anlage des Kapitals im Ausland.

Den Risiken ist ein ganzes Kapitel gewidmet. Deshalb soll an dieser Stelle nur auf das Währungsrisiko und das politische Risiko hingewiesen werden. Die Emittenten dieser Bonds sind der Staat, Länder, Städte und Gemeinden, Firmen, Banken und Projekte (z. B. eine Brücke).

2.7.4 Doppelwährungsanleihen

Doppelwährungsanleihen sind eine neue Spielart der spekulativen Anleihen. Die besondere Ausstattung besteht in der unterschiedlichen Währung für Kapitalrückzahlung und Zinszahlung.

Beispiel: Sie entrichten den **Kaufpreis** für eine Doppelwährungsanleihe **in Euro** und erhalten während der Laufzeit die **Zins**zahlungen auch **in Euro.** Die **Rückzahlung** am Ende der Laufzeit aber erfolgt **in US-Dollar.**

Der Vorteil, aber auch der Nachteil, liegt in der unterschiedlichen Währung für den Rückfluss des Kapitals. Auf der einen Seite ist diese Währungsspekulation (um nichts anderes handelt es sich) bei einem anfangs niedrigen US-Dollar gewinnträchtig.

Auf der anderen Seite wirkt sich ein schwächerer US-Dollar bei Rückzahlung des Kapitals negativ auf das tatsächliche Vermögen in der Heimatwährung aus. Dem Anleger bleibt dann nichts anderes übrig, als seine US-Dollar eben nicht umzutauschen, um sich vor diesem Substanzverlust zu bewahren. Bis der Umtauschkurs wieder einen für ihn günstigeren Wert erreicht, sollte er seine US-Dollar zinsbringend in einen Geldmarktfond einzahlen. Vorteile: relativ hohe Zinsen, jederzeitige Liquidierung, manchmal auch gebührenfreier Wechsel in einen Geldmarktfonds anderer Währung möglich.

Noch größer aber wird das Risiko, wenn ein deutscher Anleger zunächst seine Euro in Schweizer Franken umtauscht und damit dann eine Doppelwährungsanleihe auf der Basis SFr/US-$ kauft. Hier sind zweimal Währungsrisiken verborgen, zum einen der ungünstige Umtausch in Schweizer Franken, zum anderen der eventuell gegen die D-Mark sinkende US-Dollar.

Die Risikofaktoren bei Doppelwährungsanleihen sind vielfältig und vielschichtig. Hier nur stichwortartig die wichtigsten:

- Fremdwährungsanteil
- Zinsniveau beider Währungen
- Renditevorteil/Währungsnachteil
- evtl. sind Stückzinsen im Kurs enthalten.

Die Bewertung von Doppelwährungsanleihen kann ausgesprochen komplex sein. Daher gilt:

> Je größer die Anzahl der Risikofaktoren, umso größer die Wahrscheinlichkeit des Misserfolgs (Rendite ist geringer als erwartet).

Sie werden sagen, das sei doch logisch und bedarf keiner besonderen Erwähnung. Die Realität bei der Kapitalanlage sieht jedoch häufig anders aus. Bei der Jagd auf die höchste Rendite wird nur zu oft die Berücksichtigung aller Risiken sträflich vernachlässigt. Nur so ist zu erklären, dass Bundesbürger z. B. Hypotheken in Schweizer Franken aufgenommen haben, um damit langlaufende und auf australische Dollar lautende Zerobonds zu kaufen. Zur Risikoabsicherung wurden dann noch extrem kurzlaufende Währungs-Optionen erworben.

Diese Anlage wirft keinen laufenden Ertrag zur Deckung der Kapitalkosten ab (Zerobond!). Bei steigendem Hypothekenzins (SFr) erhöht sich die Belastung. Der Anleger wird dann für seine Geldanlage arbeiten müssen, nicht umgekehrt (wie es sein müsste). Bei ungünstiger Wechselkursentwicklung sowohl im SFr- als auch im Austral-Dollar-Bereich kommen weitere Lasten hinzu und die kurzlaufenden Optionen können mit einem Totalverlust enden.

Deshalb sollten Sie immer zuerst die Risiken betrachten und sich nicht von Mond-Renditen („da sind doch glatt 35% drin“) locken lassen.

2.7.5 Index-gebundene Anleihen

Ein Beispiel für eine index-gebundene Anleihe sind die sogenannten Bull/Bear Bonds der *Deutschen Bank* oder der *Eurofima.* Bei dieser Bondvariante ist zwar eine sehr niedrige feste Verzinsung vorgesehen, die Rückzahlung aber ist an den Stand eines Index gebunden. In diesem Fall ist bei beiden Anleihen der Stand des FAZ-Index maßgebend für die Höhe der Rückzahlung.

Die **Vorteile** sind schnell aufgezählt:

- überdurchschnittliche Rendite, wenn die richtige Kursentwicklung des Index vorhergesagt wurde
- Verstärkung der Rendite eines bestehenden Depots durch die (spekulative) Beimischung eines Bull Bonds
- marktbreite Diversifizierung ohne den kapital-intensiven Kauf der entsprechenden Aktienpositionen
- die Absicherung eines Depots gegen sinkende Kurse durch den Kauf eines Bear Bonds.

Die **Nachteile** sind:

- hoher Kapitalverlust, wenn die Kursentwicklung falsch eingeschätzt wurde

- relativ hohe Kosten für eine Absicherung bei minimaler Verzinsung.

Nur wer sich des spekulativen Risikos bewusst ist, sollte eine solche Anleihe kaufen. Wer auf eine feste Verzinsung und die sichere Rückzahlung des Kapitals angewiesen ist, kann nur „normale" Anleihen mit dem „normalen" Risiko kaufen.

2.7.6 Zerobonds

Bereits 1981 wurde der erste Zerobond emittiert. Seit einiger Zeit werden auch in Deutschland Zerobonds angeboten und meist als Nullcouponanleihen bezeichnet. Wie der Name bereits andeutet, werden bei dieser Anleihenart **keine laufenden Zinsen** gezahlt.

Die Rendite errechnet sich aus dem Kaufpreis und dem Rückzahlungskurs. Der Rückzahlungskurs ist in der Regel der Nennwert. Es handelt sich also um ein abgezinstes Papier. Die Emission erfolgt mit einem großen Abschlag (Discount) zum Nennwert. In der Rückzahlung sind daher Zins und Zinseszins enthalten.

Die Bezeichnungen sind recht unterschiedlich. Neben dem bereits vorgestellten Begriff der Nullcouponanleihe werden die Zerobonds auch als Zero-Briefe, Zinssammler, Aufzinsungsanleihen oder Akku-Anleihen bezeichnet.

Das Konzept ist – obwohl die Zerobonds als aus Amerika eingeführt gelten – auch in Deutschland seit Jahren bekannt. Erinnert sei hier nur an die abgezinsten Sparbriefe der Sparkassen und Banken, den Bundesschatzbrief Typ B und die Finanzierungsschätze des Bundes. In den USA sind das die Treasury Bills, Bankers Acceptances, Commercial Papers und die Saving Bonds.

Durch die Emission der *J. C. Penny Co.* – die bekannteste Zero-Emission – kam es 1981 erstmals zu einer Ausdehnung der Laufzeit auf 40 Jahre. Bis dahin war die maximale Laufzeit üblicherweise 30 Jahre. Die Hochzinsphase in den USA trug mit dazu bei, dass viele Unternehmen Kapital suchten, ohne dafür von Anfang an auch Zinsen zahlen zu müssen. Die Steuergesetzgebung begünstigte anfangs diese Entwicklung.

Die recht große Nachfrage nach solchen Papieren seitens der Anleger konnte nicht befriedigt werden. So kamen Investmentbanken in den USA (Brokerhäuser) auf die Idee, selbst solche Zerobonds zu begeben. Sie kauften im großen Stil Staatsanleihen, die Treasury Bonds, auf und trennten die Zinscoupons vom Anleihenmantel. So entstanden viele kleinere und größere Tranchen an Zerobonds.

Die Sicherheit war durch die der Zero-Emission zugrundeliegende Staatsanleihe gegeben, und der Verkaufserfolg gab den Brokern recht. So entstanden die unterschiedlichsten Zeros, die in ihren Abkürzungen an einen Zoo erinnern:

- CATS: **C**ertificates of **A**ccrual on **T**reasury **S**ecurities, begeben von Salomon Brothers
- LIONs: **L**ehmann **I**nvestment **O**pportunity **N**otes, begeben von Lehmann Brothers
- TIGRs: **T**reasury **I**nvestment **G**rowth **R**eceipts, begeben von Merrill Lynch
- COUGARs: begeben von Paribas
- ZEBRAs: **Z**ero-Coupon **E**uro-Sterling **B**earer of **R**egistered **Acc**ruing Securities, begeben von Investmenthäusern in London.

Durch Fachaufsätze, Reklamebroschüren und Zeitungsartikel sind Zerobonds nun mehr als hinlänglich bekannt. Sie gelten in den Augen vieler Anleger als ein Vehikel zur wundersamen Geldvermehrung ohne Zinszahlung. Weniger bekannt als die weiter oben aufgeführten Cats, Tigrs und wie sie sonst noch heißen, sind die neuerdings vom US-Schatzamt direkt begebenen STRIPs: **S**eparate **T**rading of **R**egistered **I**nterest and **P**rincipal of Securities, begeben direkt vom US-Schatzamt.

Diese Strips sind Zeros, die ebenso wie alle Treasury Bills, Treasury Notes oder Treasury Bonds in den Büchern des US- Schatzamtes geführt werden, unter Ausschluss einer Treuhandbank. D.h., dass bei den bisherigen Zerobonds der Käufer nur einen Anspruch an das Brokerhaus (welches die Zeroanleihe aufgelegt hatte) geltend machen konnte; mit Strips dagegen hat er einen direkten Anspruch an das Schatzamt.

Ein weiterer Punkt ist die Möglichkeit des Kaufs eines Strips über eine US-Bank. Das ist eine Novität und steht im Widerspruch zum Glass-Steagall-Act, der die Trennung von Wertpapier-

und Kreditgeschäften verlangt. Da die Gebühren bei Zerobonds im Kurs (Preis) bereits berücksichtigt sind, vereinfacht sich hier der Preisvergleich auf den Kursvergleich der einzelnen Anbieter.

Ob Strips oder Cats oder andere Zerobonds, in jedem Fall hat der Investor bei einem Kauf der Anleihen auf **Kredit** folgendes zu beachten: Der Kurswert eines Zerobonds bewegt sich keinesfalls stetig nach oben. Auch lässt sich kein rechnerischer Wert ermitteln.

Die einzige Sicherheit bei der Kursentwicklung ist, dass am Ende der Laufzeit der Nennwert zu 100% fällig ist. Bis zum Vortag der Fälligkeit kann der Kurs also erheblich niedriger sein.

Wenn man daher Zerobonds kauft, sollte man nur Laufzeiten wählen, die mit den eigenen Investment-Zielen übereinstimmen. In keinem Fall aber sollte ein ernsthafter Investor diese Bonds auf Kredit kaufen.

Vorteile und Risiken werden im Kapitel 3 noch eingehender erläutert. Wir stellen hier nur in gedrängter Form Vor- und Nachteile gegenüber.

Vorteile

(1) Kündigungsschutz
(2) Fortfall des Wiederanlagerisikos
(3) Relativ niedriger Kapitalaufwand.

Nachteile

(1) Höherer Preis bei kleinen Aufträgen
(2) Kursrisiko bei steigendem Zins
(3) Währungsrisiko.

Hier nun noch abschließend die Formel zur Berechnung der Rendite bei Zerobonds (Zerobond-Formel):

$$p = \left[\left(\frac{Kn}{Ko}\right)^{1/n} - 1\right] 100$$

mit:

P = Rendite (%)
Kn = Endkapital
Ko = Anfangskapitel
n = Laufzeit in Jahren

Auch bei dieser Renditeberechnung ist der Bond Calculator hilfreich. Sein besonderer Vorzug ist hier, dass nur das Datum der Endfälligkeit und das aktuelle Datum eingegeben werden müssen. Die Anzahl der noch verbleibenden Jahre (für die Berechnung der Rendite unerlässlich) errechnet er selbstständig.

2.7.7 Annuitätenbonds (ABOs)

Annuities sind in den USA eine sehr bekannte Anlageform. Diese Annuities sind zumindest in der klassischen Form eher Versicherungsprodukte. Vereinfacht gesagt, garantieren Annuities während der vereinbarten Laufzeit die regelmäßige Zahlung einer bestimmten oder unbestimmten Summe.

Der Anleger kann – wie bei den in Deutschland bekannten Versicherungen auch – eine einmalige Zahlung vornehmen oder in monatlichen, vierteljährlichen oder halbjährlichen Schritten den Kapitalbetrag **ansparen.**

Unterschiede bei den Annuities können nach folgenden Kriterien ausgemacht werden:

Art des Kaufes der Annuities

- Kauf durch Zahlung eines **Einmalbetrages**
- Kauf durch **Ratenzahlung**

Zeitpunkt der Rückzahlung

- Rückzahlung beginnt **sofort** zum nächsten Zahltermin
- Rückzahlung **später** ab einem bestimmten Termin

Art der Rückzahlung

- Zahlung erfolgt mit **festem** Geldbetrag
- Zahlung erfolgt mit **variablem** Geldbetrag.

Die im März 1987 begebene Annuitäten-Anleihe der BMW Finance N.V. orientiert sich z.B. an der **Single Premium Deferred Fixed Amount Annuity.** Mit anderen Worten: Eine einmal erfolgte Einzahlung einer bestimmten Summe hat die Auszahlung eines festen Geldbetrages zur Folge. Die Rückzahlung beginnt nach Ablauf einer definierten Laufzeit, und die Zahlung erstreckt sich über einen bestimmten Zeitraum.

Das Prinzip ist also recht einfach: Für Anleihen dieser Art wird während der Laufzeit, ähnlich wie bei Zerobonds, kein Zins ausgeschüttet. Dafür erfolgt nach zinslosen (und tilgungsfreien) Jahren ein kontinuierlicher und gleich bleibender Rückfluss von Kapital **und** Zins.

Beispiel: Annuitäten-Anleihe (ABO) der *BMW Finance N. V.* von 1987, die in 5 Bonds unterteilt ist. Der Bond A hat 5, der Bond B hat 10, der Bond C hat 15, der Bond D hat 20 und der Bond E hat 25 tilgungsfreie Jahre. Daraus lassen sich reizvolle Strategien entwickeln.

Wollten Sie beispielsweise 20 Jahre später Ihre Kinder mit monatlich ca. 1000,– DM (vielleicht während des Studiums) unterstützen und sollte diese Hilfe 5 Jahre lang gezahlt werden, dann genügte der Kauf von 13 Bonds der Serie D für 1000,– DM Nennwert pro Bond. Sie zahlten am 6. 8. 90, Kurs 96,75 dafür genau 12577,50 DM. Nach 20 Jahren beginnt die Auszahlung mit 6442,79 € (12601,00 DM) pro Jahr (etwa 563,90 € (1050,00 DM) monatlich). Nach weiteren 5 Jahren ist die Annuitäten-Anleihe zurückgezahlt. Das zum Kauf benötigte Kapital hat sich verfünffacht.

Auf die gleiche Art und Weise lässt sich eine Altersversicherung aufbauen mit konstantem Rückfluss in späteren Annuitäten (Jahresraten). Wo bei Zerobonds die hohe Rückzahlungssumme in einem Betrag ein steuerliches Problem darstellen könnte, werden bei ABOs lediglich die jährlich gezahlten Rückzahlungsbeträge zur Besteuerung herangezogen. Mit anderen Worten: Ähnlich wie bei Zerobonds tritt hier ein Steuerstundungseffekt auf.

2.8 Sonderformen

Die Entwicklung der Kapitalmärkte hin zu globalen und international ausgerichteten effizienten Handelsplätzen hat zur Entwicklung von zum Teil höchst seltsamen Investmentvehikeln geführt. Wir werden nicht alle Formen vorstellen können. Einerseits wurden einzelne Instrumente nur für *einen* Zweck „erfunden“ und sind danach wieder in der Versenkung verschwunden. Andererseits wurden einzelne Formen immer wieder modifiziert, standardisiert und daher auch für verschiedene Zwecke bzw. Anlässe verwendbar. Überwiegend aber haben sich diese Instrumente für den privaten Anleger nur selten bewährt. Der große Kapitalbedarf ließ nur Großanleger an diesen Neuheiten teilhaben. Hier nun zwei Beispiele.

Transferable Loan Facilities (TLF)

Internationale Konsortialkredite sind in der Regel nicht übertragbar. Mit dem Begriff **Transferable Loan Facilities** werden Verträge bezeichnet, die einen vereinfachten Gläubigerwechsel ermöglichen. Dadurch werden auch internationale Konsortialkredite (fast) so handelbar wie andere Wertpapiere.

Swaps

Mit dem Begriff **Swap** beschreibt man eine Finanzierungstechnik, bei der Finanzierungsteile ausgetauscht werden (können). Die erste Swap-Vereinbarung der Weltbank mit dem US-Konzern *IBM* stellt die Grundform dieser Finanzierungsform dar. Dazu muss man wissen, dass die Weltbank zu diesem Zeitpunkt den Schweizer Markt mit seinen damals sehr niedrigen Zinsen bereits ausgiebig in Anspruch genommen hatte. Weitere Mittel waren wohl nur zu höheren Zinsen zu erhalten. *IBM* konnte dagegen bessere Konditionen (niedrigere Zinsen) bekommen. Die Weltbank konnte am US-$-Markt bessere Konditionen als *IBM* erhalten. Was lag also näher, als die Anleihen zu tauschen (swappen). *IBM* zahlte der Weltbank die Dollarzinsen (für deren Anleihegläubiger), die Weltbank zahlte *IBM* die SFr-Zinsen (für deren Gläubiger). Am Ende der Laufzeit zahlte jeder dem anderen die Anleihesumme und jeder tilgte damit seine Verpflichtung gegenüber seinen Gläubigern.

Viele Großunternehmen in aller Welt machen sich diese Technik zunutze. Banken gehen Ihnen als Vermittler zur Hand oder bieten sich selbst als Swap-Partner an. Auf diese Weise trägt der Schuldentausch zur Erschließung neuer Märkte bei, Angebot und Nachfrage von Kapital werden schneller und besser zusammengeführt. Der Tausch beschränkt sich nicht auf den Anleihebetrag, wie in dem obigen Fall dargestellt.

Beispielsweise werden die Zinsbeträge (Interest Rate Swap) oder die Währungspositionen (Currency Swap) getauscht.

Schuldner tauschen festen Zinsbetrag gegen einen variablen Zinsbetrag **(Zinsswap)**

Der Zinsbetrag bezieht sich auf gleich hohe Mittel gleicher Laufzeit und Währung (Risikotausch). Die Kapitalbeträge werden dabei nicht mitübernommen.

Schuldner tauschen ihre Verbindlichkeiten (inclusive der Zinsen) in verschiedenen Währungen **(Währungsswap)**

Bei dieser Tauschaktion ist auch der Austausch der Kapitalbeträge zu einem bereits fixierten Devisenkurs vorgesehen. Zum Ende der Laufzeit werden die Verbindlichkeiten zum gleichen Kurs zurückgetauscht.

Schuldner tauschen feste Zinsen gegen variable Zinsen in einer anderen Währung **(Cross Currency Interest Swap)**

Bei diesem Swap handelt es sich um einen kombinierten Zins-Währungsswap. Grundsätzlich können alle gängigen Währungen und Instrumente miteinander kombiniert werden, solange sich nur ein Partner findet. Ziel der Swap-Aktionen sind

- die Steuerung des Zinsrisikos,
- die Steuerung des Währungsrisikos,
- die Ermäßigung der Refinanzierungskosten durch die Standing-Vorteile der Emittenten an den verschiedenen Märkten.

Standing-Vorteile ergeben sich immer dann, wenn ein Emittent an dem Markt, an dem er Geld aufnehmen will, beste Bewertungen hinsichtlich seiner Bonität, Rückzahlungsfähigkeit und Wirtschaftskraft erhält. Häufig sind dies die Heimatmärkte. Beispielsweise wird eine Anleihe eines mittelständischen deutschen Unternehmens in Deutschland bessere Konditionen erhalten als in Asien.

Junkbonds

Das Wörterbuch erklärt das Wort **Junk** mit Ramsch, Ausschussware und Trödelkram. Bekannt sind diese Ramsch-Anleihen seit 1974. Allerdings war das gehandelte Volumen dieser hochverzinslichen, aber auch hochspekulativen Anleihen recht gering. Im Jahre 1978 kamen Neuemissionen dieser Wertpapierart im Umfang von etwa 1,5 Milliarden US-Dollar auf den amerikanischen Markt.

Im Jahre 1986 betrug das Volumen bereits 48 Milliarden US-Dollar mit steigender Tendenz. Wie erklärt sich dieser dramatische Anstieg, dieses immens gesteigerte Interesse an dieser Anleihenform?

Wenn man diese Frage mit nur einem Satz beantworten dürfte, müsste er so lauten:

Der Kampf um Marktanteile führte zur größten und teilweise immer noch andauernden Übernahmewelle der Wirtschaftsgeschichte.

Große Firmen schlucken kleine, das kennt man ja bereits. Aber auch kleine Firmen können große Imperien übernehmen, wenn sie es nur geschickt anstellen. Weitere Mitspieler bei diesen Schlachten um Geld und Macht sind einige sehr reiche Privatleute, die als Investoren ganze Konzerne aufkaufen.

Ziel dieser Transaktionen ist meistens die profitable Veränderung

- des Managements
- der Firmenstruktur
- der Beteiligungen an anderen Unternehmen.

Dieses **Schlachten** eines Unternehmens, das Zerlegen in mehr oder weniger erfolgreiche Einzelunternehmungen, erhöht in der Regel den Wert der übernommenen Muttergesellschaft. Auch diese kann dann zu einem besseren Kurs wieder veräußert werden.

Dies ist nur *eine* Erklärung und erhebt nicht den Anspruch auf Vollständigkeit. Tatsächlich aber werden für solche Vorhaben große Summen an Kapital benötigt. Man spricht in dem Zusammenhang oft von Kriegskassen. Große Banken und Brokerhäuser bieten zunächst Brückenkredite an, die später in Junkbonds umgewandelt werden sollen. Durch die hohe Verzinsung kommt das

Kapital von institutionellen und privaten Anlegern schnell zusammen.

Was genau sind nun Junkbonds? Zunächst deutet die Bezeichnung Junk (Ramsch) auf eine mindere Qualität. Mindere Qualität bei der Kapitalanlage geht immer einher mit größerem Risiko. Junkbonds sind also riskanter. Das Risiko hängt mit dem Emittenten zusammen. Wann wird oder ist der Emittent ein Risiko?

Die Firma Western Union geriet durch die Abwehr von Übernahmeofferten in Umstrukturierungsprobleme. Viel Geld war dafür notwendig. Da das Unternehmen aber bereits recht hoch verschuldet war, erwies sich die Finanzierung als ausgesprochen problematisch. Nur besonders hohe Zinsen konnten ausreichend Kapital anziehen. Auf der anderen Seite aber war der Ausgang der Umstrukturierung ungewiss. Bei einem Flop drohte der Firma der Bankrott und die Anleihenbesitzer würden leer ausgehen.

Einerseits also hohe Verzinsung, andererseits hohes Risiko. Western Union konnte 526 Millionen US-$ durch die Emission von Junkbonds erhalten. Aber an diesen Geschäften verdienten auch die Geldbeschaffer. Einige waren auf diesem Gebiet besonders aktiv.

Das Brokerhaus Drexel Burnham Lambert hatte in der Vergangenheit mit seinem Junk-Bond-König *Michael Milken* den Dreh raus. Gewaltige Kapitalströme wurden durch Zinsen von 10, 14 oder 19% Rendite herangelockt. Oft standen abenteuerliche Projekte dahinter, oft ging die Rechnung nicht auf.

Der Börsenkrach von 1987 zeigte die Grenzen für abenteuerliche Finanzierungen auf. Das Brokerhaus ist nach Zahlung gewaltiger Summen bankrott und der Chefhändler *Milken* wurde vor Gericht gestellt und musste die größten Teile seines Vermögens wieder herausrücken.

Für den Anleger sind die Konsequenzen klar: Nur als spekulative Beimischung und nur in geringem Umfang sind Junkbonds für ein Depot geeignet. Da wir diese Form der Kapitalanlage nicht für jeden Anleger als empfehlenswert ansehen, folgt auch kein Beispiel.

> Hohe Verzinsung bedeutet hohes Risiko. Auch hier gilt: Oft ist etwas weniger mehr wert.

2.9 Innovationen

In den letzten Jahren hat es immer wieder Innovationen auf dem Anleihensektor gegeben, die eine besondere Anziehungskraft auf Anleger ausüben sollten.

Mal waren es besonders hohe Zinsen, mal besonders niedrige Zinsen, dann wieder besonders sichere Anlagen oder auch besonders spekulative Instrumente.

Der Fantasie der Investmentindustrie sind faktisch keine Grenzen gesetzt, solange der Anleger die ihm angebotenen Instrumente kauft und sein gutes Geld dafür hergibt.

So wurden Anleihen der deutschen Bank mit einem Zins von 1,5% angeboten und verkauft, aber auch Anleihen von Staaten wie Brasilien, Argentinien oder Ecuador mit Zinsen in Höhe von 13%.

Nach welchen Kriterien soll denn nun ein Anleger aussuchen, wenn ihm neue Anleihen angeboten werden und wie kann er die Risiken erkennen?

Grundsätzlich muss man leider feststellen, dass auf Grund der immer komplexeren Anlagen der Anleger praktisch nicht mehr in der Lage ist, die Risiken der verschiedenen Anleihen zu erkennen und angemessen darauf zu reagieren.

Aber auch die Berater sind mehr als einmal völlig überfordert, zudem sie noch in dem Interessenkonflikt stehen, Produkte der eigenen Bank anbieten zu müssen, obwohl es meist für den Anleger bessere Angebote auf dem Markt gibt.

Die nachfolgenden Beispiele werden das verdeutlichen. Der beste Rat, so viel kann schon an dieser Stelle gesagt werden, ist dieser:

Information kommt vor Investition!

Nur wer sich umfassend informiert bevor er sein Geld anlegt, hat eine Chance, die Risiken zu erkennen.

Wir beginnen mit einem Zinsprodukt der *Commerzbank,* dass jedoch nicht gerade als ein Anlage-Hammer bezeichnet werden kann.

Aber lesen Sie selbst:

2.9.1 COREX Plus

Übersicht

Im Februar 1999 begab die *Commerzbank AG* eine neue Anleihe mit Namen COREX plus.

Ziel war es laut Prospekt, dem Anleger eine mit der Zinsentwicklung schritthaltende laufende Verzinsung seines Kapitals zu ermöglichen.

Zu diesem Zweck wurde die Anleihe mit einem variablen Coupon ausgestattet, der sich bei seiner jährlichen Neufestsetzung an der Rendite des REX Subindex für 10jährige Bundesanleihen (REX 10) orientiert.

Damit ein gewisser Schutz gegen sinkende Zinsen gegeben ist, wurde bei dieser Anleihe noch ein Zins-Floor (Decke) eingezogen, so dass der Coupon nicht unter 3% Mindestverzinsung sinken kann.

Das Kursrisiko, welches bei steigenden Zinsen immer gegeben ist, soll durch diese Konstruktion wesentlich geringer als bei vergleichbaren festverzinslichen Wertpapieren sein.

In dem Merkblatt für die Mitarbeiter wird auf die innovativen Ausstattungsmerkmale hingewiesen und der hohe Marktanteil der COREX-Anleihen bei Kapitalmarktfloatern hervorgehoben.

Damit sei eine Basis für eine aktive Kundenansprache gegeben.

Technische Details *(Konditionen)*

• Emittent:	Commerzbank AG
• Wertpapiertyp:	Euro Inhaberschuldverschreibung
• Emissionstag:	5. Februar 1999
• Valuta:	23. Februar 1999
• Fälligkeit:	23. Februar 2004
• Rückzahlungskurs:	100%
• Coupon-Feststellungstermine:	16. 2. 2000/16. 2. 2001/18. 2. 2002/ 17. 2. 2003

- Coupon-Zahlungstermine: 23. 2. 2000/23. 2. 2001/25. 2. 2002/ 24. 2. 2003/23. 2. 2004
- Couponhöhe: Der Coupon ist variabel und wird jährlich neu festgelegt. Er beträgt 76% der Rendite des REX 10. Erster Coupon: 3,35%
- Mindest-Coupon: 3,00%
- Stückelung: 1000,– €
- Notierung: Frankfurter Wertpapierbörse
- Reuters Seite: COBABOND64
- WKN: 252 331
- Handel, Gebühren: Offertenhandel T26 360, Provision: 1% (variabel), Börse T19 000, Rentenhandel

In den Prospektunterlagen heißt es, dass die Anleihe nicht nur eine höhere Rendite besitzt, sondern auch das Kursrisiko wesentlich geringer als bei einer herkömmlichen Anleihe sei.

Die Grafik zeigt die Kursentwicklung der Anleihe vom Zeitpunkt der Emission an bis heute. Der Höchstkurs betrug am 10. 5. 1999 exakt 101,55. Der niedrigste Kurs wurde im 2. Halbjahr 2000 mit ca. 94,00 erreicht.

Bewertung

Der recht hübsch und bunt aufgemachte Prospekt zeigt eine Anleihe, die zum Zeitpunkt der Emission etwa auf Sparbuch-Niveau verzinst werden soll.

Hier soll das „bewährte Konzept, eine variabel verzinsliche Anleihe mit den i. d. R. höheren langfristigen Zinsen zu kombinieren" dem Anleger eine attraktive Rendite bieten.

D.h.: Im Gegensatz zu den sonst üblichen Floatern (variabel verzinslichen Anleihen) bezieht sich der Coupon nicht auf kurzfristige Zinsen (z.B. 6-Monats-LIBOR), sondern auf den REX 10 (Index für 10jährige Bundesanleihen).

Allerdings geht der Index nur mit 76% seiner Höhe in die Coupon-Berechnung ein.

Der Prospekt zeigt dann verschiedene Zukunfts-Szenarien und vergleicht dabei die Renditeentwicklung der einzelnen Segmente (z.B. COREX plus vs. 5-j. Bundesanleihe).

Idealerweise sei diese Anleihe für Anleger geeignet, die eine wachsende positive Kursdifferenz zwischen kurz- und langfristigen Zinsen erwarten.

D.h.: Die Kursdifferenz, deren mögliche Veränderung auch sehr gering ausfallen kann, ist ein wesentlicher Bestandteil der mit dem Kauf der Anleihe verbundenen Risiken.

Wenn man nun den Blick scharf stellt und die Anleihebedingungen näher betrachtet, fällt auf, dass die Emission zu einem Zeitpunkt erfolgte, an dem die Zinsen sich ohnehin auf einem recht niedrigen Niveau befanden.

Dies drückt sich auch in dem Coupon aus, der im ersten Jahr mit lediglich 3,35% für eine magere Verzinsung des Anlagekapitals sorgt.

Berücksichtigt man noch die beim Kauf anfallende Provision von rund 1%, verbleiben nur noch mickrige 2,35% Ertrag (vor Steuern). Schlecht beraten ist der Anleger, der auf seine Bank hört und zu diesem Zeitpunkt längerlaufende Anleihen erwirbt.

Tatsächlich wäre in Erwartung steigender Zinsen der Kauf von Kurzläufern (z.B. Restlaufzeit von 6 Monaten bis zu einem Jahr) angebracht gewesen. Dadurch kann der Anleger an den jeweils höheren Zinsen direkt partizipieren.

Engagiert sich der Anleger dagegen zum Zeitpunkt niedriger Zinsen in längerlaufende Anleihen (z.B. in die 5 Jahre laufende COREX plus), dann kommt es zwangsläufig zu Kursverlusten.

Vor diesen Kursverlusten kann ihn auch nicht der jährlich angepasste Zins-Coupon schützen. Zum einen wird der Coupon eben nur jährlich neu berechnet, zum anderen werden nur 76% der durch den REX 10 verkörperten Rendite der 10jährigen Bundesanleihen berücksichtigt.

Kein Wunder also, dass der Kurs nach der Emission, als das Zins-Niveau wieder ansteigt, heftig an Wert verliert. Von der Spitze im Mai 1999 (also kurz nach der Emission) bis zur zweiten Hälfte des Jahres 2000 verliert die Anleihe 7,5% an Wert.

Selbst die Anpassung des Coupons im Februar 2000 konnte diese Entwicklung nicht aufhalten. Der Anleger hat also trotz steigender Zinsen und einem variablen Coupon erhebliche Kursverluste hinnehmen müssen.

Der Mindest-Coupon in Höhe von 3% erweist sich hier als Placebo. Damit soll Sicherheit auf Sparbuch-Niveau vorgegaukelt werden.

Tatsächlich war es aber von vornherein unwahrscheinlich, dass a) die 10-jährigen Bundesanleihen mit nur noch 3% verzinst werden bzw. b) die 76% des REX 10 dauerhaft unter die 3% Marke sinken würden.

Die nachfolgende Grafik macht dies deutlich, vergleichen Sie dabei bitte die Werte mit der Kursentwicklung der COREX plus Anleihe weiter oben.

Die Anleihe wurde Ende Februar emittiert und mit einem Coupon in Höhe von 3,35% für die Zeit zwischen Februar 1999 und Februar 2000 verzinst.

Tatsächlich sank die Rendite für 10jährige Bundesanleihen am 12. 4. 1999 auf 3,78% herab. Dieser Tiefpunkt lag dabei noch deutlich über der Verzinsung der COREX plus Anleihe.

In der Folgezeit stieg die Rendite wieder an und erreichte am 19. 1. 2000 ein Hoch von 5,67%. Danach bewegte sich die Rendite in einem Band zwischen 5,50% und 4,75% bis einschließlich heute.

Eine Börsenweisheit („Binsenweisheit“) sagt, dass man in Zeiten niedriger Zinsen sich auf keinen Fall länger binden soll. Auch bei den Bundesanleihen hätte man diesen Rat befolgen und kurze Restlaufzeiten kaufen können.

So hätte man zwar in den ersten 6 Monaten nach dem Februar 1999 mit einem relativ niedrigen Zins zufrieden sein müssen (ca. 4,00%), dafür sich aber nach sechs Monaten einen Zins in Höhe von 5,50% sichern können.

Selbst unter Berücksichtigung der etwas höheren Kosten (die je nach Bank auch verhandelbar sind), verbleibt eine weitaus bessere Rendite als die 3,35% der COREX plus.

Wer sich den Handel mit den Banken und den Kauf und Verkauf von Bundesanleihen nicht zugetraut hätte, wäre deshalb nicht schlechter gefahren.

Betrachten Sie die folgende Zinskurve des Euribor. Hier sind die Zinsen für die Anlage von Geld für 6 Monate aufgezeichnet.

Im Februar 1999 waren locker 3% für die 6-Monats-Anlage zu erzielen. Dieser Zins liegt natürlich leicht unter dem 3,35% Zinscoupon der COREX plus Anleihe.

Allerdings war ja auch zu erwarten, dass nach diesem Zinstal wieder ein Anstieg der Zinsen erfolgen würde. Wer darauf vertraute, wurde auch belohnt.

Der neue Festlegungszeitpunkt für das 6-Monats-Geld brachte 3,50% an Zinsen und bereits 6 Monate später konnte das Geld für 4,50% angelegt werden.

Den Rest des Zeitraum bis heute können Sie selbst anhand der Zinskurve sehen.

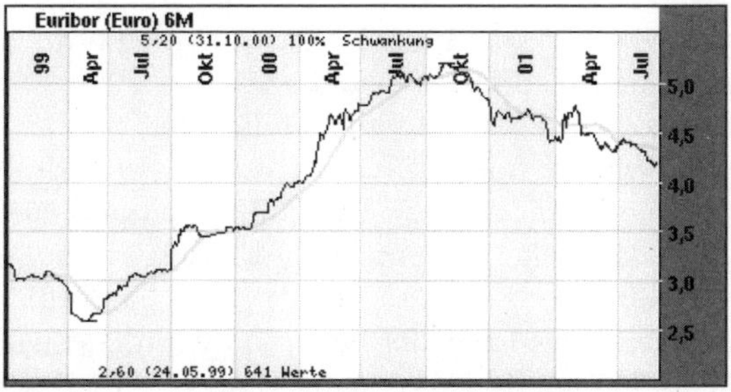

In jedem Fall schnitt der kurzfristig investierende Anleger dabei erheblich besser ab.

Obwohl wir derzeit noch leicht sinkende Zinsen erwarten, wird der Anleger mit kurzfristigen Anlagen mehr verdienen.

Auch bei den dann wieder ansteigenden Zinsen sollten die Kurzläufer Priorität besitzen.

Erst nach dem Erreichen eines höheren Zinsniveaus macht es Sinn, längerlaufende Anleihen oder längere Restlaufzeiten zu erwerben.

Chance und Risiko

Die Chance, durch den Kauf von COREX plus Anleihen reich zu werden, kann sich der Anleger abschminken.

Tatsächlich muss er bereits reich genug sein, um sich diese miese Rendite leisten zu können.

Der Vorteil der COREX plus Anleihe liegt lediglich darin, dass der Anleger sich um sein einmal angelegtes Geld bis zum Ende der Laufzeit nicht mehr kümmern muss.

Ein weiteres Plus liegt wohl darin, dass es vielen Anlegern offenbar genügt, einen auf Sparbuchniveau liegenden Anlageertrag zu erzielen.

Dem einen oder anderen mag es auch zu beschwerlich sein, alle 3 oder 6 Monate den Auftrag für eine Wiederanlage in Festgeld/Termingeld zu geben. Es ist *Ihr* Geld!

Das Risiko der COREX plus Anleihe liegt in ihrer geringen Verzinsung.

Selbst wenn der Zins der 10jährigen Bundesanleihen, der z. Zt. bei 4,75% liegt, auf 6,25% steigen sollte, erhält der Anleger lediglich 76% davon, also 4,75%! Der Anstieg geht also völlig verloren.

Sinkt der Zins auf den niedrigsten Stand seit März 1999, nämlich 3,78%, dann erhält er einen Coupon in Höhe von 3%.

Wohl gemerkt: Sowohl die hohen Zinsen als auch die niedrigen Zinsen müssen jeweils zum Coupon-Feststellungstermin (siehe Tabelle) aktuell sein, damit der Coupon auch den jeweiligen Wert erhält.

Aber das ist noch nicht das Ende der Drangsal. Wer die Anleihe kurz nach der Emission erwarb, zahlte dafür rund 101,50%, d.h.:

für einen Nennwert von 1000,– € mussten 1015,– € auf den Tisch geblättert werden.

Wollte der Anleger dann im August die Anleihe verkaufen, musste er feststellen, dass der Kurs inzwischen in den Keller gesunken ist (die Zinsen waren gestiegen) und nur noch 940,– € für eine 1000,– € Nennwert Anleihe geboten wurden.

Inklusive der Kauf und Verkaufsspesen in Höhe von 1% stellt sich das Ergebnis dieser Top-Anlage so dar:

Kaufkosten:	1025,15 €
Verkaufserlös:	930,60 €
Zinsen:	33,50 € (Stückzinsen nicht berücksichtigt)
Ergebnis:	**– 61,05 € (– 5,90%)**

Das sieht ja nun überhaupt nicht mehr gut aus. Mit rund 6% Verlust ist diese Anleihe überhaupt nicht tragbar.

Und wenn im Prospekt davon die Rede ist, dass das Kursrisiko eingeschränkt ist, dann hat man das Risiko wohl mit dem einer Aktie, einer Option oder einem Future verglichen!

Zusammenfassung

Die Ausgabe der COREX plus Anleihe erweist sich für die Commerzbank als ein kluger Schachzug.

Selbst wenn die Zinsen rasant ansteigen sollten, zahlt die Anleihe nur einen geringen Zins.

Liegt der REX10 zum Feststellungstermin unter 4% (3,99%), dann wird der nächste Coupon nur 3,03% betragen.

Liegt er unter 5% (4,99%), dann zahlt die Anleihe einen Coupon in Höhe von 3,79%.

Sollten die 10jährigen Bundesanleihen laut REX10 jedoch Zinsen in Höhe von 6% zahlen müssen, wird der COREX plus Coupon mit 4,56% festgestellt.

In jedem Fall jedoch hat sich die Commerzbank mit der COREX plus Anleihe und dem immer 76% unter dem REX10 liegenden Coupon eine preiswerte Refinanzierungsquelle geschaffen.

Wer mehr als einen „Mickerzins“ erwartet, sollte die Finger davon lassen.

Und da man bei einem derart niedrigen Zinsniveau wie dem derzeitigen immer davon ausgehen muss, dass der Zins wieder ansteigt, sind Verluste vorprogrammiert.

2.9.2 Unternehmensanleihen

Wer einen Artikel über Innovationen liest, erwartet darin nicht unbedingt einen Absatz über Unternehmensanleihen. Dennoch scheint es uns angebracht, auf die Besonderheiten dieser Spezies an dieser Stelle einzugehen.

Tatsächlich wurden noch bis vor wenigen Jahren lediglich drei Anleihen des damals noch „Industrieanleihen" genannten Marktsegments auf den Börsenseiten der Zeitungen notiert.

Erst Ende der 90er Jahre wurde dieser Markt wieder aktiver und es kam zu vereinzelten Emissionen.

Wurden noch 1996 europaweit für lediglich 20 Mrd. € „Corporate Bonds", wie sie auch gern genannt werden, emittiert, stieg das jährliche Emissionsvolumen bis 2001 auf mehr als 130 Mrd. € an.

Im Rheinischer Merkur Nr. 06 vom 6. 2. 1998 hat *Alfred B. J. Siebers* über eine Industrieanleihe geschrieben:

Industrieanleihen: Mit Pro Sieben erwacht ein ehemals toter Markt zu neuem Leben

Sie galten als Dinosaurier auf dem Kapitalmarkt, als aussterbende Spezies: die Anleihen großer Industriebetriebe. Günstige Konditionen und eigene Finanzierungstöchter im Ausland haben den Unternehmen andere Mittel und Wege geebnet, um zu Kapital zu gelangen.

Doch inzwischen scheint dem Segment der Industrieanleihen neues Leben eingehaucht worden zu sein, wie die aktuelle Emission des Fernsehsenders Pro Sieben nahe legt.

Anlegern ist jedoch zu Vorsicht zu raten. Zwar werfen Industrieanleihen gegenüber anderen Papieren meist einen höheren Zins ab. Dafür geht der Anleger aber auch ein höheres Risiko ein.

Die Unternehmen stehen in scharfem Wettbewerb miteinander, Fehlentscheidungen des Managements können die Existenz des Unternehmens gefährden. Folge: Das Geld ist auf Nimmerwiedersehen verloren.

Besonders problematisch: Der Anleger weiß im Grunde genommen zu wenig über die emittierende Firma, um einschätzen zu können, ob die „Zitterprämie" auch hoch genug angesetzt ist. Geschickte Bilanzierung kann den Blick auf die Geschäftssituation verstellen.

Auch ist der die Emission begleitenden Bank nicht immer zu trauen, befindet sie sich doch in einer Zwickmühle. Einerseits will sie dem Unternehmen zu günstigen Konditionen auf dem Kapitalmarkt verhelfen, auf der anderen Seite ist sie dem Anleger verpflichtet.

Vorsicht ist auch deshalb angebracht, weil der durch die Emission zufließende Geldbetrag bei Industrieanleihen häufig dazu benutzt wird, die noch offenen Kredite abzutragen oder zumindest zu verringern.

Das Risiko des Privatanlegers ist also eher höher als das des bisherigen Kreditgebers, der Banken.

Bei der jetzt begebenden Anleihe des Fernsehsenders ProSieben ist deshalb wichtig zu wissen, dass dem über sieben Jahren laufenden, insgesamt 200 Millionen umfassenden und mit einem Zins-Coupon von 5,5% versehenen neuen Papier Schulden von rund einer Milliarde Mark gegenüberstehen.

Zwar sind diese schwindelerregenden Schulden nach Ansicht des Managements für einen Fernsehsender unausweichlich, ein hohes Risikopotential stellen sie aber dennoch dar. Nicht auszuschließen ist ebenfalls, dass der durch die Anleihe geschaffene Freiraum für weitere Bankkredite genutzt wird.

Hinter vorgehaltener Hand wird von einer „Luftnummer" gesprochen. Die Gelder landeten ohnehin wieder bei der finanziell in Anspannung geratenen Kirch-Gruppe, heißt es.

Folgende Alternativen böten sich an: ProSieben rentiert derzeit mit rund 5,2%, Bundesanleihen gleicher Laufzeit sind knapp unter 5% zu haben, eine Anleihe der Deutschen Ausgleichsbank bringt runde 5,3% Rendite ein. Beide Papiere gelten als ausgesprochen sicher.

Allen Anleihen ist gemeinsam, dass sie in Zeiten steigender Zinsen an Kurswert verlieren. Wer dies fürchtet, sollte sich nicht lange binden. Termingeld und kurze Restlaufzeiten sind gefragt.

Unter den Industrieanleihen wiederum wäre hier die Emission von Escada eine gute Wahl. Sie rentiert mit knapp 5,3%. Die relativ kurze Laufzeit von vier Jahren bewirkt, dass auch bei steigenden Zinsen kein großer Kurseinbruch zu befürchten und die Rückzahlung wahrscheinlich ist.

Sicher haben Sie in den Medien die Entwicklung der *Kirch Gruppe* und die Verflechtung der *ProSieben AG* mit *Kirch* verfolgt. Bestimmt werden Sie uns zustimmen, wenn wir sagen, dass diese Entwicklung vorhersehbar war.

Für den Anleger wird es wieder ein paar Tränen geben, denn der Kurs der Anleihe ist erheblich gesunken, die Rückzahlung inzwischen mehr als unsicher.

Leider ist dies kein Einzelfall. Im Gegenteil: Immer mehr Unternehmen (auch kleinere) drängen auf den Kapitalmarkt. Oder sollte man besser sagen, sie werden von ihren Banken auf den Kapitalmarkt gedrängt?

Fest steht, dass mit der Kapitalaufnahme am Markt oft nur die Bankschulden getilgt werden. Natürlich sind meist auch die Zinsbelastungen etwas geringer.

Aber außer einem kurzfristigen Liquiditätsschub verbleibt den Unternehmen nichts. Sie haben lediglich umgeschuldet und sitzen nun auf einer längerfristigen Zahlungsverpflichtung.

Für die Bank sieht das allerdings anders aus. Sie haben ihren Kredit zurückerhalten, sie haben an der Emission verdient und können ihrem Kunden, der ohnehin bald wieder Kreditbedarf hat, zu dann höheren Zinsen (weil er durch die Anleihe bereits erheblich verschuldet ist) erneut Geld ausleihen.

Dass dies ein neues und möglicherweise einträgliches Geschäft für die Banken ist, geht zum Beispiel auch aus den Broschüren der *DG Bank* hervor.

Da wird eine neue Methode der Unternehmensbewertung vorgestellt, die angeblich genau auf Unternehmen des Mittelstandes zugeschnitten ist. Die sind nämlich nun das Ziel!

Kleinere Emissionen von 50 oder 100 Mio. €, die sonst niemand an den Markt bringen will, werden von dieser Bank gern übernommen.

Für den Anleger gilt, wie auch schon an anderer Stelle erwähnt, dass er auf sein Geld aufpassen muss. Kleine Emissionen bergen zusätzlich zu den üblichen Risiken auch noch Handelsrisiken.

Schnell ist eine Anleihe gekauft, aber wie sieht es aus, wenn diese wieder verkauft werden soll? Nur zu schlechteren Preisen, selbstverständlich, denn wenn die Anleihe lukrativ wäre, würde der Anleger sie doch behalten, oder?

2.9.3 Anleihen-Derivate

Um die Funktionsweise eines Anleihen-Derivats aufzeigen zu können, hat *Alfred B. J. Siebers* ein Kurz-Analyse über eine sogenannte „Synthetische Anleihe" geschrieben.

Diese Analyse ist natürlich nicht vollständig und nur ein erster Überblick. Dennoch wird deutlich, welche Risiken mit dem Kauf einer solchen „Anleihe“ verbunden sind.

Der Anlass zu dieser Analyse ist in dem Totalausfall der Anleihe der *Ecuador Synthetic Sovereign Investments (Jersey) Limited* zu sehen.

Hier am **Beispiel** einer Anlegerin: Das Jahr 1999 wird *Renate P.* noch lange im Gedächtnis bleiben. Erst zwei Jahre zuvor hatte sie die 1996 emittierten "Synthetic Ecuador" Anleihen gekauft. Sie warfen 12,5% an Zinsen pro Jahr ab und verbesserten so die Rente der Anlegerin.

Im September 1999 dann der Schock: Die Anleihe wurde wertlos und aus ihrem Depot ausgebucht. Das ganze Geld war mit einem Schlag weg! Wie konnte das passieren?

Renate P. war davon ausgegangen, dass diese Ecuador-Anleihen wie die meisten südamerikanischen Anleihen im Falle einer Zahlungsunfähigkeit durch eine konzertierte Aktion von Banken, *IMF* und den USA „gerettet“ werden würden. Zumindest ein Großteil ihres Geldes würde sie so zurückerhalten.

In diesem Fall jedoch hatte sie sich geirrt: Die angeblichen Staatsanleihen waren keine solchen, hatten de facto mit dem Staat Ecuador nichts zu tun. Allerdings tauchte das Wort „Ecuador“ in den Bezeichnungen auf und führte so zu ihrem Irrtum.

Wenn so etwas geschieht, ist nicht immer nur beim Anleger die Schuld zu suchen. Durch diese Art von Anleihen wurden mehr als 1000 Mio. DM „in den Sand gesetzt“, da viele Institute diese Anleihenart emittierten.

Käufer waren jedoch nicht nur Privatanleger, sondern auch kleine Banken und Institute.

Dem Vernehmen nach sollen auch das Goethe-Institut und der Mitteldeutsche Rundfunk zu dem Käufern gehören. Allerdings soll beiden Investoren der Verlust bereits außergerichtlich erstattet worden sein.

Ist der Kleinanleger mal wieder der Dumme?

Der Aufbau der Anleihe

Der Aufbau der Anleihe ergibt sich aus dem vorliegenden Anleiheprospekt (Information Memorandum) in seiner englischsprachigen Fassung vom 5. Februar 1997.

Die Emittentin dieser am 7. Februar 1997 ausgegebenen und auf Deutsche Mark lautenden Anleihe ist die auf Jersey (UK) gegründete *Ecuador Synthetic Sovereign Investments (Jersey) Limited.*

Es handelt sich dabei um eine Anleihe mit einem Volumen in Höhe von insgesamt 125 Mio. DM und einer Laufzeit vom 7. 2. 1997 bis zum 16. 3. 2015. Für 100 Mio. DM wird der Ausgabepreis mit 101% angegeben, die restliche Tranche wird zu einem Ausgabepreis in Höhe von 101,25% begeben.

Technische Einzelheiten: Die Bezeichnung *Step-down Coupon Amortising Callable Credit-linked Notes due 2015* bedeutet im Einzelnen:

„Step-down Coupon" weist darauf hin, dass der Coupon mit der Zeit sinkt. In diesem Fall werden die Ersten vier jährlichen Zinszahlungen in Höhe von 14,25% erfolgen. Danach sinkt der Coupon um 4% auf nur noch 10,25% pro Jahr.

Als Besonderheit ist hier festzuhalten, dass die erste Zinszahlung am 16. 3. 1997 erfolgte und damit lediglich den Zeitraum zwischen Emissionszeitpunkt und erstem Zinszahlungszeitpunkt einschloss.

Zusammengefasst heißt dies, dass lediglich für insgesamt 38 Monate statt 48 Monate (bis zum 16. 3. 2000) der höhere Zins von 14,25% gezahlt werden sollte. Für die restliche Laufzeit (83% der Gesamtlaufzeit) sollten nur noch 10,25% gezahlt werden.

Linear und unter Berücksichtigung der im Jahre 2006 einsetzenden Tilgung ergibt sich daraus eine Durchschnittsverzinsung in Höhe von 8,5% unter der Maßgabe, dass die Anleihe ohne Unterbrechung bis zum Ende der Laufzeit bedient wird.

Die Bezeichnung *Amortising* bedeutet in dem vorliegenden Fall, dass die Emittentin das Recht/die Pflicht hat, beginnend mit dem 16. 3. 2006 die Anleihe in 10 gleichen Raten zurückzuzahlen.

Unter der Maßgabe der Einhaltung der ursprünglichen Laufzeit und der Annahme, dass kein Rückzahlungsgrund eintritt, wird durch die Amortisierung die ursprüngliche Rendite ausgehebelt.

In den letzten 9 Jahren der Laufzeit verringert sich daher das Investment kontinuierlich und damit auch die zu erwartende Rendite.

Callable: Ein weiterer Schwachpunkt dieses Anlageinstruments ist darin zu sehen, das die Emittentin sich das Recht einräumt, den

Nennwert am 16. 3. 2000 (Optional Redemption Date) ganz oder teilweise zu pari zuzüglich eventuell aufgelaufener Zinsen zurückzuzahlen (callable = rückrufbar).

Wird nur ein Teil der Bonds zurückgezahlt, entscheidet das Los darüber, welche der jeweiligen Teilschuldverschreibungen betroffen sind.

Eine Einschränkung der Ausübung dieser Option ist darin zu sehen, dass diese Option nur dann ausgeübt werden soll, wenn der Swap-Partner seinerseits die korrespondierende Option des Swap-Agreement am „Optional Redemption Date" ausübt.

Bewertung von Amortisation und Rückkauf: Die überwiegende Mehrzahl der in den letzten Jahrzehnten emittierten Anleihen wurden ohne Amortisations- und/oder Rückkauf-Regeln ausgestattet. Sowohl Amortisation als auch Rückkauf sind üblicherweise mit einem Nachteil für den Anleger verbunden.

Der Hauptvorteil für den Emittenten liegt darin, dass er einen alten Bond mit hohem Coupon zurückkaufen kann und dafür einen neuen Bond mit niedrigerem Coupon emittiert. Interessant wird dieses Kündigungsrecht also erst bei sinkenden Zinsen.

Sinkende Zinsen aber sind für einen Anleger mit einem hohen Coupon vorteilhaft, da der Kurswert seiner Anleihe steigt. Die Entscheidung des Emittenten, seine Anleihe zu kündigen, trifft den Anleger in einem ungünstigen Moment und schmälert seine Rendite-Erwartungen.

Eine Rückruf-Vereinbarung ist also ausgesprochen negativ für den Anleger. Ausgerechnet in dem Moment, wenn er von einem hochverzinslichen Bond profitiert, verliert er ihn durch den Rückkauf. Er muss nun in einem weitaus ungünstigeren Umfeld ein neues Anlagevehikel suchen und finden.

Um diese negativen Begleitumstände der Amortisation und des Rückkaufs zu kompensieren, werden die Anleihen üblicherweise zu einem Kurs über pari zurückgekauft (Call provision/Call feature).

Bei der vorliegend behandelten „synthetischen Anleihe" ist das nicht der Fall. Hier profitiert nur der Emittent und der Swap-Partner von dieser einseitigen Vereinbarung. Der Anleger erhält keinen Ausgleich für die Übernahme dieses Risikos.

Unter **Credit-linked Notes** versteht man Anlageinstrumente, bei denen die Rückzahlung bzw. die Höhe der Rückzahlung von der Entwicklung bestimmter Faktoren abhängt.

Dies kann beispielsweise die Kreditwürdigkeit eines Landes sein, aber auch der Ausfall von Zahlungen auf eine bestimmte Anleihe. Eine exakte Definition der Credit-linked Notes ist an dieser Stelle noch nicht möglich.

Im Allgemeinen wurde bisher (dieses Anlageinstrument der Credit-linked Note ist noch relativ neu) der Ausfall einer Zahlung zum Anlass für die vorzeitige Rückzahlung genommen und die Höhe der Rückzahlung von der Kursentwicklung einer als Index (Referenz) bezeichneten Anleihe abhängig gemacht.

Mit **„Due 2015“** wird das Ende der Laufzeit angegeben. Die gesamte Laufzeit erstreckt sich vom 7. 2. 1997 (Emissionsdatum) bis zum 16. 3. 2015 (Rückzahlungszeitpunkt).

Aufgaben und Funktionen der Beteiligten: Nachfolgend werden auszugsweise die Aufgaben und Funktionen der wesentlich beteiligten Parteien beschrieben, wie sie sich aus dem vorliegenden „Information Memorandum“ ergeben.

Die Emittentin **(Issuer)** ist eine zu einem bestimmten Zweck gegründete Gesellschaft (Special Purpose Vehikel/SPV) und wurde am 16. 1. 1997 auf Jersey (UK) registriert.

Die Kapitalstruktur dieses SPV besteht lt. Prospekt (S. 29) zum einen aus dem einbezahlten Eigenkapital in Höhe von 10 engl. Pfund und zum anderen aus dem Erlös der Anleihen-Emission.

Hier ist jedoch zu bemerken, dass der Erlös aus der Emission (125 Mio. DM) in Höhe von 123 187 500,– DM sogleich gemäß der Swap-Vereinbarung an den Swap-Partner weitergeleitet wird.

Die Swap-Vereinbarung gilt bis zur letzten Zinszahlung, bzw. bis zur Rückzahlung des Nennwertes, falls nicht andere Gründe dagegen stehen. Diese Gründe werden im Abschnitt „Rückzahlung“ diskutiert.

Somit bleibt es bei der Kapitalausstattung in Höhe von 10 engl. Pfund. Hinzu kommt lediglich der Rückzahlungsanspruch gegen den Swap-Partner.

Dieser jedoch unterliegt diversen Vorbehalten, die ebenfalls im Abschnitt „Rückzahlung“ diskutiert werden.

Die einzige Aufgabe der Emittentin bestand darin, die Anleihe auszugeben und den Nettoerlös an den Swap-Partner (Counter Party) weiterzureichen.

Sowohl bei den regulären Zinszahlungen als auch der regulären Rückzahlung am Ende der Laufzeit wird die Emittentin nicht mehr benötigt, da alle Zahlungen über den Principal Paying Agent, den Treuhänder (Trustee) bzw. die Paying Agents abgewickelt werden.

Als **Counterparty** tritt hier die *Credit Suisse Financial Products* (CSFP) auf. Diese Gesellschaft gehört über verschiedene Schachtelungen der Credit Suisse Group bzw. zu 20% auch der *Swiss Reinsurance Company.*

Die finanzielle Situation der CSFP wird auf Seite 37 des Informations-Memorandums vom 5. Februar 1997 zusammengefasst. Dabei werden Zahlen aus den Jahren 1994 und 1995 aufgeführt.

Aus diesen Zahlen ergibt sich, dass die CSFP 1994 einen Verlust in Höhe von 302,2 Mio. US$ erlitten und im Jahre 1995 einen Gewinn in Höhe von 103,8 Mio. US$ erzielt hat.

Weitere Informationen gehen aus diesem Information Memorandum nicht hervor. Die große Schwankungsbreite der am Volumen gemessen geringen Ergebnisse zeigt nicht gerade eine stabile und kalkulierbare Handelstätigkeit.

Die CSFP ist Vertragspartner der Emittentin im Swap-Vertrag.

In diesem Swap-Vertrag verpflichtet sich die CSFP während der Laufzeit der Anleihe die dem Anleger zustehenden Zinszahlungen (14,25% bzw. 10,25%, insgesamt 189,899 Mio. DM) und die Rückzahlung des Nennwerts (125 Mio. DM) am Ende der Laufzeit zu leisten.

Als einzige Gegenleistung erhält die CSFP nach der Emission den Emissionserlös in Höhe von 123 187 500,– DM.

Vereinbart wurde weiterhin, dass die CSFP die fälligen Zahlungen nicht direkt an die Emittentin, sondern an den Principal Paying Agent leistet.

Der **„Calculation Agent“** übt die wichtigste Aufgabe aus. Er stellt fest, ob und wann ein Kredit-Ereignis eingetreten ist und er berechnet auch den jeweiligen Rückzahlungsbetrag.

Der „Calculation Agent“ ist mit dem Swap-Partner (Counter-Party) identisch, es handelt sich um die Credit Suisse Financial Products (CSFP).

Bei den **Anlegern** handelt es sich offensichtlich um Privatanleger, die aus unterschiedlichen, individuellen Motiven diese Anleihen erworben haben. Teilweise wurde die Anleihe auch von kleinen Banken und Instituten gekauft.

Für alle gilt, dass sie im September 1999 durch die von dem „Calculation Agent“ erklärte Wertlosigkeit der Anleihe ihr Kapital vollständig verloren.

Für die **Rückzahlung** der hier behandelten „Synthetischen Anleihen“ gibt es mehrere Anlässe und auch ebenso viele Berechnungen über die Höhe der Rückzahlung.

Bei der Betrachtung dieser Modalitäten soll auch die bei normalen Anleihen übliche Rückzahlung nicht verschwiegen werden.

... bei normalen Anleihen: Aus der Sicht des Anlegers stellt sich der Ablauf einer normalen Anleihe recht simpel dar.

Zunächst kauft der Anleger die Anleihe, erhält während der vertraglich festgelegten Laufzeit einen vertraglich festgelegten Zins und am Ende der Laufzeit den Nennwert der Anleihe in bar zurück.

Die mit diesem Ablauf verbundenen Risiken sind überschaubar und gipfeln im möglichen Ausfall der Zinszahlungen oder der Rückzahlung. Allerdings hängt der Ausfall der Zahlungen bei normalen Anleihen allein von der Zahlungskraft der Emittentin ab.

Ist oder bleibt die Emittentin finanziell gesund, wird sie sowohl die Zinsen als auch die Rückzahlung des Nennwertes leisten können. Hier ist also einzig und allein die Bonität der Emittentin maßgebend.

... bei synthetischen Anleihen: Die Betrachtungen zur Rückzahlung bei synthetischen Anleihen beziehen sich ausschließlich auf die in dieser Arbeit vorgestellten synthetischen Anleihe der Firma *Ecuador Synthetic Sovereign Investments (Jersey) Limited* mit der WKN 189405.

Ohne Eintritt eines Ereignisses: Der Normalfall dieser Anleihe wird im Prospekt als Rückzahlung ohne Eintritt eines Kredit-Risikos der „Reference Party“ definiert. Im nachfolgenden Kontext soll daher dieser Fall als „planmäßige Rückzahlung“ betrachtet werden.

Aus der Sicht des Anlegers: Das bedeutet für den Anleger, dass er vom 16. März 2006 an in jedem Jahr ein Zehntel seines Anleihe-Nennwertes zurück erhält.

Allerdings erhält er dann auch in der Folgezeit nur noch Zinsen auf den verbleibenden Nennwert. Der Wert seines Investments verringert sich damit schrittweise.

Aus der Sicht der Emittentin: Für die Emittentin ist dies bedeutungslos, da sie bereits unmittelbar nach der Emission den Emissionserlös an den Swap-Partner weitergereicht hat und dieser seine Zahlungen aus dem Swapvertrag ausschließlich an den Principal Paying Agent erbringt.

Aus der Sicht des Swap-Partners: Für den Swap-Partner ergeben sich aus dem „Normalfall" erhebliche Verpflichtungen.

Zwar erhält er von der Emittentin den Emissionserlös in Höhe von 123 187 500,– DM, verpflichtet sich jedoch im Gegenzug zur Zahlung von insgesamt 189 898 750,– DM an Zinsen und der Rückzahlung von 125 000 000,– DM.
Aus der Rückzahlungsverpflichtung in Höhe von 125 000 000,– DM und dem erhaltenen Emissionserlös in Höhe von 123 187 500,– DM ergibt sich ein vom Swap-Partner zu tragender Verlust in Höhe von 1 812 500,– DM, der den Kosten (Zinsen) zuzurechnen ist.

Zeitraum	Zinsbetrag	Rückzahlung	Nennwert
7. 2. 1997 bis 16. 3. 2000	55 367 500		125,– Mio. DM
17. 3. 2000 bis 16. 3. 2005	64 062 500		125,– Mio. DM
17. 3. 2005 bis 16. 3. 2006	12 812 500	12 500 000	112,5 Mio. DM
17. 3. 2006 bis 16. 3. 2007	11 531 250	12 500 000	100,– Mio. DM
17. 3. 2007 bis 16. 3. 2008	10 250 000	12 500 000	87,5 Mio. DM
17. 3. 2008 bis 16. 3. 2009	8 968 750	12 500 000	75,– Mio. DM
17. 3. 2009 bis 16. 3. 2010	7 687 500	12 500 000	62,5 Mio. DM
17. 3. 2010 bis 16. 3. 2011	6 406 250	12 500 000	50,– Mio. DM
17. 3. 2011 bis 16. 3. 2012	5 125 000	12 500 000	37,5 Mio. DM
17. 3. 2012 bis 16. 3. 2013	3 843 750	12 500 000	25,– Mio. DM
17. 3. 2013 bis 16. 3. 2014	2 562 500	12 500 000	12,5 Mio. DM
17. 3. 2014 bis 16.03 2015	1 281 250	12 500 000	0,– Mio. DM
Zinsen insgesamt	189 898 750		
Rückzahlung insgesamt		125 000 000	
Verlust aus E/A	1 812 500		

... bei Eintritt verschiedener Ereignisse: Die „außerplanmäßige Rückzahlung“ wird bei der vorliegenden Anleihe in den Eintritt verschiedener Ereignisse unterteilt.

So kann es zu einer Rückzahlung auf Grund der Optionsausübung einer im Vertrag näher beschriebenen Option durch die Emittentin, auf Grund eines „Wertpapier-Ereignisses“ bezogen auf die Reference Party (Staat Ecuador) oder eines „Credit Events“ kommen.

Für alle Fälle werden Erläuterungen gegeben (soweit sie sich aus dem Prospekt ableiten lassen).

Schon an dieser Stelle ist anzumerken, dass die im Prospekt aufgeführten „Berechnungen“ nicht nur vage sind, sondern auch die tatsächlichen Risiken verschleiern.

Optionsausübung: Die Emittentin hat sich das Recht einräumen lassen, die Anleihe ganz oder teilweise zurückzurufen. Dieses Recht kann Sie am 16. 3. 2000 wahrnehmen.

Allerdings muss gleichzeitig der Swap-Partner seine entsprechende Option zur Beendigung des Swaps ausüben.

Die Rückzahlung soll zu pari (100% des Nennwertes) erfolgen, zuzüglich der bis dahin angesammelten Zinsen.

Wertpapier-Ereignis (Securities Redemption Event): Ein Wertpapier-Ereignis tritt ein, wenn z.B. die Reference Party (Staat Ecuador) eine Option oder ein anderes Recht zur vorzeitigen Rückzahlung oder zum Rückkauf der Reference Security (Ecuador PDI Bond) ausübt und wahrnimmt, sofern es sich nicht um die planmäßige Rückzahlung der Anleihe handelt.

Beispielsweise könnte die PDI-Anleihe bei niedrigen Kursen viel günstiger als zum Nennwert zurückgekauft werden und damit die Schuld aus der PDI-Anleihe reduziert werden.

Die Feststellung, ob so ein Ereignis eingetreten ist, obliegt dem Swap-Partner allein.

Stellt der Swap-Partner (CSFP) fest, dass es sich um einen „Securities Redemption Event“ handelt, steht es dem Swap-Partner auch frei, daraus ein Kündigungsrecht für den Swapvertrag abzuleiten und den Swapvertrag komplett zu kündigen.

In diesem Fall muss die Emittentin die Anleihe zum „Redemption Amount“ zurücknehmen. Die Berechnung des „Redemption Amount“ erfolgt später.

Kredit-Ereignis (Credit Event): Ein „Credit Event“ tritt dann ein, wenn die Reference Party (Staat Ecuador) eine Zahlung für die Reference Securities (PDI-Anleihe) zum festgelegten Zeitpunkt für eine solche Zahlung versäumt oder den festgelegten Betrag für eine solche Zahlung nicht vollständig erbringt.

Die Feststellung, ob es sich um einen Credit Event handelt, obliegt allein dem Calculation Agent (CSFP).

In diesem Fall zahlt die Emittentin den Anleihegläubigern lediglich den „Redemption Amount“. Die Berechnung des „Redemption Amount“ erfolgt später.

Die Berechnung der Rückzahlungsbeträge erfolgt sowohl bei dem „Securities Redemption Event“ als auch beim Eintritt eines „Credit Events“ nach einer ähnlichen Methode.

Berechnung des „Redemption Amount (I)“: Dieser Betrag errechnet sich bei einem „Securities Redemption Event“ nach den Angaben im Prospekt auf Seite 15 unter Bezug auf Paragraph (d) im Abschnitt (6) für je 1000,– DM Nennwert der Anleihe aus „Recovery Amount 1“ (RA1) und dem Marktwert der „Reference Swap Transaction“ (MW) wie folgt:

$$\frac{RA1 - MW}{125\,000}$$

Die **Berechnung des „Recovery Amount 1“** (RA1) erfolgt laut Seite 14 des Prospekts unter Bezug auf Paragraph (d) im Abschnitt (6) wie folgt:

Der RA1 ist der Betrag zu dem die „Reference Securities“ (PDI-Anleihe) in Höhe des „Reference Amount“ (137 500 00,– US$ Nennwert) abgelöst wurden. Dabei wird im Falle einer nur teilweisen Ablösung angenommen, das der volle „Reference Amount“ abgelöst wurde.

Berechnung des „Redemption Amount (II)“: Dieser Betrag errechnet sich bei einem „Credit Event“ nach den Angaben im Prospekt auf Seite 15 unter Bezug auf Paragraph (e) im Abschnitt (6) für je 1000 DM,– Nennwert der Anleihe aus „Recovery Amount 2“ (RA2) und dem Marktwert der „Reference Swap Transaction“ (MW) wie folgt:

$$\frac{RA2 - MW}{125\,000}$$

Die **Berechnung des „Recovery Amount 2“** (RA2) erfolgt laut Seite 14 des Prospekts unter Bezug auf Paragraph (e) im Abschnitt (6) wie folgt:

Der RA2 ist der Marktwert der „Reference Securities“ (PDI-Anleihe) in Höhe des „Reference Amount“ (137 500 00,– US$ Nennwert) am „Recovery Determination Date“ umgerechnet in D-Mark zur „Reference Rate“ in Höhe von 1,5910 DM/US$ (Umtauschverhältnis).

Dabei ist das „Recovery Determination Date“ das früheste praktikable Datum nach Feststellung des Eintritts eines Credit Events, an welchem der Calculation Agent Kurse zur Feststellung des Marktwertes der Reference Securities (PDI-Anleihe) einholt.

Allerdings kann der Calculation Agent auch selbst dem Marktwert der „Reference Securities“ (PDI-Anleihe) festlegen („... in its discretion.“)

Marktwert der „Reference Swap Transaction“: Auf die exakte Berechnung des Marktwertes wird später noch einzugehen sein. An dieser Stelle soll zunächst erläutert werden, um welche Transaktion es sich dabei handelt.

Bekannt ist ja zunächst, dass die Emittentin mit dem Swap-Partner (CSFP) einen Swapvertrag geschlossen hat.

In diesem Swapvertrag wurde vereinbart, dass die Emittentin den Emissionserlös an den Swap-Partner weitergibt und im Gegenzug der Swap-Partner die Zinszahlungen und die Rückzahlung des Nennwertes der Anleihe am Ende der Laufzeit übernimmt.

Diese ohnehin schon den üblichen Rahmen eines Swaps sprengende Vereinbarung wird durch einen hypothetischen „Cross Currency Swap“ noch übertroffen.

Wenn dieser Swap auch dem Namen nach nur hypothetisch ist, so hat er doch großen Einfluss auf den Ausgang der Anlageentscheidung der Käufer dieser Anleihe.

Hypothetischer Swap: Bei diesem **Swap im Swap** verpflichtet sich der Swap-Partner (CSFP) an die Emittentin folgende Zahlungen in D-Mark zu leisten:

- alle an oder nach dem jeweiligen Datum fällig werdenden Beträge in Bezug auf Zins und Nennwert der 125 Mio. DM Anleihe.

(A) those amounts that would have been payable on or after that date, in respect of interest and principal, in respect of DM 125 000 000,– in nominal amount of the Notes on the dates scheduled for such payments under these Conditions and subject to these Conditions (in the absence of the designation by the Calculation Agent of a Credit Event or a designation by the Counterparty of a Securities Redemption Event);

- alle vor dem jeweiligen Datum fällig gewordenen Beträge in Bezug auf die 125 Mio. DM Anleihe (falls kein „Ereignis“ eingetreten ist), die jedoch nicht fällig geworden sind, weil ein „Ereignis eingetreten ist.

(B) these amounts that prior to that date would have become payable by the Issuer in respect of DM 125 000 000,– in nominal amount of the Notes (in the absence of a designation by the Calculation Agent of a Cedit Event or a designation by the Counterparty of a Securities Redemption Event) but did not become payable by the Issuer as a result of such designation (each, a Theoretical Note Amount‘);

- alle angesammelten Zinserträge in Bezug auf den theoretischen Betrag aus (B) auf monatlicher Basis zu einem Zins gleich der Verzinsung für Ein-Monats-Geld in Deutsche Mark.

(C) interest accrued in respect of each Theoretical Note Amount, from and including the date that such Theoretical Note Amount would have fallen due for payment, compounding monthly, at a rate equal to the one month rate for deposits in Deutsche Marks in the London interbank market (as determined by the Calculation Agent as at 11.00 a.m., London time, on that date);

Im Gegenzug verpflichtet sich die Emittentin an den Swap-Partner folgende Beträge in US-Dollar zu zahlen:

- alle an oder nach dem jeweiligen Datum fällig werdenden Beträge in Bezug auf Zins und Nennwert der „Reference Securities“

(PDI), die von der „Reference Party“ (Staat Ecuador) für eine Anleihe in Höhe des „Reference Amount“ (137 500 000,– US-$) gezahlt werden müssten.

(A) those amounts payable on or after that date, in respect of both principal and interest, by the Reference Party in respect of the Reference Amount (137 500 000,– US$) of Reference Securities on the dates scheduled for such payments under the Reference Securities;

- alle vor dem jeweiligen Datum fällig gewordenen Beträge die von der „Reference Party“ (Staat Ecuador) in Bezug auf die „Reference Securities“ (PDI-Anleihe) in Höhe des „Reference Amount“ (137 500 000,– DM) hätten gezahlt werden müssen, jedoch nicht bezahlt wurden.

(B) those amounts that have prior to that date become payable by the Reference Party in respect of the Reference Amount (137 500 000,– US$) of Reference Securities on the dates scheduled for such payments under the Reference Securities but have not been paid („Arrears“);

- alle angesammelten Zinserträge in Bezug auf die Rückstände einschließlich dem Datum an welchem die Rückstände fällig wurden auf monatlicher Basis, zu einem Zins gleich der Verzinsung für Ein-Monats-Geld in US-Dollar.

(C) interest accrued in respect of the Arrears, from and including the date that the relevant Arrears fell due for payrnent, compounding monthly, at a rate equal to the one month rate for deposits in US. dollars in the London interbank market (as deterrnined by the Calculation Agent as at 11.00 a.m., London time, on that date).

Diese Vereinbarung ist nicht an ein bestimmtes Datum gebunden („... on any date“).

Darüber hinaus werden noch die dem Swap-Partner entstandenen Verluste, Geschäftskosten und sonstigen Auslagen berücksichtigt. Diese sind aus dem Information Memorandum jedoch nicht ersichtlich.

Ein weiterer Schwachpunkt ist die Tatsache, dass die Zinsberechnung der von der Emittentin auf Grund des vorstehenden Cross-Currency-Swaps dem Swap-Partner geschuldeten Beträge (siehe Punkt A) nicht berechnet werden können (soweit die Zeitpunkte in der Zukunft, also nach dem September 1999 liegen), da sie auf den Zinsen für 6-Monatsgeld basieren.

Die überschlägige Berechnung ergibt, dass bereits unmittelbar nach der Emission der Wert eines 1000,– DM-Anteils auf Grund der Rückzahlungsberechnungen im Falle eines Credit Events im Minusbereich lag.

Mit anderen Worten: Der Käufer verlor bereits beim Kauf sein Anlagekapital, ohne dies jedoch bemerken zu können.

Vorläufige Bewertung: Bei der vorliegenden „Anleihe" handelt es sich nicht um eine Anleihe im herkömmlichen Sinne.

Durch die **besondere Konstruktion** (step-down/callable) wird lediglich für die ersten 38 Monate der Laufzeit der Anleihe ein Zins in Höhe von 14,25% gezahlt. Danach sinkt der Zinscoupon auf nur noch 10,25%.

Der Zinsvorteil verringert sich in den Folgejahren noch erheblich, da bei dieser Anleihe beginnend mit dem 16. 3. 2006 die Tilgung in Teilbeträgen von 10% des Nennwerts erfolgt.

Der Anleger verliert also seinen hohen Zinsanspruch und trägt somit ein erhöhtes Wiederanlagerisiko. Linear gerechnet sinkt damit die tatsächliche Verzinsung auf nur noch 8,5% p.a. ... Von einer Hochzins-Anleihe kann daher keine Rede sein.

Verwendung des Emissionserlöses: Unmittelbar nach der Emission wird der Emissionserlös auf Grund einer „Swapvereinbarung" an die CSFP (Swap-Partner) weitergeleitet. Als Gegenleistung erhält die Emittentin die Zusage, dass die CSFP die aus der Anleihe resultierenden Zahlungsverpflichtungen bezüglich Zins und Tilgung übernimmt.

Dies gleicht einer indirekten Kreditaufnahme durch die CSFP, die jedoch gleichzeitig durch den Swapvertrag und weitere Vereinbarungen sich dem direkten Zugriff zu entziehen versucht.

Der Swapvertrag selbst ist mit einem herkömmlichen Swap nicht zu vergleichen. So werden z.B. bei einem normalen Cross-Currency-Swap sowohl der Kapitalbetrag als auch die Zinsen zwischen den Parteien getauscht. Hier jedoch wird der Kapitalbetrag hingegeben gegen ein Rückzahlungs- und Zins-Zahlungsversprechen des Swap-Partners. Dies sind jedoch die Merkmale eines Kredits.

Die Zahlungen im Falle eines „Credit Events“: Die Höhe der Zins- und Tilgungsleistungen im Falle des Eintritts eines „Credit Events“ sind nur bedingt von der Kursentwicklung der „Reference Securities“ abhängig.

Die Berechnung basiert, für den potenziellen Anleger kaum erkennbar, auf der Wertentwicklung eines sogenannten „hypothetischen Cross-Currency-Swap“. Bei diesem Swap wird davon ausgegangen, dass beide Partner zuvor die Zins- und Kapitalbeträge getauscht haben. Als Besonderheit wird hier jedoch davon ausgegangen, dass die Emittentin einen weitaus höheren Wert zurückzahlen soll.

Gegenüber dem Swap-Partner (CSFP), dessen Kapitalbetrag lediglich 125 Mio. DM beträgt, muss die Emittentin in diesem hypothetischen Swap einen US-Dollar-Betrag in Höhe von 137,5 Mio. US$ zurückzahlen.

Auch bei den Zinsbeträgen sind die Verhältnisse zum Nachteil der Anleihegläubiger ausgelegt. Der Swap-Partner (CSFP) hat lediglich die in der Tabelle auf Seite 8 berechneten Beträge aufzubringen.

Diese Beträge sind durch die besondere Konstruktion (step-down coupon/sich verringernder Zinscoupon) und die ab 2006 einsetzende Amortisation (Tilgung des Nennwertes in 10%-Schritten und damit auch reduzierten Zinsleistungen) erheblich geringer, als bei einer normalen Anleihe (Straight Bond).

Die Emittentin dagegen hat Zinsbeträge in Höhe der Original-Zinsen der PDI-Anleihe aufzubringen. Diese richten sich nach dem 6-Monats LIBOR für US$ plus 81,25 bps.

Bei der Berechnung dieses hypothetischen Swaps, der auch als Grundlage für die Berechnung des Rückzahlungsbetrages benötigt wird, ergeben sich mehrere Probleme.

Zum Beispiel kann die mögliche Verzinsung der „Reference Securities“ in der Zeit nach 1999 nur geschätzt werden, da es sich um einen Floating-Rate-Bond handelt, dessen zukünftige Verzinsung der Natur nach eben nicht berechnet werden kann.

So ergibt schon die überschlägige Berechnung, dass der Rückzahlungsbetrag am Tage nach der Emission im Falle eines „Credit Events“ im Minusbereich liegt, somit der Anleger schon beim Kauf der Anleihe einen Totalverlust erleidet.

Weiterhin fließen in die Berechnung des Rückzahlungsbetrages auch die Kosten und möglichen Verluste des Swap-Partners mit ein. Diese sind für den Anleger ebenfalls nicht zu berechnen, stellen aber dennoch ein Verlustrisiko dar.

Eine entsprechende Information darüber ist in dem Information Memorandum nicht enthalten.

Weiterhin nimmt der Swapvertrag Bezug auf die ISDA-Vereinbarung von 1991, aus der sich alle weiteren und wichtigen Bedingungen für den Swapvertrag ergeben. Diese Vereinbarung ist dem Information Memorandum nicht beigefügt.

Diese Vereinbarung ist auch nicht öffentlich zugänglich und wird Anlegern nicht ausgehändigt. Auch Anfragen bei der ISDA selbst blieben unbeantwortet. Der Anleger kann sich daher kein Bild davon machen, der Prospekt bleibt unvollständig, wesentliche Informationen werden dem Käufer vorenthalten.

Durch diesen Swap im Swap werden die Verhältnisse regelrecht auf den Kopf gestellt.

Übernimmt der Swap-Partner zunächst zumindest rein äußerlich die Verpflichtung zur Zahlung eines hohen Zinses für die Anleihe der Emittentin, obwohl es keine vergleichbare Refinanzierungsmöglichkeit gab, wird beim hypothetischen Swap der Emittentin die weitaus größere Last aufgebürdet.

Allein schon durch die durch die Übernahme der Pflicht zur hypothetischen Rückzahlung von 137 500 000,– US$, sowie die entsprechende und von der PDI-Anleihe abgeleitete Zinszahlungsverpflichtung durch die Emittentin, gerät die Berechnung des Rückzahlungsbetrages im Falle eines „Credit Events" zum Nachteil für die Emittentin.

Dieser Nachteil wirkt sich natürlich nicht direkt für die Emittentin aus, sondern sorgt dafür, dass die Anleger nur noch einen geringen Betrag bzw. keinen Betrag mehr erhalten.

Wette auf den Eintritt eines Ereignisses: Die Funktion dieser „Anleihe" ist am besten mit einer Wette vergleichbar.

Der Anleger wettet mit der Emittentin über den Eintritt eines Ereignisses („Credit Event"). Der Anleger kauft seinen „Wettschein" für z. B. 1000,– DM von der Emittentin.

Tritt während der gesamten Laufzeit das Ereignis nicht ein, hat der Anleger gewonnen. Er erhält während der Laufzeit einen Zins und am Ende der Laufzeit auch den Kaufpreis für seinen „Wettschein" zurück. Der Swap-Partner erleidet einen Verlust.

Tritt das Ereignis während der Laufzeit ein, entfällt sofort die Zinszahlung (auch bisher angefallene, jedoch noch nicht ausgezahlte Beträge werden nicht mehr bezahlt). Darüber hinaus ist die „Wette" damit beendet und der Anleger erhält einen „Beendigungsbetrag", dessen Höhe von einer bestimmten Berechnung abhängt.

Diese Berechnung ist jedoch nicht von vornherein bestimmbar, sondern hängt wesentlich von Faktoren ab, in die der Anleger keine Einsicht und auf die er auch keinen Einfluss hat.

In diesem Zusammenhang muss berücksichtigt werden, dass die Emittentin mit dem Weiterreichen des Emissionserlöses einem Dritten quasi einen Kredit eingeräumt hat.

Ob und wie viel davon wann zurückgezahlt wird legt der „Schuldner" durch eine von ihm selbst durchgeführte Berechnung fest.

Zu den zu beachtenden Faktoren gehört daher vor allem, dass die Emittentin die Rückzahlungshöhe vom Erfolg eines mit einem anderen Geschäftspartner abgeschlossenen Vertrags abhängig macht.

Das Ergebnis dieser „Anlage" ist daher in mehrfacher Hinsicht spekulativ. Einerseits hängt es vom Eintritt eines bestimmten Ereignisses ab, andererseits von der Berechnung des Rückzahlungsbetrages durch einen Dritten. Dieser Dritte ist zudem noch Nutznießer aus der Geldanlage des Anlegers.

Zusammenfassung: Aus dem Vorgetragenen lässt sich u.a. ableiten, dass es sich bei dieser synthetischen Anleihe keineswegs um eine normale Anleihe handelt. Bei der Emittentin handelt es sich um eine Zweckgesellschaft zur Aufnahme von Geldern auf dem Kapitalmarkt.

So werden von Großbanken häufig über im Ausland beheimatete Zweckgesellschaften auf dem internationalen Kapitalmarkt Gelder für die normale Geschäftsführung aufgenommen.

Dabei wird die jeweilige Emission dieser Tochtergesellschaften durch Garantien der Muttergesellschaft besichert.

Im Gegensatz zu den üblichen Konstruktionen handelt es sich bei der hier in Rede stehenden Emittentin nicht um eine direkte Tochtergesellschaft. Dementsprechend wird die Emission auch nicht mit einer Garantie der Muttergesellschaft abgesichert.

Auch der „Swapvertrag" zwischen der Emittentin und dem Swap-Partner (CSFP) weicht von den bisher bekannten Swapverträgen ab. Statt des üblichen Tauschens von Verbindlichkeiten, überlässt die Emittentin dem Swap-Partner den Kapitalbetrag gegen Übernahme von Zins- und Tilgungsversprechen.

Die Rückzahlung wiederum hängt von der Entwicklung eines weiteren Swaps ab. Bei diesem hypothetischen Cross-Currency-Swap sind die Gewichte ungleich verteilt. So wird z. B. durch eine höhere Rückzahlungsverpflichtung der Emittentin ein Ungleichgewicht herbeigeführt (Hebelwirkung), durch die im Ergebnis bereits bei überschlägiger Rechnung klar wird, dass der Anleger von Anbeginn an keine Chance auf die Rückzahlung seines Anlagekapitals hatte.

Dies ist nur eine vorläufige und nicht vollständige Aufzählung von Fakten. Das bereits in Arbeit befindliche Gutachten wird sämtliche Details noch genauer diskutieren und weitere Sachverhalte darstellen.

Schon diese kurze Analyse macht deutlich, dass nicht überall, wo Anleihe draufsteht auch eine Anleihe drin ist!!

Sie können sich aber auch über aktuelle Entwicklungen auf einer unserer Webseiten informieren. Empfehlenswert sind diese beiden Seiten: www.siebers.com und www.BondInvestor.de

Aber es gibt noch weitere Spielarten, wie Sie nachfolgend noch lesen können.

2.9.4 Zertifikate

Zertifikate sind verbriefte Derivate. Das klingt natürlich sehr modern und das ist es auch. Warum das Instrument selbst kaufen, wenn man ein abgeleitetes Instrument (Derivat) viel günstiger erwerben kann.

Die Medien haben diese Zertifikate bereits in den Himmel gelobt, so soll man sich diese Papiere auch langfristig als Altersvorsorge ins Depot legen.

Das halten wir für etwas übertrieben. Die Risiken sind doch für die meisten Anleger unüberschaubar. Zumal es Zertifikate auf Aktien, Aktienkörbe und Indizes gibt. Aber auch andere Strukturen sind denkbar.

Bei dieser Art von Anlage kommt es nun wirklich darauf an, dass sich der Anleger die Bedingungen genau ansieht.

Und da genügt es nicht, nur mal eben den bunten Prospekt zu lesen und sich an den möglichen Gewinnen zu berauschen.

Lassen Sie sich den Emissionsprospekt geben, auch wenn der mal eben 60 Seiten hat. Lesen Sie ihn durch, auch mehrmals und schreiben Sie sich alles auf, was Ihnen fremd oder unverständlich vorkommt.

Dann fragen Sie Ihren Berater! Sie werden erstaunt sein, wie wenig der wirklich weiß.

Und dann gehen Sie noch zu einer zweiten Bank und lassen sich dort beraten. Aber kaufen Sie nicht sofort! Es könnte sonst die letzte Ausgabe Ihres Anleger-Lebens sein.

Um Ihnen einen kleinen Einblick zu geben, haben wir die nachfolgende Kurz-Analyse geschrieben.

Solche Analysen und andere Ausarbeitungen finden Sie auch unter www.BondInvestor.de.

DAX Direkt 2005

Übersicht: Die *Deutsche Bank* emittierte im April 1999 sogenannte Index-Partizipationszertifikate mit Bezug auf den DAX-Index.

Obwohl es sich hierbei nun gerade nicht um eine Anleihe oder ein anleiheähnliches Instrument handelt, wollen wir dennoch näher darauf eingehen.

Der Grund liegt darin, dass Anleger, die ursprünglich lediglich Festverzinsliche Wertpapiere erwarben, hin und wieder auch schon mal einen Blick über den Zaun werfen und mit einem anderen Anlagevehikel liebäugeln.

Dies ist besonders dann der Fall, wenn ein weit über der normalen Anleiherendite liegender Ertrag erreichbar zu sein scheint.

Technische Details *(Konditionen)*

• Emittent:	*Deutsche Bank AG*
• Wertpapiertyp:	Derivat
• Emissionsvolumen:	Bis zu 5 Mio. Zertifikate
• Index:	Deutscher Aktien Index (DAX)
• Feststellungstag:	17. Juni 2005
• Börsenplatz:	Geregelter Markt Frankfurt/M.
• Minimum:	1 Zertifikat
• WKN:	370104
• Handel, Gebühren:	Individuell (1% o.ä.)
• Kurs vom 5. 9. 01:	51,25 €

Aus Anlegersicht ist dieses Zertifikat ein spekulatives Anlageinstrument mit entsprechend hohem Risiko.

Als Auszahlungsbetrag am Ende der Laufzeit ist ein Betrag vereinbart, der sich am Indexstand orientiert. Dies kann ohne weiteres ein erheblich unter dem Kaufpreis liegender Betrag sein.

Zum Totalverlust kann dies dann führen, wenn der Index ebenfalls auf Null festgestellt wird. Dies ist nach der bisherigen Praxis beim DAX allerdings kaum zu erwarten.

Tatsächlich aber kann es durch Angebot und Nachfrage zu erheblichen Abweichungen des Zertifikat-Kurses gegenüber dem DAX-Index kommen. Weitere Risiken kommen hinzu, wenn die Zertifikate auf Kredit gekauft werden.

Die nachfolgende Grafik zeigt den DAX-Index-Verlauf in den letzten 24 Monaten. Hier ist deutlich zu sehen, dass der Kurs zwischen 5100 und 8000 schwankte.

Der erste Anstieg von etwa 57% im letzten Quartal 1999 brachte auch dem Anleger in Partizipationszertifikaten einen entsprechend hohen Gewinn.

Die recht ähnliche Kursentwicklung der Partizipationszertifikate zeigt aber auch beim Absturz des DAX-Kurses eine entsprechende Abwärtsbewegung.

Dabei lief beim Kursanstieg der Kurs der Zertifikate dem Kurs des DAX-Index vorher. Auch beim Abstieg erfolgte der Niedergang der Zertifikate rascher als beim DAX-Index.

DAX-Index

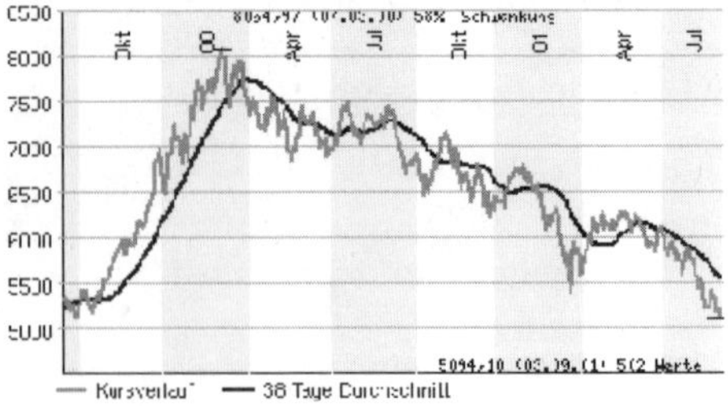

DAX Direkt 2005

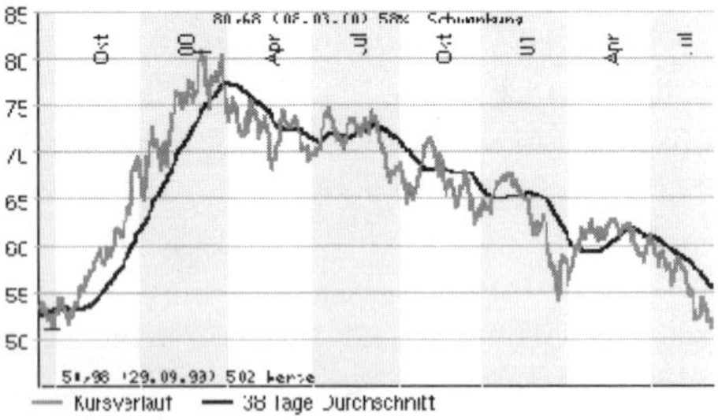

Bewertung: Auf den ersten Blick ist dieses Zertifikat schnell zu verstehen: Man stelle sich einfach vor, es handelte sich um eine Aktie auf den DAX!

Stark vereinfacht? Keineswegs, die Kursentwicklung der „DAX-Aktie“ ist praktisch simultan der Kursentwicklung des DAX-Index.

Klar, ein wenig kommt noch Angebot und Nachfrage hinzu, aber in den vergangenen zwei Jahren hat sich dies nur wenig bemerkbar gemacht.

Also ein tolles Anlageinstrument? Für Spekulanten! Denn so sicher wie der Kurs ansteigen kann, kann er auch genau so schnell oder schneller wieder sinken.

Verführerisch ist der Preis. Mit derzeit rund 50 € pro Zertifikat liegt der Aufwand recht niedrig. Allerdings wird der Anleger nicht mit einem Zertifikat auskommen.

Allein schon aus den Mindestgebühren ergibt sich der Zwang zu einer größeren Anzahl an Zertifikaten. Damit aber steigt auch das Gesamtverlustrisiko für den Anleger.

Er wäre nicht das erste Mal, dass ein Anleger dann einen Betrag investiert, den er sich in Wirklichkeit nicht leisten kann, zu verlieren.

Eine Beispielrechnung mit einem Zertifikat macht die Risiken deutlich:

Kaufkurs:	+ 50,– €
Kauf-Gebühren	+ 25,– €
Verkaufskurs	– 80,– €
Verkaufsgebühren	+ 25,– €
Ergebnis	**– 20,– €**

Selbstverständlich ist dieses Beispiel konstruiert und auf ein Zertifikat berechnet. Sobald die Anzahl der Zertifikate steigt, sinkt auch die prozentuale Gebührenbelastung.

Deutlich wird jedoch, dass die Gebühren eine wesentliche Rolle spielen. Bevor der Anleger sich engagiert, ist daher eine exakte Berechnung unter Berücksichtigung der Kosten und Gebühren unumgänglich.

Chance und Risiko: Die Chancen sind schnell aufgezählt:

Die Kurs**chance** ist nur durch den Anstieg des DAX-Index begrenzt. Steigt der DAX, steigt auch der Kurs der Zertifikate.

Das Kurs**risiko** ist ebenfalls mit dem DAX verknüpft: Sinkt der Kurs des DAX, dann sinkt auch der Kurs der Zertifikate.

Der Wermutstropfen: Bei steigenden Kursen liegt der Kurs der Zertifikate auf Grund der ansteigenden Nachfrage meist über dem rechnerischen Kurs.

Bei sinkenden Kursen liegt der Kurs der Zertifikate auf Grund der sinkenden Nachfrage meist unter dem rechnerischen Wert.

Das Extra-Risiko: Aufgrund der begrenzten Laufzeit der Zertifikate kommt ein Extra-Risiko zu den bereits aufgezählten Risiken hinzu. Gegenüber der eingangs als Vergleich angenommenen „DAX-Aktie“ ist die Laufzeit einer echten Aktie unbegrenzt.

Die DAX Direkt 2005 Zertifikate laufen dagegen am 17. Juni 2005 (Feststellungstag) aus und dem Anleger wird der gemäß der Zertifikatsbedingungen berechnete Betrag ausgezahlt.

Zusammenfassung: Bei den DAX Direkt 2005 Partizipationszertifikaten handelt es sich eindeutig um eine spekulative Anlageform, die in Verhalten und Funktionsweise einer Aktie ähnelt.

Steigt der Kurs des DAX-Index, dann steigt auch der Kurs der Partizipationszertifikate entsprechend an. Sinkt der Kurs des DAX-Index, dann sinkt auch der Kurs der Partizipationszertifikate entsprechend.

Durch die Handelbarkeit der Partizipationszertifikate an der Börse kommen noch Kursaufschläge bzw. Kursabschläge auf den Kurs des DAX-Index hinzu, da auch die Kurserwartung der Anleger sich im Preis der Partizipationszertifikate niederschlägt.

Daraus folgt, dass in Zeiten steigender DAX-Index-Kurse der Kurs der Partizipationszertifikate leicht über dem DAX-Index, in Zeiten sinkender DAX-Index-Kurse dagegen unter dem DAX-Index liegen wird.

Für Anleger, die nicht im Euro abrechnen, kommt ein Währungsrisiko hinzu, da die Abrechnung am Feststellungstag in Euro erfolgt.

Als weiteres wichtiges Risiko ist die Tatsache anzusehen, dass der Handel mit geringen Stückzahlen an Partizipationszertifikaten auf Grund der allfälligen Gebühren und Spesen nicht wirtschaftlich sein kann.

Auf der anderen Seite steht den hohen, allerdings durch die Bewegung des DAX-Index begrenzten, Gewinnchancen ein ebenso hohes Verlustrisiko gegenüber.

Als zusätzliches Risiko ist hier auch die begrenzte Laufzeit der Partizipationszertifikate anzusehen.

Liegt der Kurs des DAX-Index unter dem rechnerischen DAX-Index-Kurs beim Erwerb der Partizipationszertifikate, dann kann der Anleger nicht mehr auf bessere Zeiten hoffen, sondern muss den Verlust auf Grund des Laufzeitendes hinnehmen.

Alles in allem sollten diese Partizipationszertifikate nur von Anlegern gehandelt werden, die sich nicht nur der Verlustrisiken bewusst sind, sondern sich auch den möglichen Verlust leisten können. Auf Kredit sollten diese Anlageinstrumente jedoch auf keinen Fall erworben werden.

3. Risiko-Analyse

Wer heute festverzinsliche oder auch variabelverzinsliche Anleihen erwirbt, sieht sich einer Vielzahl von Risiken gegenüber. Diese Risiken sind sowohl von den Einzelheiten des betreffenden Papieres wie auch von der Marktstimmung abhängig.

Einige Risikofaktoren sind gewichtiger als andere, unterscheiden sich auch in ihrem Einfluss auf die Kosten oder die Rendite. Die Quellen dieser Unsicherheit sind:

- das Markt-Risiko
- das Zins-Risiko
- das Liquiditäts-Risiko
- das Ausfall-Risiko
- das Kaufkraft-Risiko
- das Wiederanlage-Risiko
- das Rückruf-Risiko
- das Kurs-Risiko.

Die folgenden kurz gehaltenen Ausführungen sollen einen Überblick über die Risiken geben.

Das Markt-Risiko

Jedes Segment des Anleihenmarktes reagiert auf Änderungen des Zinses. Die Stimmung des Gesamt-Marktes wird daher immer von den Kursveränderungen, die der Änderung des Zinses folgen, bestimmt. Das Markt-Risiko steht daher in direktem Bezug zum Zins-Risiko.

Ein weiterer Faktor für das Markt-Risiko ist die Inflation. Ändert sich die Inflationsrate oder erwartet der Markt eine Änderung, führt diese Grundstimmung oft zu einer Änderung des Zinses. Diese Zinsänderung aber beeinflusst besonders stark die bereits seit langem emittierten (alten) Anleihen und deren Kurswert.

Das Zins-Risiko

Die größte Beachtung verdient bei unserer Betrachtung das Zins-Risiko. Die Veränderung des Zinses verändert den Kurswert bzw. die Rendite. Die feste Beziehung zwischen Zins und Kurswert beeinflusst jedes Marktsegment. Die Güte eines Investments wird häufig an der Kurswertstabilität gemessen. Diese Stabilität ist hauptsächlich von der Zinsstabilität abhängig.

Das Liqiditäts-Risiko

Das Liquiditäts-Risiko wird hier als die Unmöglichkeit, eine Anleihe zum fairen Preis zu verkaufen, dargestellt. In einem normalen Markt mit ausreichender Liquidität ist es üblicherweise unproblematisch, eine bestimmte Anleihe zum fairen Preis wieder zu verkaufen.

Tatsächlich war und ist es immer schwierig, Schuldverschreibungen aus kleinen oder unbekannten Emissionen loszuschlagen. Das Interesse des Publikums liegt meist nicht auf diesen Exoten. Gekauft wurde diese Anleihe wegen dem etwas höheren Ertrag. Dieser stellt aber nur die logische Konsequenz der schwer zu vermarktenden Anleihe dar. Kommt es zu sinkenden Zinsen, werden Anleihen mit kleinem Markt (geringes Aufkommen) stärkere Kursverluste hinnehmen müssen als solche mit einem hohen Aufkommen.

Doch auch bei durchschnittlich liquiden Märkten kann es in Phasen der Zinsveränderungen zu Austrocknungserscheinungen kommen. Es heißt dann, dass kein Material auf dem Markt ist, oder dass keine Abnehmer für den Preis zu haben sind.

Das Ausfall-Risiko

Mit Ausfall-Risiko bezeichnen wir das Risiko, dass ein Emittent während der Laufzeit die Zinsen nicht oder nur teilweise zahlen kann und/oder die Rückzahlung am Ende der Laufzeit ausfällt.

Diese Risiken sind besonders schwer einzuschätzen, da es sich in der Regel um sehr lange Zeiträume handelt, die zwischen dem Erwerb der Anleihe und der Rückzahlung des Kapitals liegen. Zur Erleichterung werden von privaten Anbietern sogenannte **Ratings** angeboten, die über die Bonität der Firmen Auskunft geben (siehe 3.3).

Das Kaufkraft-Risiko

Des Weiteren ist das Kaufkraft-Risiko in direkte Beziehung zum Zins-Risiko zu setzen. Die Veränderung der Kaufkraft kann der

Veränderung der Inflation zugeschrieben werden. Mit fortschreitender Zeit und/oder steigender Inflation wird die Kaufkraft des Geldes nach Zahlung der Zinsen oder Rückzahlung des Kapitals geringer sein. Ein Teil des erzielten Zinseinkommens wird daher lediglich den inflationsbedingten Kaufkraftverlust ausgleichen.

Der Inflation ist man aber bisher immer mit steigenden Zinsen begegnet. Steigende Zinsen aber bedeuten sinkende Kurse. Bei sinkenden Kursen aber kann der Anleger nur mit Verlust verkaufen.

Das Wiederanlage-Risiko

Als Wiederanlage-Risiko bezeichnet man das Risiko der geringeren Rendite bei der Wiederanlage der Zinsen und/oder des Kapitals.

Bei den folgenden Betrachtungen gehen wir von einer 10%-igen Anleihe mit einer Laufzeit von exakt 10 Jahren aus, für die ein Anleger einen Kurs von 100,00 (also pari) bezahlt hat. Die Zinszahlung erfolgt jährlich (am Ende des Jahres, also nachschüssig). Ein vorzeitiger Verkauf der Anleihe ist nicht geplant, der Anleger will sie bis zum Laufzeitende behalten.

Bei gleich bleibendem Zinssatz ist das Risiko gleich null, da die ausgezahlten Beträge zum gleichen Zinssatz wie das Kapital wieder angelegt werden können.

Steigt der Zins, ist das – auf den ersten Blick – ein Vorteil, da nun zu einem höheren Zins angelegt werden kann. Tatsächlich aber verliert die Anleihe an Kurswert; ein Verkauf ist nur mit Verlust möglich. Allerdings bietet der höhere Zinssatz, zu dem die Coupons angelegt werden können, einen kleinen Ausgleich.

Sinkt der Zins, können die Coupons nur noch zu einem niedrigeren Zinssatz angelegt werden. Der Kurswert der Anleihe dagegen ist gestiegen und bildet so ein Gegengewicht zu den sinkenden Zinsen.

Das Rückruf-Risiko

Das Rückruf-Risiko deutet auf die Gefahr der vorzeitigen Rückzahlung der Anleihe. Viele Anleihen besitzen eine Rückrufvereinbarung (angels.: redemption). Diese Vereinbarung gibt den Emittenten das Recht, eine Anleihe vor dem Ende der Laufzeit zu tilgen (zurückzuzahlen).

Für diese Rückzahlung sind meist genaue Regeln im Anleihentext enthalten. Zu diesen Regeln gehört eine Schutzfrist. Erst nach Ablauf dieser Frist kann der Emittent an den Anleger herantreten und die Rückzahlung anbieten.

Nun wird ein Emittent nicht in jeder Situation von diesem Recht Gebrauch machen. Zahlt er mit seiner Anleihe einen geringeren Zins als er auf dem freien Markt zahlen müsste, wird er auf die redemption verzichten. Sinkt aber der Zins, so dass es für ihn billiger ist, sich neu zu verschulden, dann wird er die alten (teuren) Anleihen zurückrufen.

Das Kurs-Risiko

Wie wir bereits festgestellt haben, gibt es einen Zusammenhang zwischen dem sich verändernden Zins und dem Kurswert einer Anleihe. Aber unabhängig von diesem Risiko kennen wir noch das Kurs-Risiko.

Dieses Kurs-Risiko tritt besonders dann zutage, wenn eine Anleihe sich dem Laufzeitende nähert. Während der Laufzeit hat der Kurswert sich immer wieder dem aktuellen Marktzins angepasst.

Beispiel: 12%ige Anleihe, Restlaufzeit 1 Jahr, Marktzins 10%. Bei dieser Anleihe wird der Kurswert bei 108,82 liegen. Am Ende der Laufzeit aber wird der Kurswert – unabhängig vom dann aktuellen Zinsniveau – bei 100 liegen. Dies ist ein zusätzlich zu beachtendes Risiko, der beim Kauf gezahlte Aufschlag löst sich in Nichts auf.

3.1 Das Ende der Laufzeit

Anleihen werden Ihnen häufig als **Anleihe der XYZ-Bank mit einem Coupon von 10 Prozent, fällig 1996** angeboten. Ihr Augenmerk richtet sich auf die Zinsen, dann folgt noch der Blick auf das Jahr der Rückzahlung. Fragen werden Sie aber nur nach der Rendite.

Die Wichtigkeit der Rendite wird nicht bestritten, doch sollte sie nicht das alleinige Kriterium für den Kauf einer Anleihe sein. Betrachten Sie die Laufzeit! Auf den ersten Blick ist die Sache klar: Die Laufzeit gibt das Datum an, zu welchem die Zahlung der Zinsen (Coupon) beendet wird und die Rückzahlung des Kapitals erfolgt. Somit wird die Laufzeit zu einem festen Begriff, ja zum Bestandteil des Handels.

Der Handel kauft und verkauft die Anleihe als **XYZ von 96.** Nur wenn der Emittent eine weitere Anleihe mit einer Laufzeit bis 1996 auflegt, wird auch noch der Zins genannt. Dann würde die Anleihe als **10%ige XYZ von 96** bezeichnet.

Die Laufzeit bezeichnet die zu erwartende Lebensdauer der Anleihe und gibt gleichzeitig an, wieviele Zinszahlungen während dieser Zeit erfolgen werden. Die Laufzeit bestimmt auch die Höhe der Rendite. Voraussetzung hierfür ist, dass die Renditekurve normal verläuft, d. h. eine längere Laufzeit höher verzinst wird als eine kürzere Laufzeit.

Durch die lange Laufzeit sind Schwankungen des Kurswertes der Anleihe nicht auszuschließen. Der Anleger erhält für dieses Risiko einen Ausgleich durch die etwas höhere Verzinsung. Andererseits ist die höhere Verzinsung für den Anleger ein Anreiz, diese langlaufende Anleihe zu erwerben.

Eine langlaufende Anleihe wird bei steigenden Zinsen erheblich schneller an Wert verlieren, als dies bei einem Kurzläufer der Fall sein wird. Allerdings profitiert ein Investor mit einem Langläufer bei sinkenden Zinsen mehr, als dies bei einem Kurzläufer möglich wäre.

Werden **steigende Zinsen** erwartet, empfiehlt sich der Kauf von **Kurzläufern.** Werden **sinkende Zinsen** erwartet, sollten **Langläufer** bevorzugt werden.

Grundsätzlich empfiehlt es sich, genauestens auf die Laufzeit zu achten. Wenn auch die Mehrzahl der Anleihen eine feste Laufzeit hat, so sind doch auch Anleihen namhafter Anbieter auf dem Markt, die durch ihre Anleihebedigungen sich die Möglichkeit der Verkürzung der Laufzeit eingeräumt haben. Unsere Empfehlung lautet daher: Bevorzugen Sie Anleihen mit fester Laufzeit!

3.2 Kündigung der Anleihe

Als Anleger können Sie jeden Tag Ihr Papier verkaufen, wenn Ihnen die Konditionen nicht mehr zusagen, die Rendite Ihnen nicht genügt. Auch im Falle der Zahlungsunfähigkeit des Emittenten ist Ihnen in der Regel ein Kündigungsrecht eingeräumt. Das klingt ganz vertrauenerweckend, hat aber in den meisten Fällen kaum Bedeutung für Sie.

Da leuchtet es dem Anleger ein, dass auch der Emittent sich ein Kündigungsrecht einräumen möchte. Wie bereits weiter oben schon ausgeführt, wird die Mehrzahl der Anleihen ohne ein solches **Kündigungsrecht/Rückkaufrecht** für den Emittenten (angels.: call feature/call provision) aufgelegt.

Der Hauptvorteil für den Emittenten liegt darin, dass er einen alten Bond mit hohem Coupon zurückkaufen kann und dafür einen neuen Bond mit niedrigerem Coupon emittiert. Interessant wird dieses Kündigungsrecht also erst bei sinkenden Zinsen.

Sinkende Zinsen aber sind für einen Anleger mit einem hohen Coupon vorteilhaft, da der Kurswert seiner Anleihe steigt. Die Entscheidung des Emittenten, seine Anleihe zu kündigen, trifft den Anleger in einem ungünstigen Moment und schmälert seine Rendite-Erwartungen.

Eine Rückruf-Vereinbarung ist also ausgesprochen negativ für den Anleger. Ausgerechnet in dem Moment, wenn er von einem hochverzinslichen Bond profitiert, verliert er ihn durch den Rückkauf. Er muss nun in einem weitaus ungünstigeren Umfeld ein neues Anlagevehikel suchen und finden.

Weiterhin fällt in dem Zusammenhang auf, dass eine Rückruf-Vereinbarung bei sinkenden Zinsen den Kursgewinn eines Bonds beeinflusst. Nehmen wir an, die Anleihe kann zu pari zurückgerufen werden, dann wird der Kurswert der Anleihe natürlich nicht über 100 steigen, auch wenn es der Marktzins eigentlich erfordert.

Damit eine solche Anleihe überhaupt gekauft wird, muss noch ein Bonbon eingebaut werden. Deshalb wird gleichzeitig mit der Rückruf-Vereinbarung festgelegt, dass der Rückruf nur zu einem Kurs über pari erfolgen kann. In der Regel verspricht der Schuldner als Prämie eine Jahreszinszahlung.

Weiterhin wird eine Schonfrist vereinbart, bis zu deren Ablauf der Bond nicht zurückgerufen werden kann. Dies sind meistens 5 bis 10 Jahre, je nach Gesamtlaufzeit der Anleihe. Wenn also auch beim Kauf dieser Anleihen Vorsicht geboten ist, so kann doch das

Risiko berechnet werden. Dazu gehört neben der Einschätzung der Zinsentwicklung auch die Einschätzung der Wahrscheinlichkeit des Rückrufs. Hierbei sind auch die durch eine Neuemission entstehenden Kosten zu berücksichtigen.

3.3 Die Beurteilung der Bonität

Der Wert jeder Anleihe steht und fällt mit dem Vertrauen der Anleger in die Finanzkraft des Emittenten. Genauer gesagt: mit der Einschätzung der Wahrscheinlichkeit der Fähigkeit der begebenden Gesellschaft zur Zahlung der Zinsen während der Laufzeit und der Rückzahlung des geborgten Geldes am Ende der Laufzeit.

Woher soll man nun die Informationen nehmen, um dies beurteilen zu können? In den USA sind einige private Firmen bekannt für ihre exakten Prognosen und ihr ausführliches Datenmaterial. Der Anleger kann sich auf Grund der Einschätzung der sogenannten **Rating-Firmen** von der Finanzkraft der begebenden Gesellschaft ein Bild machen.

Auch in Deutschland und der Schweiz sind bereits Bestrebungen im Gange, eine solche Agentur aufzubauen. Aber auch die amerikanischen Rating-Firmen befassen sich schon mit deutschen Aktiengesellschaften. In der folgenden Tabelle stellen wir drei Firmen und deren Benotungssystem vor.

Moody's	*Standard & Poor's*	*Fitch*	
Aaa	AAA	AAA	gut
Aa	AA	AA	↓
A	A	A	
Baa	BBB	BBB	
Ba	BB	BB	
B	B	B	
Caa	CCC	CCC	
Ca	CC	CC	
C	C	C	
	DDD	DDD	
	DD	DD	
	D	D	
	NR		schlecht

Beurteilung der Bonität durch Rating-Agenturen

Für die Bewertung von *Moody's* gilt, dass innerhalb der jeweiligen Bewertungsgruppen noch Unterschiede durch hinzufügen von Ziffern deutlich gemacht werden. Beispielsweise finden Sie Bewertungen wie A–1 oder Baa–1.

Bei *Standard & Poor's*, einer der bekanntesten Firmen, die auch durch einen gleichnamigen Index (S&P 500/S&P 100 etc.) an der Börse vertreten ist, wird auf Unterschiede in der gleichen Gruppe durch das Hinzufügen von Plus- oder Minuszeichen hingewiesen.

Der S&P-500-Index ist ein sogenannter Blue-Chip-Index. In ihm enthalten sind 500 der wirtschaftlich stärksten Aktiengesellschaften Amerikas. Wie beim Dow-Jones-Index, dem 30 Aktiengesellschaften umfassenden Börsenbarometer, werden die S&P-500-Gesellschaften regelmäßig auf Bonität, Wirtschaftskraft etc. hin überprüft und gegebenenfalls ausgetauscht.

Im Gegensatz zu den beiden bereits genannten Firmen, die sowohl Staatsanleihen, Kommunalobligationen, Unternehmens- und Bankanleihen bewerten, befasst sich *Fitch* nur mit dem Unternehmens- und Bankensektor.

Damit Sie mit den Buchstaben etwas anfangen können, haben wir beispielhaft die Aussagen von *Standard & Poor's* aufgelistet:

Note	Bewertung
AAA	Firmen mit einer Tripple-A-Einstufung genießen in Bezug auf Zinszahlung und Tilgung **überdurchschnittliche** Bonität.
AA	Firmen mit zwei A werden als **noch überdurchschnittlich** beurteilt.
A	Firmen mit nur einem A werden in der Regel stark von äußeren Gegebenheiten geprägt, gelten als **durchschnittliche** Bonität aufweisend.
BBB	Regelmäßige Zinszahler, Tilgung ist normal gesichert, stärkere Konjunkturabhängigkeit, gelten als **noch durchschnittliche** Bonität aufweisend.
BB **B** **CCC** **CC**	Alle Firmen mit einer dieser vier Bewertungsstufen werden als spekulativ eingestuft.

Note	Bewertung
C	Bei Firmen die mit einem C gekennzeichnet werden, werden derzeit keine Zinsen gezahlt.
D	Die Kennzeichnung mit einem D weist darauf hin, dass der Emittent sich in ernsthaften Zahlungsschwierigkeiten befindet und i. d. R. keinerlei Zahlungen erfolgen.
NR	Anleihen, die nicht bewertet werden, sind mit NR gekennzeichnet. Dies muss kein Qualitäts-Merkmal sein, da auch staatlich garantierte Anleihen (Treasuries etc.) mit dem Zeichen NR versehen werden.

Ganz generell gilt, dass eine Gesellschaft, von der man keine Aktien kaufen würde, auch nicht als Schuldner in Frage kommen kann. Es reicht daher für einen ersten Einblick völlig aus, die begebende Aktiengesellschaft als solche einer genauen Prüfung zu unterziehen.

3.4 Länder-Risiken

Die Beurteilung einer fremden Volkswirtschaft sollte grundsätzlich nach den gleichen Regeln erfolgen, nach denen man die eigene Wirtschaft bewertet. Zur Vermeidung von Wiederholungen stellen wir hier ein Raster vor, das von der *Nord-LB* in Hannover entwickelt wurde. Sicher sind nicht alle Indikatoren gleich wichtig. Auch ist der Privatanleger vielleicht mit der Vielzahl der Indikatoren überfordert. Allerdings gibt das Raster – und darauf kommt es an – einen Überblick über die mit ausländischen Emittenten verbundenen Risiken.

Politische und soziale Indikatoren

Kultur- und Wertesystem

- Bedeutung der Religion/Tradition im Leben der Bevölkerung und in der Politik
- Nationalverhalten
- Ethnische Homogenität/Gastarbeiter

Sozialstruktur

- Bevölkerungswachstum

- Wachstum der städtischen Bevölkerung
- Arbeitslosigkeit

Innenpolitik

- Rekrutierungsbreite der Elite
- Bedeutung der Opposition/des Militärs
- Rolle der Gewerkschaft/Arbeitgeber
- Anpassungsfähigkeit der Wirtschaftspolitik
- Effizienz der Verwaltung

Außenpolitik

- Stellung im politischen Umfeld
- Mitgliedschaft in politischen oder wirtschaftlichen Verbänden (NATO, EG etc.).

Ökonomische Indikatoren

Binnenwirtschaft

- reales Wachstum des Bruttoinlandsprodukts (BIP)
- Entwicklungsstand der Wirtschaft
- Inflation

Außenwirtschaft

- Handelsbilanz
- Verhältnis Export/Import
- Anteil der wichtigsten Exportgüter
- Anteil der wichtigsten Exportländer
- Anteil der unverzichtbaren Importe

Verschuldung/Währung

- Verhältnis von Auslandsverschuldung zu BSP
- Verhältnis von Auslandsverschuldung zu Export
- Veränderung der Auslandsverschuldung (+/-)
- Debt-Service-Ratio
- Importdeckung
- Reserveposition im IWF

> Je größer das zu übernehmende Risiko, desto höher ist die angebotene Verzinsung.

3.5 Währungs-Risiken

Sollten Sie den Kauf von Anleihen erwägen, die auf eine andere Währung als auf Ihre Heimatwährung lauten, dann kommen Sie nicht umhin, sich mit dem Risiko einer schwankenden Währung zu befassen.

Bei dem Kauf von Anleihen in fremder Währung gilt es zunächst, den höheren Ertrag aus höheren Zinsen ins Verhältnis zu setzen zum Währungsrisiko. Die höheren Zinsen sollten das Risiko überkompensieren, damit noch ein Anreiz für den Kauf dieser Anleihe vorhanden ist.

Bei Währungen wie dem US-Dollar oder dem britischen Pfund können Sie auch eine Währungsabsicherung vornehmen. D.h., Sie vereinbaren schon heute den Wechselkurs für die Rückzahlung der Anleihe und/oder die Zahlung der Zinsen. Aber Achtung: Da Anleihen meist lange laufen und die Absicherungsinstrumente oft nur begrenzte Laufzeiten haben, bleibt immer ein Rest-Risiko.

Als **Erfahrungswert** gilt: Wenn die Währung während eines Zeitraums von 2 Jahren durchschnittlich um 10% an Wert verliert, dann sollte der Zins der Fremdwährung mindestens 25% höher sein als der Zins der Heimatwährung.

Soll das Währungsrisiko durch Optionen oder Futures abgesichert werden, muss mit besonders spitzem Bleistift gerechnet werden. Dann nämlich kommen andere Unwägbarkeiten ins Spiel, die im Zweifelsfall Geld kosten und damit die Rendite verschlechtern.

3.6 Duration

Für viele Anlageberater und Banken sind himmelwärts stürmende Renditen gleichbedeutend mit großen Umsätzen in Anleihen. Renditen von mehr als 10% ist nur schwer zu widerstehen. Nachdem viele Anleger in den letzten Jahren hochrentierliche Bonds gekauft haben, bemerken sie nun, dass die von ihrem Anlageberater berechnete Rendite nicht mit der tatsächlichen Rendite übereinstimmt. Ein Teil dieses Problems liegt in der Terminologie der Anlageberater.

Der Current Yield (CY), also die laufende Verzinsung der Anleihe (Kapitel 1.4.1), ist ein wenig nützliches Instrument, wenn man die Attraktivität eines Bonds mit einem anderen vergleichen will. Bei dieser einfachen Berechnung wird der jährliche Koupon durch den Kurswert dividiert. Obwohl diese Rechnung sehr ungenau ist, wird sie immer wieder als einziger Maßstab für eine Anlageentscheidung benutzt. Da sie aber einige wichtige Faktoren ignoriert, ist die Formel nur von geringem Wert. Beispielsweise beträgt der CY eines Zerobonds null. Bedeutet dies, dass kein Zins gezahlt wird? Nein, nur während der Laufzeit wird kein Zins ausgezahlt. Am Ende der Laufzeit erfolgen Zins- und Tilgungszahlung gemeinsam.

Ein besseres Maß ist die **Daumenregel** (Kapitel 1.4.2). Wir verwenden im nachfolgenden Text die angelsächsische Bezeichnung Yield-to-maturity (YTM). YTM bezeichnet exakt die Zielrichtung der Formel, nämlich die Rendite bis zum Laufzeitende. Sie geht davon aus, dass der Bond bis zum Ende der Laufzeit gehalten, der Nennbetrag zurückgezahlt, während der Laufzeit regelmäßig der Zins bezahlt wird und die Wiederanlage der Zinsen mit der gleichen Rendite möglich ist. Dies setzt auch voraus, dass die Anleihe nicht vor dem Ende der Laufzeit zurückgerufen (vorzeitig durch den Schuldner gekündigt) werden kann. Die Kündigung ist bei sinkenden Zinsen für den Schuldner besonders attraktiv.

Probleme entstehen allerdings auch bei dieser Berechnungsweise, da sich die Zinsen laufend ändern. Diese Änderungen tangieren sowohl die Wiederanlagemöglichkeit als auch den Marktwert (Kurswert) des betreffenden Bonds.

Der Durchschnittsanleger berücksichtigt i.d.R. nicht das Wiederanlagerisiko. Damit aber die beim Kauf der Anleihe errechnete Rendite auch erzielt wird, muss der Anleger in der Lage sein, seine Zinsen sofort zu einer Rendite wiederanzulegen, die dem vorher errechneten YTM entspricht. Diese Voraussetzung für das Erreichen des YTM wird von Anlegern häufig vernachlässigt. Wird beispielsweise die Zinszahlung nicht erneut investiert, sondern für

Konsumzwecke benutzt, dann ist die Wiederanlagerendite gleich null und der YTM wird entsprechend erheblich niedriger ausfallen.

Dieses Risiko wurde in der Vergangenheit bei sinkenden Zinsen besonders deutlich. Der Anleger konnte sich zwar einen recht hohen Coupon-Zins sichern, musste dann aber – bei ständig niedrigeren Zinsen – eine geringere Verzinsung seiner Wiederanlage hinnehmen. Der erwartete YTM konnte daher nicht erreicht werden. Die nachfolgende Tabelle macht den Einfluss des Wiederanlagerisikos deutlich.

Wiederanlagerisiko

Laufzeit in Jahren	Zinszahlung in bar	Wiederanlage-Zins	Wert am Ende des Jahres
1	200	18%	200,00
2	200	15%	436,00
3	200	12%	701,40
.	.	.	.
.	.	.	.
.	.	.	.
9	200	7%	2689,33
10	1200	–	4078,22

In diesem Beispiel betrachten wir einen 10 Jahre laufenden Bond mit einem Nennwert von 1000,– € und einem Coupon von 20%. Bei einem angenommenen Kurswert von 100,00 (pari) stellt sich auch der YTM auf vielversprechende 20% ein. Tatsächlich müssen aber später alle erhaltenen Zinszahlungen mit einer niedrigeren Rendite angelegt werden. Daraus resultiert in diesem Beispiel ein erheblich niedrigerer YTM von nur noch 15%.

Dies ist für den Anlagelaien eine zunächst unverständliche Situation: ein vielversprechender YTM, von dem die tatsächlich dann erreichte Rendite erheblich abweicht. Lassen Sie uns bei unserer Annäherung an die Duration noch auf einen Punkt hinweisen: Die Höhe des Wiederanlagerisikos steht in direkter Abhängigkeit zur Höhe des Coupon-Zinses. Bei hohen Zinszahlungen wie bei dem in der obigen Tabelle aufgeführten Beispiel ist das Wiederanlagerisiko bedeutend größer als bei Anleihen mit niedrigem

Coupon. Ein extremes Beispiel ist der Zerobond. Da bei einem Zero kein Coupon gezahlt wird, hat er auch kein Wiederanlagerisiko. Dies ist übrigens eines der Hauptargumente für den Kauf von Zerobonds.

Ein weiterer Minuspunkt des YTM (zur Erinnerung: Rendite bis zum Laufzeitende/Daumenregel, Kapitel 1.4.2) ist die unzureichende Reflexion des Preisrisikos. Dieses Risiko resultiert aus der Tatsache, dass der Wert einer Anleihe im umgekehrten Verhältnis wie der Zins schwankt. Die Kurse der Anleihen steigen, wenn die Zinsen sinken, und umgekehrt.

In der Realität konzentriert sich ein Anleger (und oft genug auch der Anlageberater) nur darauf, was geschieht, wenn die Zinsen steigen, dann nämlich sinkt der Wert ihrer oder der Kunden Anleihen.

Während auf der einen Seite sinkende Zinsen Probleme bei der Wiederanlage verursachen, profitieren Anleger von dem gleichzeitig steigenden Kurswert ihrer Anleihen. In solch einem Fall tauchen dann noch ganz andere Probleme auf. Ist der Kurswert eminent gestiegen, zögern viele Anleger einen Verkauf hinaus. Einerseits wegen der nunmehr geringen Rendite (bei der Wiederanlage des Kapitals), andererseits wegen eventueller Steuervorteile, die sie verlieren würden, wenn sie jetzt verkaufen.

Dennoch ist der Verkauf eines Bonds vor dem Ende der Laufzeit die einzige Möglichkeit, einen gestiegenen Kurswert zu Geld zu machen. Besonders trifft dies bei einem über pari notierenden Bond zu. Wird nämlich diese Anleihe bis zum Ende gehalten, erfolgt die Rückzahlung zum Nennwert (pari) und jeder Discount (Abschlag, unter pari) und jede Prämie (Aufschlag, über pari) gehen gegen null.

Hier wird deutlich, dass die Laufzeit den Betrag der Wertänderung der Anleihe bei jeder Zinsveränderung bestimmt. Generell kann man sagen, dass Anleihen mit längeren Laufzeiten stärker dem Preisrisiko ausgesetzt sind und deshalb bei steigenden Zinsen auch stärker fallen werden.

Zum besseren Verständnis der Zusammenhänge zwischen dem YTM, dem Kurswert und der Laufzeit sollen uns zwei Zerobonds dienen. Nehmen wir an, dass beide Zerobonds bei Fälligkeit am

Ende der Laufzeit 1000,– € zahlen und beide einen YTM von 10% aufweisen. Der Zerobond der Firma ABC hat eine Laufzeit von fünf Jahren, der Zero der Fima DEF eine Laufzeit von 25 Jahren. Wenn nun nach drei Monaten die Zinsen steigen, steigt der YTM beider Zerobonds auf 11%.

Wegen seiner kurzen Laufzeit (fünf Jahre) wird der Bond der Firma ABC lediglich um 2% an Wert verlieren. Der Bond der Firma DEF mit seiner langen Laufzeit (25 Jahre) wird dagegen um über 18% an Wert verlieren. Wohlgemerkt: Bei beiden Anleihen handelt es sich um Zerobonds. Zusätzlich zur Laufzeit beeinflusst also auch die Höhe der Coupons das Kurswertrisiko.

Daraus folgt: Je geringer der Coupon-Zins, desto größer ist die Kurswertänderung bei einer gegebenen Veränderung des Zinses. Das macht auch Sinn, denn schließlich hat die Rückzahlung des Kapitals ein größeres Gewicht am Gesamtvolumen der Rendite als dies bei Bonds mit hohem Coupon-Zins der Fall ist. Wäre beispielsweise der Bond der Firma DEF mit einem Coupon von 15% ausgestattet gewesen, dann wäre der Kurswert nicht um 18%, sondern nur um 8% gesunken.

Aber auch mit den bisher gewonnenen Erkenntnissen ist es praktisch unmöglich, aus der Vielzahl unterschiedlicher Laufzeiten und Coupon-Zinsen allein auf Grund des YTM die Attraktivität von Bonds zu vergleichen. Hier kann nur ein Instrument helfen, das die Höhe der Zinszahlungen (Coupon-Zins) und die noch verbleibende (Rest-)Laufzeit berücksichtigt. Dieses Instrument wird **Duration** genannt. Sie ist eine Kennzahl, mit der unter Verwendung der Barwerte aller zukünftigen Zahlungen der gewogene Mittelwert der Zahlungszeitpunkte ermittelt wird.

Das Konzept der Duration geht auf *Frederick Macaulay* zurück und wurde 1938 definiert. Die Duration berücksichtigt den wertmäßigen Betrag der Zinszahlungen, den YTM (Rendite bis zum Ende der Laufzeit) und die Laufzeit bis zur Fälligkeit (Laufzeitende). Zur Erinnerung: Hoher Coupon-Zins bedeutet geringeres Risiko. Aus der Bewertung der drei Faktoren ergibt sich die Zeit-Dimension der Anleihe.

Die Laufzeit bis zur Fälligkeit ist allein kein brauchbarer Bewertungsmaßstab. Sie gibt lediglich an, wann die letzte Zinszahlung und die Rückzahlung des Kapitals erfolgt. Die meisten Anleger kennen nur zwei Risiken: das Ausfallrisiko (Schuldner zahlt nicht mehr) und das Zinsrisiko (in welchem Wiederanlagerisiko und Kurswertrisiko aufgehen). Das Ausfallrisiko wird umgangen, indem man nur Anleihen erwirbt, die z. B. von einer Rating-Agentur positiv bewertet werden.

Zweck der Duration ist der Vergleich der zinsinduzierten Marktwertveränderung bei verschiedenen Anleihen. Insofern wird das Zinsrisiko in seiner Auswirkung auf das Marktwertrisiko gemessen. Damit Sie sich die Duration besser vorstellen können, betrachten Sie bitte die nachfolgende Grafik.

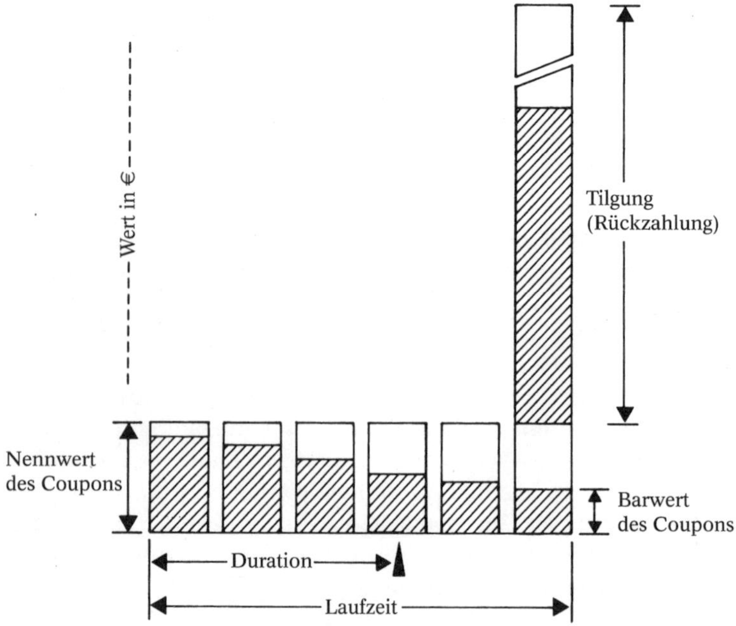

Die Durations-Wippe

Die Grafik zeigt eine Wippe, auf der sechs gleichgroße Container und ein besonders großer Container stehen. Das Ziel ist, die Wippe in der Waage zu halten.

Die Länge der Wippe entspricht der Laufzeit der Anleihe in Jahren. Die linke Seite zeigt den Zeitpunkt des Anleihenkaufs an, die rechte Seite stellt das Ende der Laufzeit und die Rückzahlung des Kapitals dar. Die sechs gleichgroßen Container sind die Zinszahlungen (alle in gleicher Höhe), der große Container ist die Tilgung (Rückzahlung des Kapitals).

Zum Vergleich: Bei einem Zerobond würde sich nur ein Container ganz außen rechts befinden, da bei ihm Zinszahlungen und Tilgung zusammen am Ende der Laufzeit erfolgen.

Ob die Wippe in die Balance kommt, hängt vom Gewicht der Container ab. Unterstellen wir bei dieser Betrachtung, dass die Container gewichtslos sind, daher nur ihr Inhalt Gewicht hat. Die Container werden mit dem Barwert jeder einzelnen Zahlung gefüllt.

Der Barwert ist der gegenwärtige Wert einer zukünftigen Zahlung. Er wird unter Berücksichtigung von Zins und Zinseszins durch Abzinsung ermittelt. Wir benutzen dazu den YTM. Durch diese Abzinsung wird ein zukünftiger Betrag wertmäßig in die Gegenwart transportiert. Um den Barwert schnell ermitteln zu können, benutzt man Abzinsungsfaktoren. Ein Ausschnitt aus einer solchen „Abzinsungstabelle" ist weiter unten abgedruckt. Wir verwenden die Werte daraus in den noch folgenden Beispielen.

Wie die Grafik deutlich macht, ist zwar die Höhe der Container gleich (bis auf den letzten für die Rückzahlung), die Füllmengen sind jedoch unterschiedlich. Die Position jedes Containers entspricht dem Zeitpunkt des Zahlungsmittelzuflusses (Coupon-Zins wird gezahlt). Je gößer das Gewicht auf der linken Seite der Wippe ist (näher hin zur Gegenwart), umso mehr muss das kleine Dreieck, auf welchem die Wippe aufgelegt ist, nach links gerückt werden, damit das Gleichgewicht wieder hergestellt wird. Je mehr nach links gerückt werden muss, desto kürzer wird die Duration.

Kürzere Duration aber ist gleichbedeutend mit geringerer Volatilität und damit auch geringerem Risiko. Wie die Grafik deutlich macht, bringt bei höheren Coupons die Rückzahlung des Kapitals (das ist der große Container) geringeres Gewicht auf die Wippe.

Höhere Coupons verteilen das Gewicht mehr zur linken Seite (der Gegenwartsseite) hin.

Betrachten wir nochmals die Container: Je höher der Zins-Coupon, umso größer der Container. Wir füllen sie mit dem Barwert. Daraus folgt, dass die weiter links stehenden (sie entsprechen den Zahlungen, die uns am frühesten erreichen) relativ voller sind als die mehr rechts stehenden. Damit die Wippe in der Waage (Balance) bleibt, müssen wir das Dreieck wiederum weiter nach links rücken und die Duration wird damit ebenfalls kürzer.

Der YTM hilft uns also bei der Berechnung, wie voll die Container sind. Unter der Voraussetzung, dass alle anderen Faktoren unverändert bleiben, kann man sagen: Je geringer der YTM, desto geringer ist der Unterschied zwischen den frühen Coupon-Zahlungen und den späteren. In diesem Fall muss das Dreieck weiter nach rechts gerückt werden, um die Wippe wieder in Balance zu bringen, die Duration wird wieder größer.

Da ein höherer YTM zu einer höheren Abzinsung führt, wird auch die Füllmenge der Container reduziert, sie haben weniger Gewicht auf unserer Wippe (einen geringeren Barwert). Diese Situation führt dazu, dass die rechte Seite an Gewicht verliert. Das Dreieck muss also weiter nach links gerückt werden, um die Balance wieder herzustellen. Daraus folgt: Je höher der YTM, desto kürzer die Duration.

Zum Schluss betrachten wir nochmals die Laufzeit. Bei ansonsten unveränderten Fakten gilt: je länger die Laufzeit, umso länger die Duration. Stellen Sie sich eine Wippe vor, auf der sich keine Container befinden. Dann wird das Dreieck genau in der Mitte stehen, die Duration bei einer Laufzeit von zehn Jahren also fünf Jahre, bei einer Laufzeit von 20 Jahren genau zehn Jahre betragen.

Interessant ist in diesem Zusammenhang vielleicht, dass bei Anleihen, die einen Coupon-Zins zahlen, die Duration selten über zehn oder 12 Jahre hinausgeht, selbst wenn die Laufzeit 40 Jahre beträgt. Unglaubwürdig? Bei einem Bond, dessen Kurswert bei 100,00 liegt und der einen Coupon von 8% zahlt und eine Laufzeit von 100 Jahren hat, beträgt die Duration 13,5 Jahre. Würde ein 10%iger Koupon gezahlt, verringerte sich die Duration auf 11 Jahre.

Fassen wir die die wichtigsten Charakteristika der Duration zusammen:

(1) Je höher der Coupon-Zins bei einer Anleihe ist, umso kürzer ist die Duration. Gegenbeispiel: Ein Zerobond (zahlt keinen Coupon-Zins) hat eine Duration, die seiner Laufzeit entspricht.

(2) Je höher der YTM (Yield-to-maturity = Rendite bis zum Laufzeitende), desto kürzer ist die Duration (bei ansonsten unveränderten Faktoren).

(3) Je kürzer die Laufzeit, umso kürzer ist auch die Duration.

Wie bereits erwähnt, gilt: Je kürzer die Duration, desto geringer ist das Risiko der Anleihe. Wenn man nun an die Bewertung von Anleihen herangeht, dann sind Ausfallrisiko, YTM und Duration brauchbare Maßstäbe für die Beurteilung des Risiko-Chance-Verhältnisses.

Ähnlich wie beim YTM kann die Berechnung der Duration mit Hilfe von Tabellen und eines Taschenrechners durchgeführt werden. Wir benutzen die nachfolgende Abzinsungstabelle und berechnen zwei Beispiele.

Laufzeit	Zinssatz						
in Jahren	6%	7%	8%	9%	10%	12%	15%
1	0,9434	0,9346	0,9259	0,9175	0,9091	0,8929	0,8696
2	0,8900	0,8734	0,8573	0,8417	0,8264	0,7972	0,7561
3	0,8396	0,8163	0,7938	0,7722	0,7513	0,7118	0,6575
4	0,7921	0,7629	0,7350	0,7084	0,6830	0,6355	0,5718
5	0,7473	0,7130	0,6806	0,6499	0,6209	0,5674	0,4972
6	0,7050	0,6663	0,6302	0,5963	0,5645	0,5066	0,4323
7	0,6651	0,6227	0,5835	0,5470	0,5132	0,4523	0,3759
8	0,6274	0,5820	0,5403	0,5019	0,4665	0,4039	0,3269
9	0,5916	0,5439	0,5002	0,4604	0,4241	0,3606	0,2843
10	0,5584	0,5083	0,4632	0,4224	0,3855	0,3220	0,2472
11	0,5268	0,4751	0,4289	0,3875	0,3505	0,2875	0,2149
12	0,4970	0,4440	0,3971	0,3555	0,3186	0,2567	0,1869
13	0,4688	0,4150	0,3677	0,3262	0,2897	0,2292	0,1625
14	0,4423	0,3878	0,3405	0,2992	0,2633	0,2046	0,1413
15	0,4173	0,3624	0,3152	0,2745	0,2394	0,1827	0,1229
20	0,3118	0,2584	0,2145	0,1784	0,1486	0,1037	0,0611

Abzinsungstabelle

Der erste Schritt ist die Auflistung der Zeitpunkte, zu denen die Anleihe Zinszahlungen leistet. In der nachfolgenden „Berechnung der Duration (Beispiel 1)" sind dies die Spalten (1) und (2).

Es handelt sich um eine Anleihe mit sechs Jahren Laufzeit, einem Coupon-Zins von 10% und einem YTM von 10%. Weiterhin nehmen wir an, dass es uns während der Laufzeit möglich ist, die während der Laufzeit erhaltenen Zinsen zum YTM von 10% wieder anzulegen. Der aktuelle Kurswert beträgt 100,00 (pari), der Nennwert ist 1000,– €. Die Zinszahlung erfolgt jährlich.

Die Spalte (3) zeigt den Barwert der einzelnen Zahlungen. In der Spalte (4) wird der Faktor als Multiplikation von (1) und (3) eingetragen.

Beispiel 1: Berechnung der Duration

(1) Jahr	**(2) Zahlungen**	**(3) Barwert**	**(4) Faktor (1) x (3)**
1	100	90,91	90,91
2	100	82,64	165,28
3	100	75,13	225,39
4	100	68,30	273,20
5	100	62,09	310,45
6	1100	620,95	3725,70
	1600,–	1000,02*	4790,93

* Abweichung vom Kurswert von 1000,00 durch Rundung bei der Abzinsung

Der Gesamtfaktor aus Spalte (4) beträgt damit 4790,93. Der aktuelle Barwert entspricht dem Kurswert. Wenn wir nun den Gesamtfaktor durch den Kurswert dividieren, erhalten wir die Duration:

$$\frac{4790{,}93}{1000{,}00} = 4{,}79 \text{ Jahre}$$

Bei dem nächsten Beispiel füllen Sie bitte die Lücken aus und kontrollieren Sie das Ergebnis. Benutzen Sie dazu die Abzinsungstabelle von weiter oben.

Beispiel 2: Berechnung der Duration
Eine Anleihe mit einer Laufzeit von 15 Jahren, einem Coupon von 11%, einem YTM von 15% notiert mit einem Kurswert von 766,10 € bei ei-

nem Nennwert von 1000,– €. Auch hier gehen wir davon aus, dass es uns gelingt, die erhaltenen Zinsen zum gleichen Zinssatz wie dem YTM von 15% wiederanzulegen.

Der Gesamtfaktor aus Spalte (4) beträgt 5 422,85. Dieser Wert wird durch den Kurswert von 766,10 € dividiert und es ergibt sich eine Duration von:

$$\frac{5422{,}85}{100{,}00} = 7{,}078 \text{ Jahre}$$

(1) Jahr	(2) Zahlungen	(3) Barwert	(4) Faktor (1) x (3)
1	110	95,66	95,656
2	110	83,17	166,342
3	110	72,32	216,975
4	110	62,89	251,592
5	110	54,89	273,460
6	.	.	,
7	.	.	,
8	..	.	,
9	.	.	,
10	.	.	,
11	.	.	,
12	110	20,56	246,708
13	110	17,87	232,375
14	110	15,54	217,602
15	1110	136,42	2046,30
	2650,–	766,05*	5422,85

* Abweichung vom Kurswert von 766,10 DM durch Rundung bei der Abzinsung

Keine Frage – ein Computer mit einem entsprechenden Programm erledigt dies bedeutend schneller. Aber es geht auch mit der Hand. Wer mehr als eine Anleihe besitzt, ist vielleicht daran interessiert, die Duration seines Portfolios zu kennen. In diesem Fall wird die Duration eines jeden Bonds mit seinem Anteil am Portfolio multipliziert. Die folgende Tabelle zeigt ein Depot mit drei verschiedenen Anleihen. Sie besitzen einen Kurswert von 175 000,– €.

Anleihe	Marktwert	Anteil am Depot in %	Duration der Anleihe	gewichtete Duration
A	50 000,–	28,6%	6,00	1,72
B	25 000,–	14,3%	7,75	1,11
C	100 000,–	57,1%	10,00	5,71
Total	175 000,–	100,0%		8,54

Duration eines Portfolios

Wenn auch die Anwendung der Duration sich noch nicht durchgesetzt hat, so erscheint sie uns doch ein wirksames Messinstrument für das häufig vernachlässigte Zinsrisiko zu sein.

4. Portfolio-Management

Modernes Portfolio-Management unterscheidet vier Hauptaufgaben:

- die Beurteilung der aktuellen Situation
- die Prognose zukünftiger Entwicklungen
- die Auswahl der Anlage-Instrumente
- die Absicherung des Depots gegen Verluste.

In den folgenden Abschnitten werden diese Hauptaufgaben unter verschiedenen Aspekten angerissen.

Zuvor jedoch gilt es, den Begriff Portfolio-Management näher zu erläutern. Zunächst einmal wird mit „Portfolio" der Bereich bereits eingegrenzt. Wenn wir nun „Management" als Bearbeiten oder Verwalten akzeptieren, kommen wir der hier als Portfolio-Management beschriebenen Aufgabe nahe. Es gilt, wie *John Templeton* einmal sagte, „Investmentgelegenheiten zu entdecken, die abzüglich Steuer insgesamt einen Reingewinn erbringen".

Zu diesem Zweck wird das Depot nach bestimmten Grundsätzen verwaltet, die versuchen, dem oben genannten Anspruch zu genügen. Wichtigste Aufgabe des Portfolio-Managements ist es also, Entscheidungen zu treffen, die den Kauf oder Verkauf eines Wertpapiers betreffen. Für die anfangs genannten vier Hauptaufgaben sind bestimmte Eigenschaften von großer Bedeutung:

- Disziplin
- Kontinuität.

Vermeiden Sie

- unrealistische Erwartungen (Mondkurse)
- ungenau definierte Investmentziele.

Die erfolgreichen Depotverwalter sehen sich als Gläubiger/Teilhaber der Firma, deren Anleihen oder andere Wertpapiere sie gekauft haben. Und das will etwas heißen, denn bereits 1985 schnitten 85% dieser Berufsverwalter schlechter ab als der durch einen Index repräsentierte Marktdurchschnitt. Im Jahre 1987 (Sie erinnern sich – der große Börsenkrach) gab es in ganz Amerika nur einen einzigen Depotverwalter, der nicht die Hälfte seines Depotwertes verloren hatte, sondern auch noch durch den Krach den Wert seines Depots um 10% verbessern konnte *(Marty Zweig)*. Wenn es also so schwer ist, gute Renditen zu erzielen, hat man da als privater Anleger oder Portfolio-Manager überhaupt eine Chance?

Der bereits vorher zitierte Erfolgsverwalter *John Templeton* gibt die Antwort: „Am wichtigsten ist es, dass man bei den meisten Investmentsituationen gesunden Menschenverstand anwendet."

Damit allein ist es jedoch oft nicht getan. Zur reinen Verwaltung der Papiere kann man einen Personal-Computer verwenden. Der nimmt einem schon eine Menge an Arbeit ab. Auch für die Selektion der besten Anleihen leistet er gute Dienste. Bei aller Fortschrittsgläubigkeit darf aber nicht übersehen werden, dass der Mensch letztendlich die Entscheidungen fällt. Dazu muss er sich über verschiedene Fakten eine Meinung bilden.

Die Beurteilung der aktuellen Situation

In dieser Aufgabe liegt häufig der Schlüssel zu Erfolg oder Misserfolg verborgen. Die exakte Einschätzung der Situation erlaubt den daran anschließenden Blick – die Projektion der Situation – in die Zukunft. Wie bei jeder Projektion ist auch hier ein gehöriger Schuss Skepsis angebracht. Schließlich kann ein einziges Ereignis die gesamte Prognose über den Haufen werfen.

Ein Beispiel dafür ist die Irak/Kuweit-Krise von 1990. Bis zum Einmarsch der Truppen des Irak in den Nachbarstaat Kuweit bewegte sich der Kurs der deutschen Aktien im Rahmen der Erwartungen. Die Börsianer waren mit den Kosten der deutschen Einheit und den Gewinnschätzungen der deutschen Firmen vollauf beschäftigt, richteten ihre Engagements nach den fundamentalen und technischen Einschätzungen ihrer Experten ein.

Die Golfkrise brachte das sorgfältig aufgebaute Anlagengebäude zum Einsturz. Trotz bester Daten und hervorragender Prognosen konnte der Kurs nicht gehalten werden und der DAX-Index verlor innerhalb kürzester Zeit den Punktgewinn von fast zwei Jahren.

Obwohl also bei jeder Beurteilung der Zweifel erlaubt, vielleicht sogar erwünscht ist, kommen wir ohne eine solche Einschätzung zu keiner vernünftigen Aussage über die zukünftige Entwicklung.

Die fundamentale Analyse

Die fundamentale Betrachtung geht in vier Schritten vor. Zunächst werden **die globalen Aspekte** untersucht, **die nationale Wirtschaftssituation** begutachtet, **die Branche analysiert** und schließlich **das einzelne Unternehmen** unter die Lupe genommen.

Die fundamentale Analyse stellt in der Regel recht exakte Prognoseinstrumente zur Verfügung. Aber auch bei dieser Methode gibt es ein Problem, nämlich das Timing. Dies hängt damit zusammen, dass der Fundamentalist die für seine Prognose erforderlichen Daten

- nicht vollständig
- nicht rechtzeitig
- subjektiv gewichtet und meist auch noch
- emotional gefärbt

erhält. Aber selbst wenn er die Daten zeitig genug in den Händen hat, kann er doch nur eine Bestandsaufnahme machen. Er sagt uns, an welchem Punkt sich der Markt befindet und stellt eine Prognose an, wohin sich der Markt entwickeln kann.

Bei den global interessierenden Fakten ist der Ölpreis an erster Stelle zu nennen. Es folgen Zahlungs- und Handelsbilanz, Inflationsraten, Zinsniveaus und Währungskurse. Wichtig sind auch die politischen Ereignisse, wie wir ja schon weiter oben ausgeführt haben.

Nach diesen globalen Betrachtungen wenden wir uns dem direkten Umfeld der ins Auge gefassten Anleihe zu und bewerten die Situation des Anlagelandes. Hier gilt es, drei Faktoren zu beachten:

- die Schwankungen des Wirtschaftswachstums (nimmt die Wirtschaftstätigkeit zu, dann steigt auch die Nachfrage nach Krediten, d.h. die Zinsen werden steigen. Aber auch die Umkehrung ist richtig: Schwächt sich die Konjunktur ab, sinken die Zinsen.)
- Geldpolitik der Notenbank (Geldmengenwachstum beeinflusst das Geldangebot. Beschleunigung des Wachstums bedeutet sin-

kende Zinsen, aber Achtung: Hier stellt sich häufig eine Preissteigerung ein, die wiederum eher höhere Zinsen zur Folge hat.)

- Inflation (steigt die Inflationsrate an, werden die Wirtschaft und der Konsument gleichermaßen mehr Kredite aufnehmen, da die Preise noch niedrig erscheinen. Um den Konsum zu begrenzen und die Spartätigkeit mehr anzuregen, werden die Zinsen steigen.)

Wenden wir uns nun dem Einzelunternehmen zu, dessen Anleihe wir erwerben wollen. Hier stehen uns neben der Beurteilung der Risiken (Kapitel 3) sechs Kennzahlen zur Verfügung, die auch bei der Bewertung der Aktien des Emittenten Anwendung finden.

Die erste Kennzahl ist das Kurs/Gewinn-Verhältnis (KGV).

$$(1) \qquad \text{KGV} = \frac{\text{Kurs der Aktie}}{\text{Gewinn je Aktie}}$$

Vom KGV erhofft man sich Aufschluss über die weitere Entwicklung der Gesellschaft. In der Praxis aber wird anhand des KGV lediglich eine eventuelle Über- oder Unterbewertung der Gesellschaft abgelesen. Ein KGV von über 14 gilt in Deutschland als relativ teuer, in Japan sind dagegen sogar dreistellige KGVs anzutreffen. Um da eine Aussage machen zu können, sollten Sie zum Vergleich immer das KGV des bekanntesten Index heranziehen. In Deutschland sind dies der FAZ-Index und der DAX–Index, in den USA der Dow-Jones-Index und der bereits an anderer Stelle genannte S&P-500-Index.

Die zweite Kennzahl ist das Kurs/Cash-flow-Verhältnis (KCV).

$$(2) \qquad \text{KCV} = \frac{\text{Kurs der Aktie}}{\text{Cash-flow der Aktie}}$$

Der Cash-flow setzt sich wie folgt zusammen:

Jahresüberschuss
\+ Abschreibungen
– Zuschreibungen
\+ Erhöhung langfristiger Rückstellungen

– Minderung langfristiger Rückstellungen
+ außerordentliche Aufwendungen
– außerordentliche Erträge

= Netto-Cash-flow
+ Steuern vom Einkommen und Ertrag

= Brutto-Cash-flow

Der Cash-flow stellt den aus eigener Kraft erwirtschafteten Überschuss dar und kann daher Auskunft über die Finanzkraft des Unternehmens geben. Beispielsweise können mit dem Cash-flow Verbindlichkeiten getilgt werden. Er ist also nicht nur eine Ertragskennzahl, sondern auch ein Liquiditätsmerkmal.

Die nächsten Kennzahlen sind miteinander verwandt und beziffern den Grad der Verschuldung des begebenden Unternehmens. Hier unterscheiden wir zwischen dem Verschuldungskoeffizienten (VSK), dem Verschuldungsgrad (VSG) und dem Verschuldungsfaktor (VSF).

Der Verschuldungskoeffizient untersucht das Verhältnis zwischen Fremd- und Eigenkapital:

$$(3) \qquad VSK = \frac{\text{Fremdkapital}}{\text{Eigenkapital}}$$

Die strengere Fassung des Koeffizienten ist der Verschuldungsgrad. Er berücksichtigt die Effektivverschuldung.

$$(4) \qquad VSG = \frac{\text{Effektivverschuldung}}{\text{Eigenkapital}}$$

In die Effektivverschuldung finden folgende Faktoren Eingang:

Langfristige Verbindlichkeiten + andere Verbindlichkeiten
– erhaltene Anzahlungen
+ kurzfristiger Teil der anderen Rückstellungen
– Forderungen aus Lieferungen und Leistungen
+ Pauschalwertberichtigungen zu Forderungen
– flüssige Mittel

– sonstige kurzfristige Vermögensteile
– Rechnungsabgrenzungsposten
= Effektivverschuldung

Die letzte Kennzahl bei der Ermittlung der Verschuldung eines Emittenten ist der Verschuldungsfaktor. Zu seiner Berechnung wird die Netto-Verschuldung verwendet. Die Netto-Verschuldung besteht aus den langfristigen Verbindlichkeiten ohne erhaltene Anzahlungen und langfristige Rückstellungen.

$$(4) \qquad VSF = \frac{\text{Netto-Verschuldung}}{\text{Cash-flow}}$$

Alle Daten für die Bestimmung der Kennzahlen finden Sie in der Bilanz des Unternehmens.

Die sechste Kennzahl ist der Deckungsquotient (DQ). Diese Berechnungsmethode findet Anwendung bei projektbezogenen Emissionen. Wird beispielsweise eine Brücke, ein Tunnel oder eine Autobahn durch die Emission von Anleihen finanziert, dann steht die Wahrscheinlichkeit der Erfüllung aller Zahlungsverpflichtungen (also Zins und Tilgung) in direktem Zusammenhang mit dem wirtschaftlichen Erfolg des Unternehmens. Schließlich sollen mit dem Gewinn die Verbindlichkeiten abgetragen werden.

Bei der Berechnung des DQ werden die geschätzten Einnahmen und die geschätzten Kosten berücksichtigt.

	geschätzte Einnahmen		**geschätzte Kosten**
	4 000 000,–		600 000,–
abzgl. Kapital		zuzgl. Zinsen	
	– 1 000 000,–		+ 650 000,–
Einnahmen	3 000 000,–	Schuldendienst	1 250 000,–

$$(6) \qquad DQ = \frac{\text{Einnahmen}}{\text{Schuldendienst}} = \frac{3\,000\,000,-}{1\,250\,000,-} = 2{,}4$$

Ein DQ von 2,4 bedeutet, dass die Bedienung der Verbindlichkeiten 2,4 mal durch die Einnahmen gedeckt ist. Folglich stellt ein hoher DQ eine Sicherheit für den Anleger dar. Je höher der DQ, umso wahrscheinlicher ist auch die Rückzahlung des Kapitals.

Bei Kommunalobligationen werden das Steuereinkommen und die Pro-Kopf-Verschuldung des jeweiligen Landes oder der Stadt/Gemeinde zur Beurteilung des Risikos herangezogen.

Die technische Analyse

Bei der technischen Analyse beobachtet man die Beibehaltung eines Trends. Grundsätzlich erfolgt die Kursbewegung innerhalb eines Trendkanals. Die Umkehrpunkte, also extrem gegenläufige Kursbewegungen, läuten nach Meinung der Chart-Techniker, die sich mit der Analyse von Grafiken befassen, eine Trendwende ein.

Aufgrund der bildhaften Darstellung vergangener Kursverläufe werden Prognosen zukünftiger Kurse versucht. Verschiedene Theorien versuchen den Zusammenhang zwischen den Kursverläufen und den in Grafiken ersichtlichen Bildern zu erklären.

Hinzu kommen weitere „technische" Faktoren, die wir aber an dieser Stelle nicht weiterverfolgen wollen.

Die Prognose zukünftiger Entwicklungen

Mit den gleichen Instrumenten versucht das Portfolio-Management nach der Bestandsaufnahme der Anlagesituation dann auch die voraussichtliche Weiterentwicklung der Kurse zu prognostizieren. Mit statistischen und mathematisch ausgefeilten Rechnungen und/oder Computerprogrammen will man dem Börsenerfolg von morgen auf die Spur kommen.

Es geht aber auch anders! Ein bekannter Börsenhändler, der immer nur nach seiner eigenen Meinung, seiner „Nase" gehandelt hat, beschreibt sein Erfolgssystem so: „Entweder geht's so weiter oder eben nicht." Gemeint ist hier der Trend. In einem steigenden Markt wird der Kurs irgendwann beginnen zu sinken, und in einem sinkenden Markt wird der Kurs irgendwann beginnen zu steigen.

Dies ist nun wahrlich kein Stein der Weisen, zeigt aber deutlich, wie wenig zuverlässig jedes Modell sein kann. Unser Rat für den Privatanleger lautet daher:

> Wer bei seinen Investments immer nur den großen Rahmen absteckt, kann keine Detailfehler machen.

Im Kapitel 9 stellen wir Ihnen einen Investitionsplan vor. Leicht nachzuvollziehende Schritte sollen Sie Ihrem Ziel, optimale Rendite bei möglichst geringem Risiko, näherbringen.

Die Auswahl der Anlage-Instrumente

Die Auswahl der geeigneten Instrumente hängt stark von Ihrer persönlichen Risiko-Bereitschaft und Ihren Rendite-Erwartungen ab. Gleichfalls wichtig ist Ihr Zeit-Horizont. Auch Ihre Markt-Einschätzung wird die Auswahl der Instrumente beeinflussen.

Die zu beantwortenden Fragen lauten daher:

- Wie groß darf das Risiko sein? (Verlustrisiko in Prozent)
- Was erwarten Sie als Mindest-Rendite? (bezogen auf das tatsächlich eingesetzte Eigenkapital)
- Wie sieht Ihrer Meinung nach die Zinsentwicklung aus? (Erwarten Sie steigende, stagnierende oder sinkende Zinsen?)
- Innerhalb welcher Zeit soll Ihr Kapital an Sie zurückfließen? (nur das Kapital oder auch die Zinsen, in einer Summe oder in Teilbeträgen etc.).

Nicht erwähnt in dieser Aufzählung sind die Kursgewinne, da sie nur bei manchen Instrumenten im Vorhinein zu bestimmen sind.

Die Absicherung des Depots gegen Verluste

Verluste möchte kein Anleger erleiden. Dennoch gehört die Betrachtung des Verlustrisikos zu den wichtigsten Aufgaben des Portfolio-Managements. Die Verluste lassen sich vermeiden, wenn man sich gegen sie „versichert".

Aber auch dabei ist Vorsicht geboten. Nicht immer sind die angebotenen Konzepte wasserdicht. Oft wird nur *ein* Aspekt betont, ein anderer nicht beachtet. Daher gibt es keine Garantie gegen Verluste.

Allerdings kann der Verlust in Grenzen gehalten werden. Damit werden wir uns unter dem Stichwort „Absicherung" oder „Portfolio-Insurance" in den noch folgenden Kapiteln beschäftigen.

4.1 Grundfragen des Portfolio-Managements

Das Management eines Portfolios verlangt eine Vielzahl miteinander verknüpfter Tätigkeiten. Diese Aktivitäten sind unabhängig davon, ob es sich um ein institutionelles (professionell geführtes) oder um ein privates (vom Anleger geführtes) Depot handelt.

Diese Tätigkeiten sind teilweise Bestandteil der anfangs erwähnten Hauptaufgaben des modernen Portfolio-Managements. Hierzu gehört

- die Formulierung der Investmentziele
- der Plan zur Verwirklichung der Ziele
- die Konstruktion des Portfolios
- die Analyse der Bestandteile des Depots.

Formulierung und Verwirklichung der Investmentziele

Zunächst muss festgelegt werden, mit wieviel Kapital das Depot eröffnet werden soll und welche Mittel (Herkunft) verwendet werden sollen. Anschließend ist das angestrebte Ziel (Höhe der Rendite) und das maximal zu verkraftende Risiko festzuschreiben. An dieser Stelle wird in der Regel schon festgelegt, welche Wertpapierarten oder Investmentvehikel in Frage kommen und welche auf keinen Fall im Depot erwünscht sind.

Auch sollte schon jetzt die Art der Erfolgsmessung (Performance des Depots) besprochen werden. Schon die Berechnung der Rendite einer Anleihe führt bekanntlich zu unterschiedlichen Ergebnissen.

Konstruktion und Analyse des Depots

Bevor nun auch nur ein Wert gekauft wird, geht man daran, ein sogenanntes **optimales Portfolio** zu konstruieren. Dieses Depot zeichnet sich dadurch aus, dass es **bei vorgegebenem Risiko den höchsten** zu erwartenden **Gewinn (return)** verspricht, oder – anders formuliert – einen **vorgegebenen**, zu erwartenden **Gewinn (return) mit dem geringstmöglichen Risiko** erzielt.

Dann folgt als nächster Schritt die Einzelanalyse der Instrumente. Dabei wird untersucht, wie sie sich in ein optimales Portfolio einbauen lassen.

Was versteht man nun unter einem optimalen Portfolio? Wie im realen Leben auch, besteht ein Vermögen selten aus *einem* Gegenstand, sondern setzt sich aus verschiedenen Vermögensteilen zusammen. Bei einem Anleihen-Portfolio ist es nicht anders. Ein risikoscheuer Anleger wird durch die Wahl risikoarmer Anlagevehikel sein gesamtes Vermögensrisiko zu vermindern suchen. Der risikofreudige Anleger sucht die Chance einer überdurchschnittlichen Rendite.

Hier wird deutlich, dass der Schlüssel zu einem optimalen Portfolio in der individuellen Risikobewertung eines Anlageobjektes und der Bereitschaft zur Risikoübernahme liegt. Ertrag und Risiko stehen also hier im Vordergrund. Eine allgemein gültige, über die bereits genannten (bei vorgegebenem Risiko den höchstmöglichen Gewinn bzw. den zu erwartenden Gewinn mit geringstmöglichem Risiko zu erzielen) und individuell auszugestaltenden Voraussetzungen hinausgehende feste Regel kann es nicht geben.

Deshalb kann eine Anlageplanung auch nur in den folgenden drei Schritten vor sich gehen:

- Festlegen der Anlageziele (maximale Renditeerwartungen)
- Auswahl der Papiere (maximale Risikoübernahme)
- Bestimmung des Timing (Kauf- und Verkaufszeitpunkt)

Neben diesen grundsätzlichen Überlegungen kennt das Portfolio-Management aber auch zwei verschiedene Management-Methoden. Sie werden nachfolgend vorgestellt.

4.1.1 Aktiv-Management

Die Anzahl an Strategien, die beim Portfolio-Management eines Anleihen-Depots angewendet werden, ist groß. Scharfe Abgrenzungen sind kaum möglich, Variationen an der Tagesordnung. Wir unterscheiden hier zwei charakteristische Methoden.

Die erste Methode legt das Hauptaugenmerk auf Veränderungen der Zinsen im Wirtschaftsraum der bevorzugten Währung. Es gilt, die Richtung und die Stärke der Zinsveränderungen exakt vorherzusagen. Wird erwartet, dass die Zinsen sinken, dann werden Langläufer gesucht. Tatsächlich ist bei den länger laufenden Anleihen ein stärkerer Kursgewinn bei fallenden Zinsen zu beobachten, im Gegensatz zu den mittel- bis kurzfristig laufenden Bonds.

Bei einem international anlegenden Portfolio muss natürlich das Währungsrisiko ins Verhältnis zum zu erwartenden Kursgewinn gesetzt werden. Eventuell ist es durch Absicherungsmaßnahmen zu begrenzen.

Die zweite Methode versucht, Veränderungen einer einzelnen Anleihe aufzuspüren, die durch Verkauf oder Kauf eine Verbesserung der Rendite ermöglichen. Im Laufe des Lebens einer Anleihe kommt es immer wieder zu Preisschwankungen, die durch Veränderungen des Zinses, der Bonität, der Marktgewichtung oder des Käuferinteresses etc. bedingt sind.

Hier kann es profitabel sein, eine Anleihe, die von der Rendite her „ausgereizt" ist, durch eine andere zu ersetzen. Beispielsweise könnte ein niedriger notierender Bond einen identischen Bond mit höherem Kurs ersetzen. Der geringere Aufwand beim Kauf und die eventuell noch zu erwartende Kurssteigerung rechtfertigen oft die Kosten für einen solchen „Swap".

Ein **Beispiel** soll dies verdeutlichen: Ein Anleger hat einen Bond der Firma ABC gekauft (Gebühren werden nicht berücksichtigt).

- Kaufkurs 75,42
- Nennwert 100 000,– €
- Aufwand 75 420,– €
- Laufzeit 10 Jahre
- Coupon-Zins 6%

Die Rendite stellt sich auf 10% ein und entspricht damit dem Marktzinsniveau. Die Bonität wird von einer internationalen Rating-Agentur mit AA bewertet.

Nach einem Jahr ist das Marktzinsniveau auf 7,5% gesunken. Ferner wird die Anleihe von der Rating-Agentur heraufgestuft und nunmehr mit AAA bewertet. Durch den gesunkenen Marktzins allein müsste der Kurs der Anleihe auf 90,43 steigen. Durch die bessere Bewertung kann die Firma ABC sich zukünftig zu günstigeren Bedingungen Kapital borgen. Damit steigt auch das Vertrauen der Anleger auf sichere Zinszahlungen und Rückzahlung des Nennbetrages. Dies findet auch im Kurs einen Niederschlag, denn der Kurs steigt – über den durch die Zinssenkung gerechtfertigten Kurs von 90,43 – auf 96,50 an. An diesem Punkt revidiert der Anleger seine Erwartung auf weiter sinkende Zinsen. Damit ist aus seiner Sicht die Anleihe ausgereizt.

Die Rendite von nur noch 6,53% (bei einem Kurs von 96,50) reicht dem Anleger nicht aus. Er sucht eine Anleihe mit einem ähnlich hohen Ertrag wie sie beim Kauf der ABC-Anleihe gegeben war (10%). Der Bond der Firma DEF scheint diesem Wunsch zu entsprechen:

- Kaufkurs 96,43
- Nennwert 100 000,– €
- Aufwand 96 430,– €
- Laufzeit 2 Jahre
- Coupon 7,5%

Die Rendite stellt sich auf 9,5% und entspricht damit in etwa den Erwartungen unseres Anlegers. Allerdings liegt die Rendite damit zwei Prozentpunkte (200 Basispunkte) über dem Marktzinsniveau. Das hat einen Grund: Die Bewertung durch die Rating-Agentur liegt bei einem A. Hier muss eine höhere Rendite mit größerem Risiko und kürzerer Laufzeit erkauft werden.

Der Anleger verkauft seinen alten Bond für 96 500,– € und realisiert – bezogen auf seinen Aufwand beim Kauf – einen Kursgewinn von 21 080,– €. Gleichzeitig erwirbt er den neuen Bond für 96 430,– € und sichert sich damit eine Rendite von 9,5% für die nächsten zwei Jahre. Gebühren werden nicht berücksichtigt.

Weitere Techniken und Details dafür finden Sie im Kapitel 8.

4.1.2 Passiv-Management

Kennzeichen eines passiven Portfolio-Managements ist der geringe personelle und zeitliche Aufwand. Auf der anderen Seite ist die Möglichkeit des Reagierens auf neue Situationen recht begrenzt, oft aber auch gar nicht gewünscht.

Allerdings sind zwischen dem aktiven und dem passiven Management viele Spielarten denkbar. Sie hängen wesentlich von der Bereitschaft des Anlegers ab, ein Risiko zu übernehmen. So sind Kombinationen denkbar, die ein passives Management vorsehen, bis ein bestimmter (negativer) Vermögensstand erreicht ist. Dann wird reagiert, um eine weitere Verschlechterung zu vermeiden. Bei der Festlegung der jeweiligen Strategie sind die Anlageziele ausschlaggebend. Die bekannteste passive Strategie ist die Kauf- und Halte-Strategie (buy-and-hold).

Kauf- und Halte-Strategie

Wie die Bezeichnung bereits impliziert, besteht die Strategie aus dem Kauf der Anleihe und der anschließenden Haltezeit bis zum Laufzeitende. Unter der Voraussetzung, dass es zu keinem Ausfall (Konkurs o. ä. des Emittenten) kommt, erreicht diese Strategie die höchst mögliche Rendite bis zum Ende der Laufzeit.

Angesichts fluktuierender oder – vor allem – steigender Zinsen wird der Hauptnachteil dieser Strategie deutlich.

Steigende Zinsen

Sicher sind die Zinszahlungen in ihrem Betrag gleich bleibend, der Ertrag aus den Couponzahlungen kann jedoch zu einem höheren Zinssatz wieder angelegt werden. Dieser Vorteil ist aber nur ein Einzelaspekt. Tatsächlich sinkt gleichzeitig der Kurswert der Anleihe, umso die Relation zum nun höheren Marktzins wieder herzustellen. Allerdings: Wer die Anleihe zwischenzeitlich nicht verkauft, wird sich über den höheren Wiederanlagezins freuen.

Nachfolgende Tabelle zeigt die Entwicklung bei kontinuierlich steigenden Zinsen bei einem Bond mit einem Coupon von 10% und einer Laufzeit von fünf Jahren:

Jahr	Zahlungen	Zins	Wert am Ende des Jahres	bei einem Zins v. 10%	Kurswert d. Bonds
0	– 1000,–	10%			100,00
1	100,–	11%	111,– €	110,– €	96,90
2	100,– + 111,–	12%	236,32 €	231,– €	95,20
3	100,– + 236,32	13%	380,04 €	364,10 €	95,00
4	100,– + 380,04	14%	547,25 €	510,51 €	96,50
5	1100,– + 547,25		1647,25 €	1610,51 €	100,00

Die Differenz zwischen der Wiederanlage bei steigendem Zins und der Wiederanlage in der Höhe der Rendite beträgt 36,74 €. Damit fällt das Endkapital um 2,3% höher aus.

Sinkende Zinsen

Sinkt der Zins, dann wird über einen steigenden Kurswert die Relation zum nunmehr niedrigeren Marktzins wieder hergestellt.

Diesem Kapitalgewinn steht aber eine niedrigere Verzinsung der Couponzinszahlungen als Wiederanlage gegenüber. Bleibt das Zinsniveau bis zum Laufzeitende niedriger als der Couponzins, kommt es zum Kapitalverlust, da am Ende der Laufzeit die Rückzahlung in der Regel zum Nennwert (pari) erfolgt.

Nachfolgende Tabelle zeigt die Entwicklung bei kontinuierlich sinkenden Zinsen bei einem Bond mit einem Coupon von 10% und einer Laufzeit von fünf Jahren:

Jahr	Zahlungen	Zins	Wert am Ende des Jahres	bei einem Zins v. 10%	Kurswert d. Bonds
0	– 1000,–	10%			100,00
1	100,–	9%	109,– €	110,– €	103,24
2	100,– + 109,–	8%	225,72 €	231,– €	105,15
3	100,– + 225,72	7%	348,52 €	364,10 €	105,42
4	100,– + 348,52	6%	475,43 €	510,51 €	103,77
5	1100,– + 475,43		1575,43 €	1610,51 €	100,00

Die Differenz zwischen der Wiederanlage mit sinkendem Zins und der Wiederanlage in der Höhe der Rendite beträgt 76,08 €. Damit fällt das Endkapital um 4,7% geringer aus.

Bei sinkenden Zinsen empfiehlt sich daher oft das Abweichen von der vorgefassten Buy-and-hold-Strategie, um so den Kapitalgewinn aus der Kurswertsteigerung zu realisieren, bevor der Kurs wieder sinkt.

4.2 Horizont-Analyse

Jeder Investor, professionell oder privat, hat eine bestimmte Vorstellung von der Zeit, innerhalb derer er sein Ziel (Rendite) zu erreichen hofft. Die noch verbleibende Lebenszeit eines Privatanlegers oder die noch verbleibende Zeit bis zum Ablauf eines bestimmten Fonds oder Verwaltungsmandates bezeichnen wir mit dem Begriff **Zeit-Horizont.**

Die große Anzahl unterschiedlicher Anleihen mit verschiedenen (Rest)-Laufzeiten gibt uns die Möglichkeit, das Ende der Laufzeit unseres Portfolios an den Zeit-Horizont anzupassen.

Während die Risiko-Analyse sich mit der Wahrscheinlichkeit des Ausfalls einer Zahlung befasst, versucht das Aktiv-Management zeitliche oder zyklische Vorteile zur Verbesserung der Rendite auszunutzen. Durch diese zum Teil sehr unterschiedliche Zielsetzung bedingt, kommt es zur Überschneidung der verschiedenen Zeit-Horizonte.

So kann es durch marktbedingte Bewegungen richtig sein, eine Anleihe zu verkaufen oder zu ersetzen, wenngleich ihr Zeit-Horizont noch nicht abgelaufen war. Notgedrungen wird damit auch der Planungs-Horizont durcheinandergebracht.

Beispiel: Der Investor legt einen **Zeit-Horizont** von 10 Jahren fest. Dann will er sein Depot wieder auflösen, um eine andere Anlageform zu wählen. Das Investment-Szenario sagt aus, dass augenblicklich die höchste Rendite mit mittelfristigen Papieren zu erzielen ist, exakter gesagt: mit 5-jährigen Staatsanleihen (bzw. Restlaufzeit von 5 Jahren). Der **Planungs-Horizont** legt damit fest, dass nach 5 Jahren eine gleichwertige oder bessere Anlage gefunden werden muss und während der Laufzeit die Coupons zum jeweiligen Marktzins wiederangelegt werden müssen.

Der **laufzeitbedingte Horizont** wird entsprechend der (Rest-)Laufzeit der Anleihe auf 5 Jahre festgeschrieben. Die Duration, also die **durchschnittliche Kapitalbindungsdauer** einer Anlage – auch durchschnittliche Selbstliquidationsperiode oder ökonomische Laufzeit genannt – ist natürlich erheblich kürzer, wird in diesem Beispiel mit einem Zeit-Horizont von 2 Jahren angenommen.

Kommt es nun nach 2 Jahren zu einer starken Veränderung der Zinsstruktur, wird der Planungs-Horizont gestört. Ist der Einbruch derart stark, dass der Anleger sich für die Aufgabe des Depots entscheidet, ist die gesamte Planung hinfällig. Einziger Trost für den Anleger ist die Tatsache, dass er auf Grund einer Duration von 2 Jahren bereits wieder im Besitz seines ursprünglich eingesetzten Kapitals ist.

4.2.1 Der Zinseszinseffekt

Die Rendite bei einer Anleihe setzt sich aus drei Komponenten zusammen:

- dem Coupon-Zins
- dem Zinseszins und
- dem Kursgewinn.

Der hier angesprochene Coupon-Zins beinhaltet die Coupon-Zahlungen und die Stückzinsen, falls die Anleihe vor dem Ende der Laufzeit verkauft wird. Ein Beispiel soll den Zinseszinseffekt verdeutlichen:

Der folgenden Tabelle liegt eine Anleihe von 20000,– € Nennwert, 10 Jahren Laufzeit und einem Coupon von 5% zugrunde. Der Marktzins wird mit 8% angenommen und soll während der Laufzeit konstant bleiben, so dass die Wiederanlage der Coupons mit der gleichen Verzinsung erfolgen kann. Der Kurswert der Anleihe liegt bei 79,8697%; daraus errechnet sich ein Kaufpreis von 15 974,– €. Die Zinszahlung erfolgt einmal im Jahr, sie beträgt 1000,– €.

Jahre	Coupon	Zinseszins	
1	1000	–	
2	1000	80	
3	1000	166	
4	1000	260	
5	1000	360	
6	1000	469	
7	1000	587	
8	1000	714	
9	1000	851	
10	1000	999	
Summe	10000	+ 4486	+ 20000 Nennwert

Es ergibt sich ein Auszahlungsbetrag von 34486,– € oder 115,88% (11,59% p.a.) bezogen auf das tatsächlich investierte Kapital von 15974,– €. Die Differenz zwischen dem investierten Kapital von 15974,– € und dem letztendlich ausgezahlten Betrag von 34486,– € beträgt 18512,– €. Der Anteil des Couponzinses am Gesamtertrag beträgt etwa 54% und der Anteil des Zinseszinses macht ca. 24% aus. Der restliche Betrag resultiert aus dem Kursgewinn bei der Auszahlung.

4.2.2 Die Kurswertsteigerung

Bei der Kurswertsteigerung unterscheiden wir zwei Ursachen. Zum einen steigt oder sinkt der Kurs auf Grund von Veränderungen des Marktzinses. Sie erinnern sich: Steigt der Marktzins, dann sinkt der Kurs. Und umgekehrt: Sinkt der Marktzins, dann steigt der Kurs.

Wenn wir aber, wie in unserem vorhergehenden Beispiel, einen Bond gekauft haben, der unter pari notiert, dann können wir noch eine andere Ursache für die Kurswertsteigerung erkennen, nämlich die Verringerung der Laufzeit.

Je mehr wir uns also dem Ende der Laufzeit nähern, umso mehr tendiert der Kurs der Anleihe gegen 100, also gegen pari (Nennwert). Wenn wir das vorige Beispiel nochmals aufgreifen und die Kurswertveränderung eintragen, wird der Zusammenhang schnell deutlich.

Der Tabelle liegt, wie im vorherigen Beispiel, eine Anleihe von 20000,– € Nennwert, 10 Jahren Laufzeit und einem Coupon von 5% zugrunde. Der Marktzins wird ebenfalls mit 8% angenommen und soll während der Laufzeit konstant bleiben, so dass die Wiederanlage der Coupons mit der gleichen Verzinsung erfolgen kann. Der Kurswert der Anleihe liegt bei 79,8697%, woraus sich ein Kaufpreis von 15974,– € errechnet. Die Zinszahlung erfolgt einmal im Jahr; sie beträgt, ebenfalls wie im vorherigen Beispiel, 1000,– €.

Jahre	Coupon	Zinseszins	Kurswert	Kursgewinn
0	–	–	79,87	–
1	1000	–	81,26	278
2	1000	80	82,76	300
3	1000	166	84,38	324
4	1000	260	86,13	350
5	1000	360	88,02	378
6	1000	469	90,06	408
7	1000	587	92,26	440
8	1000	714	94,65	478
9	1000	851	97,22	514
10	1000	999	100,00	556
Summe	10000	4485		4026

Wenn wir nun die Couponzahlungen, den Zinseszins und die Kurswertsteigerung addieren, erhalten wir den Betrag von

18512,– €. Bezogen auf das tatsächlich investierte Kapital von 15974,– € ergibt sich die Rendite von 115,88% oder 11,59% p.a. Hier wird deutlich, wie groß der Einfluss des Abschlags (Kaufpreis liegt unter dem Nennwert) auf die Rendite ist. Nicht berücksichtigt ist bei dieser Betrachtung der Steuervorteil, der sich aus der Haltezeit von mehr als 6 Monaten (gilt nur für den Kapitalgewinn) ergibt.

4.2.3 Vorzeitige Beendigung des Engagements

Als nächstes soll an dem folgenden Beispiel die Veränderung der Rendite bei vorzeitiger Beendigung des Engagements gezeigt werden. Wir gehen davon aus, dass der Anleger auf Grund eines nicht näher bekannten Ereignisses nach fünf Jahren sein Depot auflösen will.

Der folgenden Tabelle liegt die bereits vorher beschriebene Anleihe von 20000,– € Nennwert mit denselben Ausstattungsmerkmalen zugrunde.

Jahre	Coupon	Zinseszins	Kurswert
0	–	–	79,87
1	1000	–	81,26
2	1000	80	82,76
3	1000	166	84,38
4	1000	260	86,13
5	1000	360	88,02
Summe	5000	866	17604,–

Aus den Couponzahlungen, dem Zinseszins und dem nun höheren, aber immer noch unter pari liegenden Kurswert ergibt sich ein Betrag von 23470,– €. Die Rendite beträgt 46,93% oder 9,39% p.a. Die vorzeitige Auflösung des Depots verringert die Gesamt-Rendite um 2,2% p.a.

4.2.4 Der Einfluss der Volatilität

Die Volatilität, hier als Beweglichkeit des Kurswertes in Abhängigkeit von Zinsveränderungen, gibt uns Aufschluss über das Zinsänderungsrisiko.

Ein einfaches **Beispiel** soll den Sachverhalt erläutern.Wir kaufen eine Anleihe, 10 Jahre Laufzeit, 8% Couponzins, Kurs 93,58, Marktzins (und damit auch Rendite der Anleihe) 9% p.a. **Sinkt** der Marktzins plötzlich auf 8% (100 Basispunkte) herunter, **steigt der Kurs** der Anleihe auf 100 an. Die prozentuale Veränderung des Kurses beträgt 6,8% bezogen auf unseren Kaufkurs.

Wäre der Marktzins nicht gesunken, sondern wäre er auf 10% **angestiegen** (100 Basispunkte), dann wäre der Kurs der Anleihe auf 87,71 **abgesunken.** Die prozentuale Veränderung des Kurses betrüge in diesem Fall 6,3% bezogen auf den Kaufkurs.

Tatsächlich ist es die Regel, dass steigende Zinsen eine prozentual geringere Veränderung zur Folge haben. Für den Hausgebrauch soll uns diese Messlatte der Volatilität genügen. Nehmen Sie einfach das Mittel, dann lässt sich für die oben beschriebene Anleihe sagen: Bewegt sich der Marktzins um 100 Basispunkte, dann verändert sich der Kurs meiner Anleihe um 6,55%.

Diese Überschlagsrechnung muss natürlich für jede Anleihe separat angewandt werden.

4.3 Die Rendite-Kurve

Wenn man die Renditen verschiedener festverzinslicher Wertpapiere ins Verhältnis zu ihrer Laufzeit setzt, ergibt sich eine Kurve. Diese Kurve zeigt die Differenz zwischen den Renditen der unterschiedlich lang laufenden Papiere an.

Wie schon erwähnt, lässt sich anhand der Kurvenform erkennen, ob der Rentenmarkt sich in einer normalen oder einer inversen Phase befindet. Als **normale Phase** beschreiben wir eine Zinssituation, in der die kurzfristigen Renditen niedriger sind als die längerfristigen.

Beispiel: Eine Bankschuldverschreibung mit einem Jahr Laufzeit rentiert mit 8%, eine gleichgeartete Anleihe mit 10 Jahren Laufzeit rentiert dagegen mit 10%.

Als **inverse Phase** gilt eine Zinssituation, in der ein längerfristiger Bond niedriger rentiert als eine kurzfristige Anleihe. Hier treibt die Geldverknappung den Zins für sofort verfügbares Kapital extrem in die Höhe.

Beispiel: Eine Schuldverschreibung erster Qualität rentiert mit 7%, hingegen wird für täglich kündbares Kapital eine Rendite von 10% erzielt.
Die nachfolgende Abbildung zeigt beide Situationen.

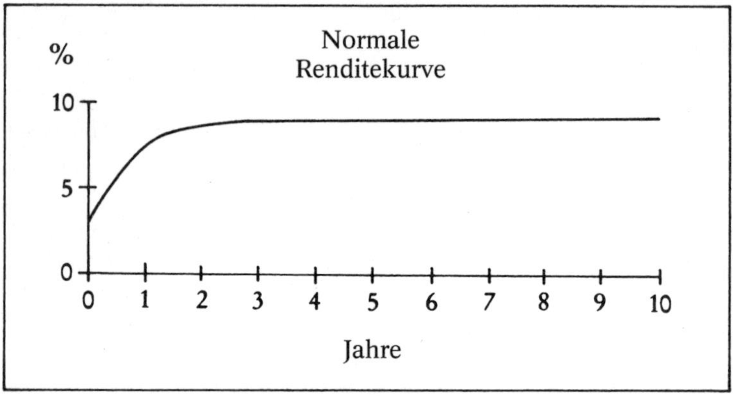

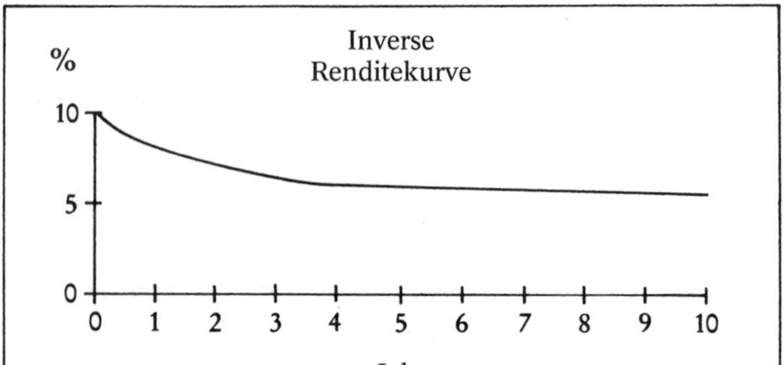

Die **Renditekurve** als solche dient vielen Anlegern und Investoren **als Analyse- und Prognose-Werkzeug.** Anhand der Ausformung der Kurve wird versucht, den Erfolg oder Misserfolg einer bestimmten Strategie im Vorhinein zu bestimmen.

Einige Investoren lesen in der Rendite-Kurve die Zusammensetzung des Marktes bzw. die Marktkräfte in den einzelnen Marktsegmenten und Laufzeiten ab.

Für andere Anleger ist die Rendite-Kurve eine Art Marktbarometer. Es spiegelt die Erwartungen und Meinungen der Teilnehmer wider. Gleichzeitig wird versucht, diese Stimmung in mathematische Formeln zu übertragen und eine Prognose abzuleiten.

Eine andere Gruppe von Investoren untersucht Ähnlichkeiten zwischen Rendite-Kurven der Vergangenheit und den Rendite-Kurven der Gegenwart. Bei Übereinstimmungen werden gleiche oder ähnliche Auswirkungen erwartet, wie sie in der Vergangenheit bereits stattfanden.

Andere wiederum ermitteln den relativen Wert ihres Wertpapiers und vergleichen das Verhältnis Rendite zur Laufzeit mit dem Verhältnis der Rendite-Kurven der Vergangenheit und der Gegenwart.

Einige Depotverwalter sind in der Lage, anhand der Veränderung der Rendite-Kurve rechtzeitig ihr Depot umzustrukturieren. Anleger suchen eine „Delle" in der Rendite-Kurve, um die attraktivste Verzinsung eines kurzfristigen Investments zu finden.

Die gebräuchlichste Analyse-Methode der Rendite-Kurve ist ihre Funktion als Spiegel der Renditen der verschiedenen Laufzeiten. Sie erlaubt den direkten Vergleich zwischen Anleihen mit kurzer und längerer Laufzeit. Sie zeigt auch die „Belohnung" für die längere Laufzeit in Form einer höheren Rendite.

Allerdings ist hier auch ein Stolperstein versteckt: Die Rendite setzt sich immer aus der Verzinsung über die Laufzeit zusammen und berücksichtigt den Kaufpreis und den Nominalwert der Anleihe. Durch die immer während der Laufzeit vorhandene Volatilität kommt es zu Preisveränderungen und damit auch zu Renditeveränderungen.

Daher lässt sich die Rendite zwischen einem Kurzläufer und einem Langläufer **nur bedingt** vergleichen. In jedem Fall aber erlaubt die Rendite-Kurve eine Übersicht über die angebotenen Renditen. Letztendlich muss jeder Anleger selbst entscheiden, für welche Laufzeit bei welcher Rendite er sein Kapital hergibt.

4.4 Anlagevermittler, Vermögensverwalter und Berater

Wer sich nicht jeden Tag mit der Anlage von Kapital befasst, muss sich oft von anderen helfen lassen. Diese nicht besonders ungewöhnliche Feststellung wird nur dann zum Problem, wenn es der Anleger nicht mit seriösen Vermittlern oder Vermögensverwaltern zu tun hat.

Dabei spielt es keine Rolle, ob der Vermittler oder Verwalter in einer Bank sein Brot verdient oder als freiberuflich Schaffender seine Kenntnisse und sein Können vermarktet.

Ein **Beispiel** für eine „gekonnte Vermittlung" wird nachstehend beschrieben.

Sensationelles Urteil gegen Kapitalanlagevermittler!

Am 31. Mai 2001 fällte das Oberlandesgericht München ein bahnbrechendes Urteil zum Thema der Anlagevermittlung im Freundes- und Bekanntenkreis.

Ein Anlagevermittler ging im Freundes- und Bekanntenkreis auf Kundenfang und verkaufte „Gewinnscheine" der österreichischen Gruppe *Imperial.*

Das OLG München hat nun den Anlagevermittler für den Schaden voll haftbar gemacht. Eine Novität im Kampf gegen den Grauen Kapitalmarkt!

Die Story: Dabei fing alles ganz harmlos an. *Manfred M.* (Name geändert) brachte seiner Freundin *Rita R.* (Name geändert) statt Blumen einen Prospekt der Kapitalanlagefirma *Imperial* aus Österreich mit. Diese Firma bietet sogenannte Gewinnscheine auf sog. Gewinnscheinfonds an.

Manfred kann nicht genug auf die hohe Rendite hinweisen und schildert in den schönsten Farben, welche Dinge man sich damit alles leisten kann.

Natürlich kann seine Freundin auch jederzeit wieder die Gewinnscheine verkaufen und den Gewinn einstreichen.

Das war 1995. Als Rita dann Ende 1999 versucht, die Gewinne zu realisieren, stellt sie fest, dass die Gewinnscheine praktisch unverkäuflich sind.

Auch die *Imperial* will sie nicht zurücknehmen und beruft sich dabei auf die vertraglich vereinbarte lange Laufzeit.

Rita fällt aus allen Wolken, als sie sehen muss, dass sie damals für 30 bis 31 Jahre unterschrieben hat. Davon hat Ex-Freund Manfred, dem es wohl nur um die schöne Provision ging, nichts erwähnt. Jetzt will sie von ihm das Geld zurück.

Die Papiere

Bei den Gewinnscheinen handelt es sich um eine Art von Fondsanteilen, die einen bestimmten Anteil am Gesamtvermögen des Gewinnscheinfonds verbriefen.

Diese Gewinnscheinfonds wurden in diversen Serien aufgelegt. Die in Deutschland am meisten vertriebenen Serien sind die Scheine der *Imperial Immobilienanlagen AG* und der *Cordial Ferienclub*.

Mit diesen Scheinen wird in Deutschland heftig abkassiert, da vor allem im Freundes-, Verwandten- und Bekanntenkreis Neukunden geworben werden.

Nicht von ungefähr sind Parallelen zum *European Kings Club*, zur *Göttinger Gruppe* und anderen Strukturvertrieben zu ziehen.

Die Papiere haben i.d.R. eine Laufzeit von 30 Jahren und mehr. Eine vorzeitige Rückgabe ist nicht möglich.

Hier wird billigend in Kauf genommen, dass der Anleger, so er schon Erfahrung im Kauf von Fondsanteilen hat, davon ausgeht, dass er jederzeit zum jeweiligen Inventarwert seine Fondsanteile an die Fondsgesellschaft zurückgeben kann.

Zur Verwirrungstaktik der *Imperial* gehört auch, das grosspurig verkündet wird: „Zur Flexibilisierung der Kapitalanlage sei die Handelbarkeit der Gewinnscheine im außerbörslichen Handel beschlossen und eingeführt worden."

Das ist natürlich Blasphemie, denn nur wenn ein anderer Interessent die Anteile kaufen will, kann ein Verkauf zustande kommen.

Die Fondsgesellschaft nimmt die Anteile erst zum vertraglichen Laufzeitende zum dann gültigen Wert zurück.

Mit anderen Worten: Wer weiß schon, was in 30 Jahren sein wird! Und wer will dann das Geld einklagen? Und bei wem?

Aber ein Bonbon bietet die *Imperial* dann doch noch an: Ein Rückkauf der Gewinnscheine zwischen dem 1. 12. und dem 31. 12. sei möglich, jedoch nur gegen einen Abschlag in Höhe von bis zu 35 Prozent!

Und die Auszahlung erfolgt dann erst drei Monate nach Feststellung des Fondsvermögens! Aber aus kaufmännischen Überlegungen könne die Rücknahme auch ausgesetzt oder verweigert werden!

Da stellt man sich doch die Frage, wieso bei einer derart obskuren Gestaltung der Rückzahlungsbedingungen der Gewinnscheinfonds seinen Namen *Fonds* erhalten konnte. Felix Austria (d.h.: glückliches Österreich!).

Der Hintergrund

Versucht man näheres über die *Imperial* zu erfahren, taucht der Name Faramarz Ettehadieh-Rachti auf.

Er soll 1972 im zarten Alter von 23 Jahren die *Imperial*-Gruppe gegründet haben.

Ein echter Erfolgstyp, der sich bei den Investment Congressen 1984 und 1985 in München bei US-Brokern als *Dr. Ettehadieh*, Chef der *Imperial* vorstellte und sich angelegentlich nach Commodities (Warentermingeschäften/Futures) erkundigte.

Dem Vernehmen nach wollte er Futures für seine Fonds-Gruppe handeln und war auf der Suche nach einem guten Trader.

Wenn heute der Anlegerdienst *DFI Gerlach-report* darüber klagt, dass der Weg des Anlegergeldes selbst für Fachleute bis heute nicht nachvollziehbar ist, kann das nicht wirklich verwundern.

Auch die Suche nach einem zufriedenen Kunden der *Imperial* dürfte wohl im Sande verlaufen. Unzufriedene Gewinnschein-Käufer dagegen gibt es zu Hauf.

So haben sich 220 Anleger in der Schweiz 1997 zusammengeschlossen, um den vorzeitigen Ausstieg aus ihren Verträgen zu erreichen.

Im Juni 2000 haben sie dann einen außergerichtlichen Vergleich erzielt, nach dem jedes Mitglied dieser Gruppe seinen Einsatz zuzüglich 2% Zinsen sowie einen Teil der Aufnahmegebühr zurückerhält.

Auch in Österreich rumoren die Anleger. Sie alle wollen nicht bis zum „St. Nimmerleinstag" warten, sondern jetzt ihr Geld zurückfordern. Bisher allerdings noch vergeblich.

Das Urteil

Das von einer Münchner Kanzlei erstrittene Urteil des OLG München gibt den Anlegern Hoffnung und erschwert zugleich den Strukturvertrieben die Arbeit.

In ihrem Urteilsspruch (Volltext im Internet unter www.siebers-research-institute.de oder www.DerGutachter.org) verpflichten die Richter den Anlageberater, also den Provisionskassierer, zur Rückzahlung des Anlagebetrags.

Und wenn die Zinsberechnung substantiierter gewesen wäre, hätte Renate Reich auch noch Zinsen erhalten.

Ein Problem können die Richter allerdings nicht lösen: Wenn der Anlageberater pleite ist oder schlicht und ergreifend nichts mehr hat, geht der Anleger trotz positivem Urteil leer aus.

Der sich aus dem Urteil ergebende Vorteil für zukünftige Anleger stellt sich dagegen anders dar:

Laufen die Anlageberater jetzt Gefahr, die Anlagesummen an die Anleger zurückzahlen zu müssen, wird *Ettehadieh-Rachti* und mseine *Imperial* bald keine „Strukkis" mehr finden, die seine vollmundigen „Gewinnscheine" an den Mann oder die Frau bringen.

Daraus folgt, dass ein Anleger auch im Bekanntenkreis immer auf der Hut sein sollte. Schließlich gibt es immer einen Grund dafür, warum ein „Bekannter" mal auf die Schnelle ein paar Euro verdienen will oder muss.

Aber das ist noch nicht einmal ein neuer Gesichtpunkt. Bereits Anfang der 90er Jahre war der Vertrieb von Kapitalanlagen über Freunde und Bekannte bereits voll im Gang.

Heute kennt man die Akteure kaum noch. Aber da es immer wieder Betrüger gibt, die sich dieser Methode bedienen, soll auch an dieser Stelle noch einmal darauf hingewiesen werden.

In schwierigen Zeiten, heißt es, rücken die Menschen näher zusammen. „Gemeinsam stark", heißt die Parole.

Aber manchmal heißt es auch „Gemeinsam reich" und dann werden Gelder eingesammelt, die zu besonders günstigen Renditen von Profis angelegt werden sollen.

Das ist zwar nichts Neues, aber es klappt immer wieder. Und obwohl so viele Menschen schon so viel Geld verloren haben, ist dieser Fischzug für die Fischer immer wieder erfolgreich.

Wir schreiben das Jahr 1994: Seit einigen Jahren treibt ein „Club" sein Unwesen und sammelt von Mitgliedern Gelder für die Kapitalanlage ein. Obwohl schon seit Jahren vor solchen Schneeballgeschäften gewarnt wurde, fallen Gutgläubige immer wieder darauf herein.

Der nachfolgende Artikel erschien bereits 1994, ist aber auch heute noch topaktuell. Bitte sorgfältig lesen, Sie könnten schon das nächste Opfer sein.

Ewiger Reichtum – nur für Club-Mitglieder

„Geld regiert die Welt." Mit diesem Spruch geht seit einiger Zeit der European Kings Club aus Basel in Deutschland, Österreich und der Schweiz auf Mitgliederwerbung.

In bunten Prospekten wird ein „Letter" angeboten, mit dem laut Prospekt ein hohes Zusatzeinkommen verdient werden kann.

Die nach dem Schneeballsystem arbeitenden Werber haben hierzulande und in den Alpenländern ein regelrechtes Clubfieber ausgelöst. Ein neue „alte" Betrugsmasche?

Die Wirtschaft lahmt, eine Besserung will sich nicht einstellen. Wen wundert's da, dass die Aussicht auf ein Zusatzeinkommen willkommen ist.

Wenn man/frau 1000,– oder 2400,– Mark nebenbei verdienen kann, nutzt doch jeder diese Chance. Auch *Guido J.* in der Schweiz wurde vom Club kontaktiert.

Er schreibt von einem regelrechten Kauf- und Verkaufs-Fieber. Jedermann will dabei sein. Schließlich kann sich eine Rendite von 71 Prozent doch sehen lassen.

Annemarie G. in Österreich wurde durch Bekannte auf diese Geldanlage aufmerksam gemacht. Bei dieser Anlage sei eine Verdoppelung des eingesetzten Kapitals innerhalb eines Jahres garantiert.

Und *Reinhard K.* in Deutschland wurde im Urlaub für den Club interessiert. Sein Bekannter sprach von 70 Prozent Rendite und rechnete ihm vor, wenn er nur lange genug dieses „Spielchen" betreibe, sei er bald ohne Geldsorgen.

Dem Interessierten wird nur zu gern ein Prospekt gegeben und anhand einer Tabelle der zu erwartende Reichtum vorgerechnet. Das dabei nicht auf alle Aspekte dieser Form der Kapitalanlage hingewiesen wird, versteht sich fast schon von selbst.

Der Prospekt: Hier werden anerkannte Größen wie *Charles F. Kettering, Marc Aurel, Epikur, Danny Kaye, Albert Einstein, Kant* und *Hegel* zitiert.

Es könnte der Eindruck entstehen, es handele sich um einen philosophischen Debattierclub. Aber darüber hinaus verspricht der Club seinen Mitgliedern Herzensqualität, Freiheit und ein echtes Miteinander! Überhaupt hat sich der Prospekt des Clubs eng ans Theoretische angelehnt, von Geld ist da nicht die Rede.

Auch wie die Rendite verdient werden soll, wird mit keinem Wort verraten. Reichlich verschwommen schwelgt man in dem Wissen um Geheimnisse und die nicht weiter beschriebene Macht, genau so große Gewinne erzielen zu können, wie die gehassten Großunternehmen und Großbanken.

Zielgruppe ist also der oft verschmähte Kleinanleger, der keine 100000,– DM anlegen kann, für den 10000,– DM schon viel Geld sind. Deshalb hat der Club auch einen Sparplan entwickelt.

Der Sparplan: Dieser Sparplan wird in einer Kurzinformation erklärt. Damit der Anleger nicht die Qual der Wahl bei der Anlage hat, kauft er einfach einen „Letter" beim Club. In der Information heißt es dazu:

Ein „Letter (Promissory Note) EKC-Re-Insurance Ltd." kostet SFR/DM/US$ 1200,– plus SFR/DM/US$ 200,– Verwaltungsgebühr.

Sie erhalten dafür ein Jahr lang monatliche Auszahlungen von je SFR/DM/US$ 200,– also insgesamt SFR/DM/US$ 2400,–. Das bedeutet eine Verdopplung Ihres eingesetzten Geldes in nur einem Jahr.

Unter Berücksichtigung der Verwaltungsgebühr ergibt sich somit eine Nettorendite von 71,43 Prozent im Jahr. Jeder Investor kann so viele „Letter (Promissory Notes) EKC-Re-Insurance Ltd." erwerben wie er möchte. Sie bestimmen Ihr zusätzliches Monatseinkommen!"

Nun ist es klar: Der Anleger zahlt 1400,– DM ein. Davon erhält der Club eine Gebühr von 200,– DM (immerhin 14,28%).

Die verbleibenden 1200,– DM werden über die EKC angelegt. Laut Prospekt investiert die Gesellschaft in neue Technologien, Auswertung von Patenten, Lizenzen und Rechten und Firmenbeteiligungen weltweit.

Sicherheiten: Damit der Geldgeber sich auch sicher fühlt, erhält er eine Rückzahlungsgarantie. Die *EKC-Re-Insurance Ltd.* in Brüssel und deren Muttergesellschaft gleichen namens in Nassau/Bahamas garantieren pünktliche Zahlung der Geldsummen.

In einem Telefonat erklärt *Helmut Wendland,* ein Vertreter des Clubs in Hessen, dass jeder Brief zwölf Zahlungen von jeweils 200,– DM garantiert. Dann sei er ausgelaufen.

Er vergisst jedoch nicht den Hinweis, dass man nur mit einem Sparplan das entsprechende Zusatzeinkommen erreicht.

Der Sparplan zeigt viele Spalten mit Geldbeträgen, die der Kunde einzahlt, ausgezahlt bekommt und welche Anzahl von „Letters" er dafür kaufen muss.

Die dort aufgeführte Beispielrechnung geht davon aus, dass der Kunde zunächst einen Letter kauft. Nach Ablauf eines Monats erfolgt die erste Rückzahlung in Höhe von 200,– DM.

Andere Anleger berichten, dass erst nach zwei Monaten die Rückzahlung beginnt.

Nach fünf Rückzahlungen kauft der Anleger im sechsten Monat einen weiteren „Letter“. Die Rückzahlung steigt auf 400,– DM im achten Monat.

In immer kürzeren Abständen kauft das Club-Mitglied immer neue „Letters“, bis er mit dem 20. Monat im monatlichen Rhythmus „Letters“ kauft.

Schließlich erreicht er dann im 33. Monat den höchsten Rückzahlungsbetrag von 2400,– DM und erzielt ein Zusatzeinkommen von 1000,– DM. D.h.: Er bezahlt monatlich 1400,– DM und erhält eine Rückzahlung von 2400,– DM.

Nachgerechnet: Wer nachrechnet, kommt auf andere Ergebnisse. Schon mit einem einfachen Tabellenkalkulationsprogramm kann man nachweisen, dass der Kunde bei einer Einzahlung von jeweils 1400,– DM (Abzug der Gebühr nicht berücksichtigt) bis zum 30. Monat (einschließlich) nur sein vorher selbst eingezahltes Geld zurückbekommt.

Auch unter Berücksichtigung der Gebühr von 200,– DM pro Letter verschiebt sich dieser Zeitpunkt nur um drei auf den 27. Monat.

Danach erst müsste aus einem wie auch immer verdienten Ertrag eine Rendite gezahlt werden. Für einen Anleger, der nur 36 Monate sein Geld anlegt und nach dem Sparplan eingezahlt hat, sieht das so aus:

- Anzahl der gekauften Letter 23
- Einzahlung insgesamt 32 200,– DM
- Auszahlung insgesamt 37 200,– DM
- Ertrag 5000,– DM

Aus Ertrag, Einzahlung, Rückzahlung und Laufzeit von 36 Monaten ergibt sich eine Rendite von 5,17 598%.

Darüber hinaus hat der Anleger noch einen Anspruch auf Zahlung von insgesamt 15 600,– DM aus den zuletzt gekauften und noch nicht zurückgezahlten „Letters“, verteilt auf die nachfolgenden 12 Monate.

Wenn die Zahlungen erfolgen, hat er insgesamt 20 600,– DM über den eingezahlten Betrag hinaus als Ertrag/Rendite erhalten.

Diese 20 600,– DM bezogen auf das eingezahlte Kapital von 32 200,– DM entsprechen keineswegs den versprochenen 71,43% pro Jahr, sondern die Rendite beträgt knapp 64% (genau: 63,97 515%).

Diese Sache hat nur einen Schönheitsfehler: Pro Jahr sind das bei einer Laufzeit von insgesamt 4 Jahren nur noch 15,99% pro Jahr!

Aber eine Rendite von fast 16% könnte sich auch schon sehen lassen. Die Frage ist nur: Woher soll sie kommen?

Tatsächlich beträgt das für die Anlage zur Verfügung stehende Kapital nur durchschnittlich 1300,– DM und steigt in den ersten 30 Monaten nicht über 2600,– DM.

Wie aber will die *EKC-Re-Insurance Ltd.* mit so einem Minibetrag eine Rendite erwirtschaften, die eine Rückzahlung von 20 600,– DM ermöglicht?

Schließlich ist selbst dann, wenn der Kunde noch bis einschließlich 36. Monat jeden Monat einen „Letter" kauft, das Geld des Kunden bis zum 30. Monat aufgebraucht.

Bis zum 36. Monat muss der Club 5000,– DM zuschießen und dann noch weitere 15 600,– DM innerhalb von 12 Monaten zahlen!

Zweifel angebracht: Aus dieser Sicht wird deutlich, dass die versprochene Rendite von 71,43% pro Jahr überhaupt nicht erbracht werden kann.

Das eingezahlte Geld des Kunden wird ihm über einen längeren Zeitraum wieder zurückgezahlt. Nur die beim Verkauf jedes „Letters" erhobene Gebühr von 200,– DM (14,28%) bleibt beim Verein.

Da der Verein nicht nur Club-Mitglieder sucht, sondern auch Mitarbeiter, kann man diese Methode der Geldanlage wohl unter „Schneeballsystem" abhaken.

Der Anleger wird abgezockt und die Initiatoren werden sich rechtzeitig an den Sitz der Muttergesellschaft begeben. Wer sehen will, was mit seinem Geld geschehen ist, wird dann auf die Bahamas fliegen müssen.

Neue Erkenntnisse: Obwohl in den Zeitungen zu lesen war, dass der *European Kings Club* in Basel bereits von der schweizerischen Bankenkommission geschlossen wurde und die Käufer der Letters aufgefordert wurden, ihre Ansprüche anzumelden, ist der Trend zum Club beinahe ungebrochen.

Besonders in den neuen Bundesländern geht der Verkauf ungebremst weiter. Dabei gibt es auch hierzulande schon erste Erfolge zu vermelden.

Die Staatsanwaltschaft Frankfurt ermittelte schon 1993 gegen den damals noch unter dem Namen „German Kings Club" und in der Nähe von Frankfurt beheimateten Verein.

Die bei einer Durchsuchung aufgefundenen Papiere belegten, dass man nicht nur in Europa, sondern auch in den USA nach der gleichen Methode auf Kundenfang ging.

Offenbar wurde den Initiatoren der Boden zu heiß und sie verlegten den Sitz nach Gelnhausen, wohl in der Hoffnung, sich dem Zugriff der Strafverfolgungsbehörden zu entziehen.

Vergeblich! Eine Durchsuchung der Geschäftsräume in Gelnhausen wegen des Verdachts des Betruges war vor wenigen Tagen erfolgreich.

Es wurde eine EDV-Anlage gefunden, die nun Zugriff auf die Kunden ermöglicht und vielleicht den Verdacht auf Veruntreuung des Geldes erhärtet.

Auch wurden die sichtbaren Drahtzieher kurzfristig inhaftiert, mussten aber wieder auf freien Fuß gesetzt werden, denn selbst der engagierteste Ermittler braucht Informationen.

So melden sich nur wenige Geschädigte bei der Staatsanwaltschaft Frankfurt (069–1367–01) und geben oft noch nicht einmal an, wie viel sie eingezahlt haben.

Dennoch: Die Schön-Wetter-Periode für die Initiatoren des *European-Kings-Club* scheint vorbei zu sein.

Da hilft auch nicht, *Michail Gorbatschow* mit Hilfe eines großen Schecks für seine Hilfs-Organisation als Werbeträger zu benutzen, um damit Kunden und Mitglieder zu ködern.

Denn spätestens, wenn der „Anleger" bemerkt, dass Geld nicht auf Bäumen wächst, will er seinen Einsatz zurück. Und dann kann es zu spät sein!

Inzwischen ist der *Kings Club* längst passe und die Verantwortlichen verurteilt. Dennoch bleibt das Risiko, dass sich wieder neue Initiatoren finden, die dann die gleiche Masche unter neuem Namen wieder aufnehmen.

Aber auch wer sich nur mit professionellen Vermögensverwaltern abgeben will, muss auf sein Vermögen selbst aufpassen.

Streitfall Vermögensverwaltung

Vermögensverwalter sind auch in Deutschland „trendy". Nie zuvor wurden derart große Vermögen von relativ wenig Anlageberatern/Verwaltern bewegt.

In diesem Jahr (1. Halbjahr 2001) allerdings mussten sie eine große Schlappe einstecken: Bis zu 70% der ihnen anvertrauten Mittel wurden durch Kursverluste und andere „Schicksalsschläge" vernichtet.

Dennoch, in den letzten Jahren konnten einige Verwalter recht hübsche Ergebnisse vorweisen. Mit gemischten Depots und einem etwas höheren Risiko konnten sie positive Erträge erwirtschaften.

Insgesamt allerdings bleiben die Ergebnisse weit hinter den Erwartungen der Anleger zurück. Geht es gut und schreibt der Verwalter positive Zahlen dann liegt das Ergebnis bei „Index minus Kosten". D.h., selbst wenn das Ergebnis des Index erreicht wurde, ging die Rendite durch die Kosten der Verwaltung zum Teil erheblich zurück.

Ein prominentes Beispiel zur Abschreckung vor Verwaltern bot in den 80er Jahren der Portfoliomanager einer der größten Fondgesellschaften in Deutschland.

Obwohl die Renditen bei US-Anleihen und konstantem US-Dollar zweistellig waren, schloss er am Ende des Jahres mit 2,35% die Bücher seines ausschließlich in US-Bonds investierenden Rentenfonds. Unglaublich? Aber wahr!

Da stellt sich die Frage, warum Anleger ihr Kapital nicht selbst verwalten oder sich nur mit erfolgreichen Verwaltern befassen. Das ist schnell erklärt.

Wer viel Geld für die Anlage besitzt, hat in den meisten Fällen keine Zeit oder kein Know-how, um selbst die Anlageentscheidungen zu treffen.

Wie findet der Anleger nun den „richtigen" Vermögensverwalter für sich?

Wer aufmerksam in Zeitungen und Zeitschriften nach dem Stichwort „Vermögensverwaltung" sucht, findet hin und wieder Vorschläge und Tipps zur Auswahl eines geeigneten Verwalters.

Die Beachtung dieser Regeln ist zwar keine Garantie für eine sichere Rendite, verbessert jedoch die Beweissituation, wenn es zum Streit mit dem Vermögensverwalter kommt.

Häufig wird in den Medien empfohlen, beim Umgang mit einem Vermögensverwalter auf folgende Punkte zu achten:

- Festschreibung der Renditeerwartungen des Kunden
- Mehrere Verwalter miteinander vergleichen
- Prüfen, ob es sich um eine Scheinfirma handelt
- Kein Geld schicken, ohne nicht vorher einen Vertrag unterschrieben zu haben
- Zugehörigkeit zu einer Bank prüfen
- Kreditaufnahme durch den Verwalter zum Nachkaufen von Aktien etc.
- Berichtswesen prüfen und Kündigungsfristen erfragen.

Tatsächlich hat *Alfred B. J. Siebers* (www.siebers.com) in den zahlreichen Fällen der letzten 15 Jahre festgestellt, dass diese „Regeln" wenig verlässlich sind und dem Anleger nur geringe bis keine Vorteile bringen.

Festschreibung der Renditeerwartung?

Eine Festschreibung der Renditeerwartung sieht vielleicht schick aus, wird vom Verwalter jedoch nicht garantiert.

Wichtiger wäre es, eine schriftliche Strategie zu vereinbaren, bei der nicht nur die Wahl der Anlageinstrumente, sondern auch die Anlagehorizonte und die regionale/globale Aufteilung des Anlagekapitals festgelegt wird.

Erst dann kann der Verwalter wegen Schlechterfüllung oder schlichter Ignoranz der vorher vereinbarten Strategie in die Pflicht genommen werden.

Mehrere Verwalter vergleichen?

Mehrere Verwalter zu vergleichen macht nur dann Sinn, wenn der Anleger auf der Suche nach einem auch menschlich zu ihm passenden Verwalter ist.

Soll nur das Geld verwaltet werden und will der Anleger nicht mit dem Verwalter regelmäßige Diskussionen führen, führt ein Vergleich der Verwalter zu keinem Ergebnis.

Selbst der Vergleich der Ergebnisse, so sie nicht über einen Zeitraum mit unterschiedlichen Börsensituationen gehen, sind für eine Bewertung des Verwalters nicht geeignet.

Mit anderen Worten: In einer langandauernden Hausse habe alle Verwalter gute Ergebnisse. Das hätte der Anleger vielleicht aber auch selbst geschafft!

Scheinfirma?

Ob es sich um eine Scheinfirma handelt ist für einen Anleger nur schwer zu erkennen.

Die Erfahrungen der Vergangenheit haben gezeigt, dass kriminelle Elemente durchaus bereit sind, viel Geld in das Aussehen der Firma und die Infrastruktur zu investieren, da sie mit erheblichen Gewinnen rechnen konnten.

Allerdings gingen diese Gewinne in der Regel zu Lasten der Anleger, die oft mit einem Totalverlust konfrontiert wurden.

Kein Geld schicken?

Kein Geld zu schicken, ohne nicht vorher einen Vertrag unterschrieben zu haben, hat auch keine Schutzfunktion.

Oft genug werden dem rechtsunkundigen Anleger Verträge „untergejubelt“ bei denen der Anleger nur wenige Möglichkeiten hat, eine faire Behandlung als Kunde des Verwalters zu erhalten.

Bankenunabhängig?

Wenn der Verwalter mit einer Bank „verbandelt" ist, kann dies für den Anleger nicht nur Vorteile, sondern auch Nachteile bedeuten.

So ist scheinbar eine gewisse Seriosität gegeben, die aber auch schon oft nur zum Schein dargestellt wurde.

Andererseits läuft der Anleger Gefahr, dass sein Depot ausschließlich oder zu einem großen Anteil mit Produkten der jeweiligen Bank oder Bankengruppe voll gestopft wird.

Kreditaufnahme?

Auch die Kreditaufnahme durch den Verwalter muss hier kritisch gesehen werden.

Einerseits kann der Verwalter schnell auf Ereignisse an der Börse reagieren und günstige Kurse für den Anleger wahrnehmen, z. B. bei gefallenen Kursen „verbilligen" und nachkaufen.

Andererseits muss sich der Anleger selbst die Frage stellen, ob dies nicht eher ein Zeichen dafür ist, dass der Verwalter nicht rechtzeitig ausgestiegen ist und jetzt den entstandenen Verlust dem Anleger nicht eingestehen will.

Grundsätzlich ist ein Engagement auf Kredit mit erheblichen Risiken verbunden, die jedoch vom Anleger (und manchmal auch vom Verwalter) nicht gesehen oder empfunden werden, da es sich ja um Kredit und eben nicht um „echtes" Geld handelt.

Berichtswesen?

Das Berichtswesen des Verwalters sollte so aussehen, dass der Anleger in regelmäßigen, kurzen Abständen eine Übersicht über Käufe, Verkäufe und Bestand erhält. Als Zeitraum wird allgemein ein Monat als angemessen angesehen.

Besser wäre es natürlich, wenn der Anleger auch einen schriftlichen Bericht erhält, in dem der Verwalter erläutert (in Worten), warum welche Werte gekauft, verkauft oder gehalten wurden, welche Aussichten bestehen, welche Transaktionen geplant sind etc.

Damit erhält der Anleger dann die Möglichkeit einer besseren Überprüfung der Tätigkeit des Verwalters. Und dies unabhängig vom Ergebnis.

Großes Angebot

Waren bisher Einzelkämpfer bei der Vermögensverwaltung anzutreffen, treten jetzt immer mehr Banken zum Kampf um das Geld des Anlegers auf den Plan.

„Private Banking" heißt das Stichwort und zielt dabei auf die fetten Sparschweine der Deutschen und die bereits anrollende Welle an reichen Erben.

Um mehr über ihre zukünftigen Kunden zu erfahren, haben verschiedene Banken Untersuchungen in Auftrag gegeben.

Dabei wurde festgestellt, dass in Deutschland 365 000 Menschen leben, die jeweils über ein Geldvermögen von mindestens zwei (2) Millionen DM verfügen.

Wenn auch der Kleinanleger mit Fonds, Aktien-Anleihen und allerlei anderen Instrumenten umworben wird, geht es letztendlich den Banken doch „nur" um diese Zielgruppe!

Bei einer Vermögensverwaltung mit Einzelwerten sind bei den meisten Verwaltern und Banken mindestens ein bis zwei Millionen an liquidem Geldvermögen erforderlich.

Bei der fondsgebundenen Vermögensverwaltung sollten es mindestens 100 000,– DM sein. Noch geringere Beträge werden von den Beratern bei Banken und Sparkassen vor Ort betreut und oft in hausinterne Produkte investiert.

Da diese Aufteilung nicht immer den Wünschen und Ansprüchen der Anleger genügt, haben auch sogenannte unabhängige Verwalter Konjunktur.

Zwischen diesen beiden Polen hat der Anleger nun die Auswahl. Auf der einen Seite die Banken und deren Vermögensverwalter, denen ein Team von Analysten zur Verfügung steht und Tag und Nacht die aktuellsten Informationen vor sich haben.

Auf der anderen Seite die unabhängigen Vermögensverwalter, denen nicht die gleichen Techniken zur Verfügung stehen, die jedoch individuell auf ihre Kundschaft eingehen.

Hier muss der Kunde selbst abwägen, welche Verwaltergruppe seinen Vorstellungen am besten entspricht.

Danach ist neben den bereits weiter oben angesprochenen Tipps die folgende Checkliste zu Rate zu ziehen, um aus der Vielzahl der Mitglieder der Gruppe, den für sich „richtigen" Berater zu finden.

Diese Checkliste kann natürlich nur einen Teil der Kriterien aufzeigen, die restlichen Kriterien liegen in der Person und den Präferenzen des Anlegers.

Checkliste

- Lassen Sie sich tatsächliche Anlageergebnisse aus der Vergangenheit zeigen, keine fiktiven Musterdepots!
- Notieren Sie sich die Zahlenangaben, besser noch: nehmen Sie eine Kopie der Ergebnisse zu Ihren Akten.
- Will man Ergebnisse anderer Kunden nicht aus der Hand geben, lassen Sie sich anonymisierte (geschwärzte) Berichte geben!
- Stellen Sie fest, ob auch Begründungen für Veränderungen des Depots/der Depotstruktur schriftlich dargelegt werden und die Aussichten für die Zukunft mehr als nur Worthülsen sind. Dies gilt sinngemäß für jeden Bericht!
- Bestehen Sie auf zeitnahen Zwischenberichten mit detaillierter Auflistung, welche Anlagen wie viel zum Ergebnis beigetragen haben.
- Manchen Verwalter bieten auch eine personalisierte Internetseite an, bei der Sie die Performance Ihres Depots fortlaufend überwachen können (kein Muss).
- Stellen Sie fest, wie oft die Risikostruktur des Depots überprüft wird (monatlich, quartalsweise, halbjährlich oder nur jährlich?).
- Lassen Sie sich die Gebührenstruktur erläutern. Je einfacher umso besser!

  Derzeit werden verschiedene Strukturen angeboten:

(a) Verwaltungsgebühr in Höhe von 0,5% bis 1,0% plus der Gebühren und Bankspesen.

(b) „Alles inklusive"-Pakete mit einer Gebühr in Höhe von 1,5% (Gebühren und Bankspesen bereits inbegriffen)

(c) Niedrige Mindestgebühr plus Gewinnbeteiligung („Performance-abhängige" Gebühren). Wird eine Mindestrendite (z.B. 5% bis 8%) erreicht, wird eine Gewinnbeteiligung in Höhe von 10% bis 20% auf die die Mindestrendite übersteigenden Erträge verlangt.

Diese Gewinnbeteiligung wird gern auch von Kapitalanlageberatern angeboten, die durch eine „Kick-Back-Vereinbarung“ mit dem ausführenden oder depotführenden Institut am Wertpapierumsatz beteiligt sind.

Lassen Sie sich nicht vom wohlklingen oder bekannten Namen blenden. Entscheidend für Ihren Anlageerfolg ist nicht der Name oder das Renommee des Verwalters, sondern die fachliche Kompetenz und der Erfolg des Sie betreuenden Beraters!

Und nun kommt der wichtigste Teil bei der Auswahl eines Vermögensverwalters: Die Festlegung der eigenen „Risikoklasse“.

Sie werden jetzt bei Ihrem Verwalter ein Risikoprofil unterschreiben müssen. Damit legen Sie fest, wie viel Risiko Sie für Ihr Depot zulassen wollen.

Meist werden drei Klassen angeboten: Konservativ, Zuwachs, Spekulativ. Achten Sie bitte darauf, dass diese Einteilung von Anbieter zu Anbieter variieren kann. Auch werden nicht immer die gleichen Worte benutzt.

Wenn Sie sicher gehen wollen, sollten Sie sich bei der Klassifizierung vorsichtshalber eine Gruppe niedriger einstufen (also statt „Spekulativ“ lieber „Zuwachs“ wählen).

Darüber hinaus sollten Sie noch einen schriftlichen Investmentplan verlangen (eventuelle Mehrkosten, teilweise werden für die Pläne separate Gebühren in Rechnung gestellt).

Besser Sie achten vor dem Vertragsabschluss auf diese „Kleinigkeiten“, denn hinterher verhalten sich die meisten Anleger wie bei ihrem Hausarzt: Sie sind zwar nicht zufrieden, aber wechseln oder meckern wollen sie auf keinen Fall!

Ein ähnliches schwieriges Verhältnis besteht oft zwischen dem Anleger und seinem (Bank)Berater. Mangels eigener Erfahrung ist der Anleger geneigt, dem Berater jedwede Fachkenntnis zuzuschreiben.

Der Berater muss doch schließlich wissen, wie man an der Börse Geld macht, er sitzt doch schließlich an der Quelle.

Ungeliebte Experten

Noch vor ein paar Jahren galt Deutschland bezüglich der Anzahl an Aktionären als Entwicklungsland. Seit der Emission der

T-Aktie sind mehr Kleinanleger an der Börse engagiert, als jemals zuvor.

Tatsächlich haben die Germanen in bisher nicht gekanntem Ausmaß den Reiz der Spekulation mit Aktien und anderen Anlageinstrumenten entdeckt.

Dieser volkswirtschaftlich durchaus positive Effekt kann jedoch die enormen Verluste der Anleger nicht übertünchen.

Die übermäßigen und euphorischen Engagements besonders im Neuen Markt sorgten dafür, dass Milliarden Euro verloren gingen. Oft blieb den Anlegern nur ein Bruchteil ihres vorherigen Kapitals.

Durch Anleihen-Emissionen der „besonderen" Art blieb der Verlust an Kapital nicht auf Aktien, Optionen und Futures begrenzt. Auch Anleihen-Sparer wurden arg gebeutelt, gingen bei einigen Emissionen sogar leer aus.

Wie konnte das geschehen?

Unabhängig von der Anlageform ist festzustellen, dass die meist unerfahrenen Neu-Anleger sich völlig auf den Rat der Profis verlassen haben bzw. mangels eigener Erfahrungen auf diese Berater verlassen mussten.

Die Berater wiederum haben sich auf die Analysen der „Analysten" verlassen, denn diese haben ja zum Kauf geraten. Liegt der Schwarze Peter nun bei diesen Experten?

Tatsache ist, dass viele Analysten bei den Banken viel zu jung sind, um aus eigener Erfahrung schlechte Börsenzeiten oder Zeiten größerer Gefahr überhaupt erkennen zu können.

Nach einem Studium der Betriebswirtschaft oder der Volkswirtschaft werden sie (wenn der Anleger Glück hat) in ihrer Bank noch kurz eingewiesen und dann sich selbst überlassen.

Kein Wunder, dass die Analysen dieser Experten entweder kaum etwas aussagen oder in eine völlige Fehlinterpretation umschlagen.

Sie wissen es nicht besser! Der Anleger aber ist der Dumme. Er hat sich in gutem Glauben an die Ratschläge der Analysten und Berater gehalten und ist oft damit seines gesamten Kapitals verlustig gegangen.

Was tun, sprach Zeus? Nun, Zeus wird mit seiner göttlichen Vorsehung schon den richtigen Weg wissen, allein er gibt uns nur höchst selten einen Tipp! Auch die selbst ernannten Gurus wissen meist nicht mehr und das Lesen aus dem Kaffeesatz ist nicht in Mode.

Bevor Sie nun in die allseits bekannte Glaskugel schauen, sollten Sie beim Kauf von Aktien oder anderen Instrumenten den gesunden Menschenverstand wieder einschalten.

Er weiß oft am besten was von der einen oder anderen Anlage zu halten ist.

Das Gefühl allein wird Sie täuschen, wird es doch von der Gier nach mehr gelenkt. Haben Sie eine bestimmte Aktie ins Auge gefasst, sollten Sie sich mit der Firma auch mal näher befassen.

Liegt die Börsenkapitalisierung dieser AG beispielsweise bei 50 Millionen Euro und macht diese Firma im Jahr lediglich 2 Millionen Euro **Umsatz,** dann sollte das nur unter sehr spekulativen Aspekten ein Kandidat für Ihr Depot sein.

Seien Sie sich immer bewusst, dass Ihnen bei dieser Firma durchaus auch mal ein Totalverlust ins Haus stehen kann.

Mit anderen Worten, machen Sie sich kundig, lesen Sie mal ein Buch über Aktien, Anleihen oder andere Instrumente und verlassen Sie sich in keinem Fall auf den Rat eines Experten.

Passen Sie also auf! Es ist schließlich Ihr Geld.

5. Optionen und Futures

Seit dem Januar 1990 sind Optionen und Futures die neuen Schlagworte auf dem Börsenparkett. Diese als Neuheit gefeierten Instrumente sind tatsächlich aber bereits seit Jahrhunderten bekannt.

Schon im Venedig des 10. Jahrhunderts wird über den organisierten Handel mit Terminkontrakten (heute **Futures** genannt) berichtet. Über die dort gehandelten Waren ist nichts überliefert, es wird sich aber im Wesentlichen um Agrarprodukte gehandelt haben.

Im 17. Jahrhundert wurde in Holland mit **Optionen** der Kauf und Verkauf von Gewürzen und anderen orientalischen Spezialitäten durchgeführt. Mit diesen Optionen wurden ganze Schiffsladungen gehandelt, obwohl die Schiffe noch Monate unterwegs waren. Der Vorteil lag in der Festlegung von Preis und Menge der Ware, bei späterer Lieferung und Bezahlung. Dieses Konzept ist bis heute die Grundlage aller Termingeschäfte.

5.1 Sicherheit durch derivative Instrumente?

Ein derivatives Instrument ist eine Anlageform, die **durch Ableitung** von einem anderen Anlageinstrument **entstanden** ist. Beispielsweise beziehen sich Aktienoptionen auf Aktien und Rentenoptionen auf Anleihen. Bei Futures weist die Ableitung auf eine Ware im weitesten Sinne hin, z. B. beim Bund-Futures – an der Deutschen Termin Börse (DTB), jetzt EUREX – auf eine synthetische Anleihe oder beim DAX-Futures auf einen Index.

Sind bei Aktienoptionen die Aktien in der Regel auch lieferbar, fällt diese Lieferung bei Index-Futures fort, und die Abrechnung erfolgt in bar.

Wichtiges Kennzeichen aller derivativen Instrumente ist der geringe Kapitalaufwand. Durchschnittlich sind zwischen 3 und 10%

des Wertes, auf den optiert wird bzw. auf den ein Futures gehandelt wird, als Sicherheit (Margin) zu hinterlegen.

An der EUREX werden Optionen auf die wichtigsten Aktien des deutschen Kapitalmarktes gehandelt. Im Herbst '90 wurden auch Futures auf Anleihen (Bund-Futures) und auf den Deutschen-Aktien-Index (DAX-Futures) eingeführt.

Wichtig ist für den Anleihenbesitzer, dass im Herbst 1991 auch Optionen auf den Bund-Futures und Optionen auf einen Renten-Index eingeführt wurden. Da der Handel mit Optionen dann eine preiswerte Absicherung sein kann, soll in den folgenden Abschnitten die Option im Mittelpunkt stehen. In den Beispielen werden zum bessern Verständnis allerdings auch Optionen auf Aktien verwendet. Hervorzuheben ist, dass es sich bei der EUREX um die Erste vollelektronische Börse handelt. Käufer und Verkäufer finden über ein Computer-Terminal zueinander, und ein Zentralrechner führt die Aufträge zusammen.

Bei diesem **Matchen** befolgt er die Regeln der Börse und garantiert auf diese Weise einen fairen Handel. Die Kontraktpartner bleiben anonym, die EUREX übernimmt die Garantie für beide Seiten. Dieses sogenannte **Clearing-System** wurde aus den USA importiert. Dort sind Terminbörsen und Futures seit 1848 bekannt und werden zur Absicherung von Warenbeständen, aber auch zur Spekulation auf Preisveränderungen benutzt.

Mit dieser Methode der Absicherung – es läuft auf den Transfer des Risikos hinaus – bietet sich für Depotverwalter, aber auch für Durchschnittsanleger, die Möglichkeit, künftige Preis- oder Zinsveränderungen zu *versichern.*

Hier wird das mit dem Besitz der Anleihen verbundene Kursrisiko auf andere Schultern übertragen. Ein Spekulant oder auch nur ein Anleger mit einer anderen Markteinschätzung übernimmt das Risiko.

5.2 Die Option

Bei Optionen unterscheiden wir grundsätzlich zwei Arten, die **Call**-Option und die **Put**-Option. Bei beiden Optionsarten können Sie als Käufer oder als Verkäufer auftreten.

Betrachten wir zunächst die **Käuferseite.**

Eine **Call**-Option gibt dem Käufer das Recht, jederzeit während der Laufzeit die Option auszuüben und die Lieferung der zugrundeliegenden Ware zum vereinbarten Basispreis und der entsprechenden Menge zu verlangen. Für diese Recht zahlt der Käufer eine Prämie. Eine Pflicht zur Ausübung der Option ist für ihn nicht damit verbunden.

Beispiel: Sie kaufen eine Call-Option auf Siemens-Aktien, Basispreis 500, Laufzeit Dezember, Prämie 20,– €. Damit erwerben Sie das Recht, bis zum dritten Freitag im Dezember die Option ausüben zu können. Wenn Sie ausüben, erhalten Sie 50 Siemens- Aktien zum Kurs von 500,– € pro Aktie. Durch die Prämie von 20,– €, die Sie für das Recht pro Aktie gezahlt haben, verteuert sich Ihr Kurs auf 520,– € pro Aktie. Wenn sich die Ausübung nicht lohnt, lassen Sie die Option verfallen und erleiden einen Verlust in Höhe der Prämie.

Oder Sie kaufen eine Call-Option auf einen Bund-Futures-Kontrakt, Laufzeit Dezember, Basispreis 95,00 und zahlen eine Prämie von 2,00 Punkten (entspricht 5000,– €). Damit verteuert sich Ihr Basispreis auf 97,00. Erst wenn der Kurs darüber hinaus steigt, beginnt Ihr Gewinn. Wenn Sie den Call ausüben, erhalten Sie eine Long-Position (Kauf-Position) eines Bund-Futures. Sie haben dann die Möglichkeit, an der weiteren Kurssteigerung zu partizipieren oder können den Kontrakt zum jeweiligen Marktwert (Kurs) verkaufen (siehe Kapitel 5.3).

Das maximale Risiko der Option ist in diesem Fall auf die Höhe der Prämie begrenzt. Wenn Sie aber die Option ausgeübt haben und im Besitz des Futures sind, ist Ihr Risiko nunmehr unbegrenzt, da der Kurs sich uneingeschränkt bewegen kann. Außerdem ist ein Geldbetrag als Sicherheit (Margin) zu hinterlegen.

Sie sollten übrigens nur dann einen Call auf den Bund-Futures kaufen, wenn Sie sinkende Zinsen erwarten. Zins und Kurs des Futures verhalten sich bei Bund-Futures genau entgegengesetzt (inverses Verhältnis).

Der Käufer eines solchen Calls hat zumindest zwei Motive: Er will auf sinkende Zinsen spekulieren oder er will sich (bzw. sein Portfolio) gegen sinkende Zinsen ab(ver-)sichern. Hier geht es ganz konkret um die Wiederanlage der Depoterträge.

Sinken die Zinsen, dann steigt der Wert des Calls (und der Wert des dem Call zugrundeliegenden Futures-Kontraktes) und bildet so ein Gegengewicht zu dem Wiederanlageverlust des Portfolioertrags. Die Prämie für den Call kann man daher auch als eine Art Versicherungsprämie betrachten. Tritt der erwartete Fall (sinkende Zinsen) nicht ein, verfällt die Option nach Ablauf der Laufzeit wertlos, der Verlust tritt in Höhe der Prämie ein.

Eine **Put**-Option gibt dem Käufer das Recht, jederzeit während der Laufzeit seine Option auszuüben und die Annahme der zugrundeliegenden Ware zum vereinbarten Basispreis und der entsprechenden Menge zu verlangen. Für dieses Recht zahlt der Käufer eine Prämie. Eine Pflicht ist für ihn damit nicht verbunden.

Beispiele: Sie kaufen eine Put-Option auf *Siemens*-Aktien, Basis 500, Laufzeit Dezember, Prämie 20,– €. Damit erwerben Sie das Recht, bis zum dritten Freitag im Dezember Ihre Option ausüben zu können. Wenn Sie ausüben, können Sie 50 *Siemens*-Aktien liefern und erhalten dafür 500,– € pro Aktie. Durch die Prämie von 20,– €, die Sie gezahlt haben, ermäßigt sich Ihr Verkaufskurs auf 480,– €. Wenn sich die Ausübung nicht lohnt, können Sie die Option verfallen lassen, erleiden einen Verlust in Höhe der Prämie.

Oder Sie kaufen eine Put-Option auf einen Bund-Futures-Kontrakt, Laufzeit Dezember, Basispreis 95,00 und zahlen eine Prämie von 2,00 Punkten (entspricht 5000,– €). Damit verringert sich Ihr Basispreis auf 93,00. Erst wenn der Kurs darunter sinkt, beginnt Ihr Gewinn. Wenn Sie den Put ausüben, erhalten Sie eine Short-Position (Verkaufs-Position) eines Bund-Futures. Sie haben dann die Möglichkeit, an dem weiter sinkenden Kurs zu partizipieren oder können den Kontrakt zum jeweiligen Marktwert (Kurs) durch ein Gegengeschäft glattstellen (siehe Kapitel 5.3).

Das maximale Risiko der Option ist auch in diesem Fall auf die Höhe der Prämie begrenzt. Wenn Sie aber die Option ausgeübt haben und im Besitz des Futures sind, ist Ihr Risiko unbegrenzt, da der Kurs sich uneingeschränkt bewegen kann. Außerdem ist auch hier ein Geldbetrag als Sicherheit (Margin) zu hinterlegen.

Sie sollten übrigens nur dann einen Put auf den Bund-Futures kaufen, wenn Sie steigende Zinsen erwarten. Zins und Kurs des Futures verhalten sich – wie bereits erwähnt – bei solchen Termingeschäften genau entgegengesetzt (inverses Verhältnis).

Auch für den Käufer einer Put-Option gibt es mehrere Motive: Er könnte auf steigende Zinsen spekulieren oder er will sich gegen den Wertverlust seiner im Depot befindlichen Anleihen schützen. Steigen die Zinsen, dann sinkt die Kursnotierung. Damit steigt dann der Wert der Put-Option. Diese Wertsteigerung bildet ein Gegengewicht zum Kurswertverlust der Anleihen. Auch hier ist die für den Put bezahlte Prämie als Versicherungsprämie zu sehen. Tritt der befürchtete Fall (steigende Zinsen) nicht ein, verfällt die Option am Ende der Laufzeit wertlos. Der Verlust entspricht der gezahlten Prämie.

Betrachten wir nun die **Verkäuferseite.**

Bei einer **Call**-Option übernimmt der Verkäufer die Pflicht, jederzeit während der Laufzeit bei Ausübung der Option die entsprechende Menge an Ware zu liefern und dafür nur den Basispreis zu erhalten. Für die Übernahme der Pflicht erhält er eine Prämie. Ein Recht ist damit nicht verbunden.

Beispiele: Sie verkaufen eine Call-Option auf *Siemens*-Aktien, Basis 500, Laufzeit Dezember, Prämie 20,– €. Wenn die Call-Option bis zum dritten Freitag im Dezember ausgeübt wird, sind Sie verpflichtet, 50 *Siemens*-Aktien zum Preis von 500,– € pro Aktie zu liefern. Ihr Erwerbspreis verbessert sich durch die Prämie, die Sie erhalten haben, um 20,– € pro Aktie. Wenn sich die Ausübung für den Käufer nicht lohnt (der Käufer lässt die Option verfallen), haben Sie einen Gewinn in Höhe der erhaltenen Prämie erzielt. Dies ist der maximale Gewinn. Das Risiko dagegen ist unbegrenzt.

Oder Sie verkaufen eine Call-Option auf einen Bund-Futures-Kontrakt, Laufzeit Dezember, Basispreis 95,00 und erhalten dafür eine Prämie von 2,00 Punkten (entspricht 5000,– €). Damit verändert sich Ihr Basispeis auf 97,00. Wenn allerdings der Kurs darüber hinaus steigt, beginnt Ihr Verlust. Sie müssen ständig in der Lage sein, den entsprechenden Futures-Kontrakt auch zu liefern (eventuell durch den Kauf eines entsprechenden Futures absichern). Wenn Ihr Call ausgeübt wird, müssen Sie eine Long-Position (Kauf-Position) auf einen Bund-Futures-Kontrakt mit der Laufzeit Dezember liefern. Kommt es ohne Ausübung zu einer weiteren Kurssteigerung, dann müssen Sie die Differenz in Geld abdecken. Oder Sie können – wenn Sie den Kontrakt gekauft haben – sich durch den Verkauf eines Kontraktes zum jeweiligen Marktwert (Kurs) glattstellen (siehe Kapitel 5.3).

Der maximale Gewinn der Option ist in diesem Fall auf die Höhe der Prämie begrenzt, das Risiko dagegen unbegrenzt, da der Kurs sich uneingeschränkt bewegen kann. Außerdem ist ein Geldbetrag als Sicherheit (Margin) zu hinterlegen.

Sie sollten übrigens nur dann einen Call auf den Bund-Futures verkaufen, wenn Sie steigende oder stagnierende Zinsen erwarten. Zins und Kurs des Futures verhalten sich bei Bund-Futures genau entgegengesetzt (inverses Verhältnis).

Der Verkäufer eines solchen Calls hat zumindest zwei Motive: Er will auf steigende oder stagnierende Zinsen spekulieren oder er will sich (bzw. sein Portfolio) gegen steigende Zinsen absichern. Auch hier geht es um den Kurswertverlust der Anleihen im Depot. Durch den großen Kapitalaufwand (Margin) und das hohe Risiko, wenn die Option z. B. ungedeckt (keine entsprechenden Anleihen im Depot) verkauft wird, kommt diese Variante für den privaten Anleger nicht in Frage.

Dennoch: Steigen die Zinsen, dann sinkt der Wert des Calls (und der Wert des dem Call zugrundeliegenden Futures-Kontraktes), und der Verkäufer des Calls kann am Ende der Laufzeit die Prämie als Gewinn behalten. Aber auch wenn die Zinsen stagnieren, verliert der Call an Wert (Zeitwert). Dann verfällt die Option nach Ablauf der Laufzeit wertlos und es tritt der Gewinn in Höhe der Prämie ein.

Bei einer **Put**-Option übernimmt der Verkäufer die Pflicht, jederzeit während der Laufzeit bei Ausübung der Option die entsprechende Menge an Ware anzunehmen und den vereinbarten Baisspreis dafür zu zahlen. Für die Übernahme dieser Pflicht erhält er eine Prämie. Ein Recht ist nicht damit verbunden.

Beispiele: Sie verkaufen eine Put-Option auf *Siemens*-Aktien, Basis 500, Laufzeit Dezember, Prämie 20,– €. Wenn nun der Käufer dieser Put-Option bis zum dritten Freitag im Dezember seine Option ausübt und Ihnen 50 *Siemens*-Aktien liefert, müssen Sie diese annehmen und den Basispreis von 500,– € pro Aktie bezahlen. Durch die erhaltene Prämie verbessert sich Ihr Kaufkurs um 20,– €. Lohnt sich die Ausübung nicht, wird der Käufer die Option verfallen lassen und Sie erzielen einen Gewinn in Höhe der erhaltenen Prämie. Dies ist der maximale Gewinn; das Verlustrisiko dagegen ist unbegrenzt.

Oder Sie verkaufen eine Put-Option auf einen Bund-Futures-Kontrakt, Laufzeit Dezember, Basispreis 95,00 und erhalten dafür eine Prämie von 2,00 Punkten (entspricht 5000,– €). Damit verringert sich Ihr Basispreis auf 93,00. Wenn allerdings der Kurs darunter sinkt, beginnt Ihr Verlust. Sie müssen ständig in der Lage sein, den entsprechenden Futures-Kontrakt auch zu liefern (eventuell durch den Verkauf eines entsprechenden Futures absichern). Wenn Ihr Put ausgeübt wird, müssen Sie eine Short-Position (Verkaufs-Position) auf einen Bund-Futures-Kontrakt mit der Laufzeit Dezember liefern. Sinkt der Kurs weiter nach unten, ohne dass es zur Ausübung kommt, dann müssen Sie die Differenz in Geld abdecken. Oder Sie können – wenn Sie einen Kontrakt verkauft hatten – sich durch den Kauf eines Kontraktes zum jeweiligen Marktwert (Kurs) glattstellen (siehe Kapitel 5.3).

Der maximale Gewinn der Option ist in diesem Fall auf die Höhe der Prämie begrenzt, das Risiko dagegen unbegrenzt, da der Kurs sich uneingeschränkt bewegen kann. Außerdem ist ein Geldbetrag als Sicherheit (Margin) zu hinterlegen.

Sie sollten übrigens nur dann einen Put auf den Bund-Futures verkaufen, wenn Sie sinkende oder stagnierende Zinsen erwarten. Zins und Kurs des Futures verhalten sich genau entgegengesetzt (inverses Verhältnis).

Der Verkäufer eines solchen Puts hat zumindest zwei Motive: Er will auf sinkende oder stagnierende Zinsen spekulieren oder er will sich (bzw. sein Portfolio) gegen sinkende Zinsen absichern. Auch hier geht es um die Wiederanlage der Depoterträge. Durch den großen Kapitalaufwand (Margin) und das hohe Risiko, wenn die Option ausgeübt wird und der Anleger z. B. ungedeckt ist (keine entsprechenden Anleihen im Depot), kommt auch diese Variante für den privaten Anleger nicht in Frage.

Dennoch: Sinken die Zinsen, dann sinkt der Wert des Puts (und der Wert des dem Put zugrundeliegenden Futures-Kontraktes) und der Verkäufer des Puts kann am Ende der Laufzeit die Prämie als Gewinn behalten. Aber auch wenn die Zinsen stagnieren, verliert der Put an Wert (Zeitwert). Dann verfällt die Option nach Ablauf der Laufzeit wertlos und es tritt der Gewinn in Höhe der Prämie ein.

5.3 Der Futures-Kontrakt

Ein Futures-Kontrakt ist das gegenseitige Versprechen von Käufer und Verkäufer, zu einem bestimmten Preis eine festgelegte Menge einer Ware in einer bestimmten Qualität zu liefern oder abzunehmen.

Diese recht allgemein gefasste Formulierung wird noch durch die folgenden Beispiele verständlicher.

Bei diesen Beispielen benutzen wir den DAX–Index und den DAX-Futures, da sich eine steigende Indexnotierung mit der steigenden Futuresnotierung deckt. Dies ist zur Gewöhnung an den Mechanismus von Terminbörsen der leichteste Weg. Das Kapitel 5.4 ist als Fortsetzung dieses Abschnittes konzipiert und geht auf die direkte Anwendung der Futures als Absicherung eines Depots ein. Schon jetzt wollen wir nochmals darauf hinweisen, dass beim Bund-Futures die Entwicklung des Futureskurses entgegengesetzt zur Entwicklung des Zinses verläuft: Wenn der Zins steigt, sinkt die Futuresnotierung und umgekehrt.

In den Beispielen dieses Kapitels aber ist alles noch normal. Wenn der Index steigt, dann steigt die Futuresnotierung und umgekehrt.

Der Käufer eines Futures

Der Käufer eines Futures-Kontraktes hat das Recht, eine bestimmte Menge einer Ware zu einem bestimmten Preis zu erwerben. Zahlung und Lieferung werden zum Ende der Laufzeit vereinbart.

Der Käufer eines Futures-Kontraktes hat aber auch die Pflicht, eine bestimmte Menge einer Ware zu einem bestimmten Preis abzunehmen.

Der Käufer eines Futures-Kontraktes kann sich aus seiner Abnahmeverpflichtung nur befreien durch ein **Gegengeschäft,** d.h. durch den Verkauf eines gleichen Kontraktes.

Beispiel: Der Käufer **kauft** einen DAX-Futures mit einem Kurs von 1500 Punkten, Laufzeit **Dezember.** Der Kurs steigt auf 1600 Punkte an. In diesem Fall würde der Verkauf einen Gewinn von 100 Punkten erbringen. Sinkt dagegen der Kurs auf 1490 Punkte, würde er einen Verlust von 10 Punkten erleiden. Beim Anstieg des Kurses ist der Käufer an der Realisierung des Gewinns interessiert. Sinkt aber der Kurs, wünscht er sich – zur Vermeidung noch größerer Verluste – aus seiner Abnahmeverpflichtung zu lösen. Deshalb **verkauft** der Käufer einen DAX-Futures mit der Laufzeit **Dezember** zum Kurs von 1490 Punkten und realisiert den relativ kleinen Verlust.

Beide Geschäftsabschlüsse heben sich gegeneinander auf. Die Differenzzahlung von 10 Punkten werden dem Käufer als Verlust und dem Verkäufer als Gewinn verbucht.

Der Verkäufer eines Futures

Der Verkäufer eines Futures-Kontraktes hat die Pflicht, die im Kontrakt festgelegte Menge einer Ware zu liefern. Zahlung und Lieferung erfolgen am Ende der Laufzeit.

Der Verkäufer eines Futures-Kontraktes hat aber auch das Recht, die Abnahme der festgelegten Menge der Ware und die Zahlung des vereinbarten Preises zu verlangen. Erfüllung ist jeweils am Ende der Laufzeit.

Der Verkäufer eines Futures-Kontraktes kann sich aus seiner Lieferverpflichtung nur durch ein **Gegengeschäft** lösen, indem er einen gleichen Kontrakt (zurück)kauft.

Beispiel: Der Verkäufer **verkauft** einen **DAX**-Futures zum Kurs von 1500 Punkten, Laufzeit Dezember.

Sinkt der Kurs auf 1400 Punkte ab, würde er durch den (Rück-) Kauf des Kontraktes einen Gewinn von 100 Punkten erzielen. Steigt dagegen der Kurs auf 1510 Punkte an, würde er durch den (Rück-)Kauf einen Verlust von 10 Punkten erleiden.

Bei sinkenden Kursen ist der Verkäufer an der Realisierung des Gewinns interessiert. Das **Glattstellen der Position,** so nennt man die Durchführung eines Gegengeschäftes, bringt in diesem Fall nur dem Verkäufer einen Gewinn.

Bei steigenden Kursen ist der Verkäufer daran interessiert, mit möglichst geringem Verlust das Geschäft abzuschließen.
Der Verkäufer **kauft** einen DAX-Futures zum Kurs von 1510 Punkten, Laufzeit Dezember.

Auch hier heben sich beide Geschäftsabschlüsse gegeneinander auf. Auf dem Konto des Verkäufers wird ein Verlust von 10 Punkten und auf dem Konto des Käufers ein gleich großer Gewinn verbucht.

5.4 Absicherung eines Anleihen-Depots

Die günstigste Zeit für ein Depot mit festverzinslichen Wertpapieren ist sicherlich eine Phase mit unverändertem Zinsniveau. Sinkt der Zins, steigt zwar der Kurswert der Anleihe, gleichzeitig aber wird der Ertrag der Wiederanlage geringer.

Steigt der Zins, kommt es zu direkten Kursverlusten, die in der Regel nicht durch den nunmehr höheren Wiederanlageertrag ausgeglichen werden können. Bei beiden Zinsveränderungen besteht daher Handlungsbedarf für eine Absicherung.

Tatsächlich aber wird weitgehend nur gegen den Zinsanstieg abgesichert. Wir wollen auf den folgenden Seiten beide Änderungen betrachten und jeweils ein Beispiel berechnen. Es bleibt jedem Anleger selbst überlassen, diesen Anregungen zu folgen.

Absicherung gegen steigende Zinsen

In unserem Beispiel werden wir nur den Nominalwert des Depots absichern, es handelt sich also um den **Nominal-Hedge.** Aufgrund der festen Beziehung zwischen der Arbitrage und der **Cheapest-to-Deliver**-(billigst zu liefernden)Anleihe, nachfolgend **CTD** genannt, orientiert sich der Futures-Preis an dieser **günstigsten** Anleihe. Diese hat aber oftmals eine andere Laufzeit und/oder einen anderen Coupon.

Daraus folgt, dass sich Futures- und Kassa-Kurs nicht spiegelbildlich bewegen. Durch diese Ungleichgewichtigkeit kommt es zu Abweichungen, die sowohl positiv als auch negativ ins Gewicht fallen können.

Um diese Faktoren zu berücksichtigen, verwendet man verschiedene Formeln zur Errechnung der Hedge-Ratio. Zu erwähnen sind hier der **Preisfaktor-Hedge,** der **Basispunkt-Hedge,** der **Durations-Hedge** und der **Regressions-Hedge.** Diese werden hier nicht weiter verfolgt.

Beispiel: Ein Fonds-Manager besitzt in seinem Depot Bundesanleihen im Nominalwert von 10 Millionen €. Er befürchtet innerhalb der nächsten Monate eine eklatante Zinssteigerung, will aber die damit verbundenen Kursverluste vermeiden. Er entscheidet sich dazu, den Nominalwert des Depots durch den gleichen Nominalwert an Bund-Futures abzusichern. Für diese Absicherung wählt er den März-Kontrakt. In der nachfolgenden Tabelle ist der zeitliche Ablauf dieser Transaktionen dargestellt.

Datum	Kassa-Position	Futures-Position
20. September	Bundesanleihen befinden sich im Depot	Verkauf 40 März Bund-Kontrakte an der EUREX
	Nennwert der Kassa-Position: 10 000 000	Nennwert der Futures-Position: 10 000 000
	Anleihen-Kurs: 89,50	Futures-Kurs: 83,50
	Marktwert des Depots: 8 950 000	Marktwert der Futures: 8 350 000
7. März	Die Zinsen sind gestiegen	
		Verkauf zum
	Anleihen-Kurs: 86,80	Futures-Kurs: 81,10
	Marktwert des Depots: 8680 000	Marktwert der Futures: 8110 000
	Verlust: 270 000	Gewinn: 240 000

Wie bei allen Beispielen sind Transaktionskosten etc. nicht berücksichtigt.

Der Gewinn aus dem Verkauf ersetzt bis auf 30 000,– € den Verlust aus der Kassa-Position. Tatsächlich hätte der Gewinn auch höher ausfallen und damit den Verlust mehr als ausgleichen können. Dieses Beispiel dient nur der Illustration. In jedem Fall sollten die nicht unerheblichen gesamten Transaktionskosten berücksichtigt werden. Die Gebühren der EUREX hingegen sind für Futures-Kontrakte sehr gering. Man verlangt von den Börsenmitgliedern lediglich 1,50 € pro Kontrakt beim Eingehen und denselben Betrag beim Glattstellen der Position.

Spekulativer Leerverkauf

Wer nicht ein solches Depot sein eigen nennt, aber an den steigenden Zinsen verdienen will, kann nach dem gleichen Muster einen Leerverkauf tätigen.

Beispiel: Er verkauft einen oder mehrere März-Futures und stellt als Sicherheit die erforderliche Margin (Nov. 90 wurden 5000,– € pro Kontrakt gefordert).

Bewegt sich nun der Kurs, so schlägt jeder Basispunkt mit 25,– € zu Buche. Hat er den Kontrakt zu 86,00 verkauft und kann er ihn zu 85,90 (zurück-)kaufen, dann hat er einen Gewinn von 10 Basispunkten erzielt, das sind (10 × 25) 250,– €. Steigt der Kurs dagegen auf 86,50 an, beträgt sein Verlust 50 Basispunkte und damit 1250,– €. Die Basispunkte werden übrigens auch **Ticks** genannt.

Spekulativer Kauf

Ein Investor besitzt derzeit keine Anleihen, möchte aber von seiner Einschätzung der Zinsentwicklung profitieren, ohne sich mit langfristigen Wertpapieren zu binden. Er erwägt den Kauf von Futures-Kontrakten. Sollte der Zins in der Folgezeit sinken, würde er einen entsprechenden Gewinn erzielen.

Beispiel: Der Investor kauft über seine Bank 10 Dezember-Bund-Futures an der EUREX zu einem Kurs von 83,50 und hinterlegt dafür eine Margin von 50 000,– €. Sein Konto entwickelt sich wie folgt:

Datum	Transaktion	Kurs	Gewinn/ Verlust in €	Gewinn/ Verlust in % der Margin
26. 11.	Kauf von 10 Dez.-Futures	82,50		
27. 11.	Halten	83,10	+ 15 000,–	+ 30,0%
28. 11.	Halten	83,60	+ 27 500,–	+ 55,0%
29. 11.	Verkauf von 10 Dez.-Futures	83,35	+ 21 250,–	+ 42,5%
Gewinn		85 Ticks	21 250,–	+ 42,5%

Auch bei diesem Beispiel sind Gebühren nicht berücksichtigt. Lassen Sie uns noch ergänzen, dass im Falle der Fehleinschätzung der Verlust des Investors nicht nur in gleicher Höhe hätte entstehen können, sondern auch ein Totalverlust, bzw. durch die Nachschusspflicht ein noch größerer Verlust möglich gewesen wäre. Der unbegrenzten Gewinn-Chance steht ein ebenfalls unbegrenztes Risiko gegenüber.

Absicherung gegen sinkende Zinsen

Nach der gleichen Methode verfahren Sie, wenn Sie sich gegen sinkende Zinsen absichern wollen. Dies könnte erforderlich sein, wenn Sie größere Couponzahlungen erwarten und sich den derzeit hohen Zins sichern wollen. Denkbar ist aber auch, dass Sie in Kürze fällige Anleihen oder neues Anlagekapital anlegen müssen und durch niedrigere Zinsen sich mit geringeren Einkünften zufrieden geben müssten.

In diesen Fällen profitieren Sie durch den Kauf von Bund-Futures von den dann sinkenden Zinsen. Der erzielte Gewinn deckt Ihren bereits entstandenen oder ohne Absicherung entstehenden Verlust ab.

Zusammenfassend empfehlen wir Ihnen, sich vor einem Engagement mit derivativen Instrumenten genauestens zu informieren.

6. Global Investieren

Sind die Zinsen zuhause hoch, bleibt der deutsche Anleger gern im Lande. Im Jahre 2003 liegt die Rendite heimischer Wertpapiere guter Qualität bei lediglich 3,0% bis 3,5%. Kein Wunder, dass der Anleger nach ausländischen Anleihen oder anderen Zinsinstrumenten Ausschau hält.

Allerdings muss der Zinsertrag auch hoch genug sein, um damit das Währungsrisiko abfangen zu können. Auf das Währungsrisiko richtet sich das Hauptaugenmerk der Anleger. Die Auflistung der Risiken haben Sie im Kapitel 3 bereits gelesen. Dort finden Sie unter 3.4 (Länderrisiken) die wichtigsten Indikatoren für die Beurteilung von Auslandsanleihen.

6.1 Internationales Depot-Management

Wer sich durchgerungen hat, sein Anleihen-Depot international auszurichten, steht als nächstes vor der Frage nach der richtigen **Investment-Strategie.** Hier ist zunächst die Entscheidung zu fällen, ob **aktiv** oder **passiv** vorgegangen werden soll.

Passives Management

Um mit einer passiven Strategie Erfolg haben zu können, muss der Kapitalmarkt, auf dem Anleihen erworben werden sollen, effizient sein. Diese Voraussetzung ist aber bei vielen ausländischen Märkten nicht gegeben. Ein Kennzeichen für einen effizienten Markt ist die frei verfügbare und jedem zugängliche relevante Information. Jeder Marktteilnehmer muss die Möglichkeit der Auswertung dieser Informationen haben, und der Kapitalfluss zwischen den Märkten darf nicht behindert werden.

Gerade die politischen Faktoren wie Geld-, Finanz- und Wechselkurspolitik sind in manchen Ländern nur schwer durchschaubar. Ein weiterer Nachteil eines passiven Managements ist die gleichförmige Ausrichtung aller Investoren, da sie dieselben Ziele verfolgen.

Mehr Einfluss hat die individuelle Ausrichtung bei der aktiven Investment-Strategie.

Aktives Management

Größtes Plus der aktiven Strategie ist die Konzentration auf die individuellen Bedürfnisse und Forderungen des Anlegers. Hier können Risiko und Return (Ertrag) genauestens aufeinander abgestimmt und es kann flexibel auf Veränderungen des Marktes reagiert werden.

Dennoch bleibt das Wechselkursverhältnis das zentrale Problem bei der internationalen Anlage des Kapitals. Die Einflussfaktoren sind

- Handelsbilanz
- Inflation
- Zinsdifferenzen
- Soziale und politische Entwicklungen
- Zentralbank-Interventionen.

Deutlich wird, dass trotz bester Expertisen und Analysen ein Rest-Risiko bleibt, das der Anleger selbst tragen muss. Allerdings, und das soll hier nicht verschwiegen werden, kann er dafür auch bei positiver Entwicklung einen größeren Gewinn – in Form einer höheren Rendite – einstreichen.

6.2 Der Euromarkt

Der Finanzplatz Frankfurt oder die Wall Street in New York sind häufiger in den Schlagzeilen der Tagespresse oder des Fernsehens. Der Euromarkt hat sich von der Öffentlichkeit fast unbeachtet zu einem Giganten entwickelt.

Als **Euromarkt** bezeichnen wir einen Bankplatz, an dem eine fremde Währung im Geld- und Kapitalmarkt gehandelt wird. Daraus folgt, dass auch Banken, die außerhalb Europas ihren Sitz haben, Euromarkt-Transaktionen durchführen können. Richtete beispielsweise in New York eine Bank ihrem Kunden ein auf

D-Mark lautendes Sichtguthaben-Konto ein, so zählte diese Transaktion zum Euro-D-Mark-Markt. Der Hauptfinanzplatz des Euro-Marktes ist allerdings **Luxemburg.** Dort haben sich über 30 deutsche Banken mit Tochtergesellschaften etabliert.

Da auch die sogenannten Offshore-Finanzplätze des fernen Ostens und des karibischen Raumes zu den Euromärkten gehören, ist diese Bezeichnung eher irreführend. Für die Entstehung dieser Bezeichnung werden mehrere Erklärungen angeboten. Wir wollen hier nur eine wiedergeben: Während des Kalten Krieges haben die osteuropäischen Länder, allen voran die UdSSR, ihre Guthaben in den USA abgezogen und in Europa deponiert. Zentraler Anlaufpunkt dieser Gelder war die sowjetische Eurobank in Paris. Diese Bank wickelte alle Geschäfte auf Dollarkonten ab – die erste Euromarkt-Transaktion hatte stattgefunden.

Begünstigt wurde diese Entwicklung von der Entscheidung Großbritanniens im Jahre 1957, außerhalb des Sterling-Blocks keine Finanzierungen zu tätigen. Damit wurde auch die Funktion als Leitwährung abgegeben. Bereits ein Jahr später wurde durch die Liberalisierung der europäischen Devisenmärkte die Führungsrolle des US-Dollars als Leitwährung bestätigt.

Auch das Wachstum dieses Marktes konnte sich in der Vergangenheit sehen lassen: Wurden 1959 Transaktionen im Wert von 500 Millionen US-$ durchgeführt, so waren es 1979 bereits 800 Milliarden US-$ und 1981 ein Volumen von 1500 Milliarden US-Dollar. Im Jahre 1984 überstieg das Eurobond-Volumen zum ersten Mal das Volumen des amerikanischen Industrieanleihen-Marktes.

Trotzdem stehen dem Euromarkt erhebliche Probleme ins Haus. Einerseits hat er zur Liberalisierung der europäischen Finanzmärkte beigetragen, gleichzeitig aber damit auch sich selbst der größten Basis beraubt. Den Hauptanteil des Marktes haben längst die guten Adressen unter sich aufgeteilt. Mittlere Unternehmen finanzieren sich vorwiegend am heimischen Geld- und Kapitalmarkt.

Droht ein Austrocknen des Marktes? Wohl kaum, da die neuen Aufgaben aus der Wiedervereinigung beider deutscher Teilstaaten mit großen Kosten verbunden sind. Auch die osteuropäischen Länder haben noch einen immensen Finanzbedarf, damit sie den wirtschaftlichen Anschluss an Europa erreichen.

Die Anlageinstrumente

Nachfolgend soll ein Überblick die Auswahl der Instrumente erleichtern. Da die Innovation uns immer wieder neue Vehikel beschert, ist es kaum möglich, aktuell zu bleiben. Deshalb haben wir uns hier auf die – unserer Meinung nach – dauerhaften Angebote beschränkt.

Bezeichnung	**Laufzeit**
Festgeld	ein Tag bis fünf Jahre
Commercial Paper	30 bis 180 Tage
Certificates of Deposit (CDs)	eine Woche bis fünf Jahre
Floating Rate CD	max. 3 Jahre
Floating Rate Note (FRN)	5–15 Jahre
Notes	5–7 Jahre
Bonds (Debentures)	8–15 Jahre
Convertible Bonds (Wandelanleihe)	bis 15 Jahre
Zerobonds (Nullcouponanleihe)	bis 40 Jahre

Euromarkt-Anlagen sind quellensteuerfrei. Das sollte Sie aber nicht verführen, besondere Risiken einzugehen. Damit Ihnen frustrierende Erlebnisse erspart bleiben, sollten Sie einige Grundsätze befolgen.

Anlageregeln für den Euromarkt

(1) Bei schwachem Markt keine Neu-Emissionen kaufen. Kurze Zeit später ergeben sich oft günstigere Gelegenheiten.

(2) Kaufaufträge, aber auch Verkaufsaufträge, nur mit Preis-Limit erteilen.

(3) Euromarkt-Anlagen sind weniger liquide und in extremen Situationen schwer verkäuflich.

(4) Ist der Kurs gestiegen und notiert der Bond über pari, dann sollten Sie einen Verkauf und die Realisierung des Kursgewinns in Erwägung ziehen.

(5) Bonitäts-Risiko und Kündigungs-Risiko sollten Sie unbedingt beachten, damit Sie nicht von einem vorzeitigen Rückruf der Anleihen oder vom plötzlichen Konkurs des weit entfernt domizilierenden Schuldners überrascht werden. **Vor dem Kauf** Informationen einholen (Hausbank).

(6) Kleine Aufträge sollten Sie vermeiden, da durch die Spesen die Rendite verwässert wird. Tägliche Kontrolle der Kursentwicklung, da sich die Kurse schnell verändern können.
(7) Sie sollten das Risiko streuen, sowohl in Hinsicht auf den Emittenten als auch auf die Währung.

Trotz der beschriebenen Risiken bleibt der Euromarkt interessant. Zum Teil höhere Renditen bei ähnlichen Risiken lassen die Entscheidung für den Eurobond günstig ausfallen.

6.3 Der US-Dollar-Markt

Amerika gilt als das Land mit dem größten Anleihen-Markt. Besonders der Sektor der privaten Anleihen-Emittenten, den Industriegesellschaften, ist gewaltig. Auch hier gelten alle bisher besprochenen Ratschläge, Tipps und Regeln. Hinzu kommt noch das Wechselkursrisiko.

Natürlich sollte man auch im Ausland sich nur der bekannten Banken bedienen. Allerdings kann das auch etwas teurer sein. Um dies zu umgehen, kann man über einen US-Broker die Anleihen erwerben. Lassen Sie sich von mehreren für den gleichen Bond einen Preis nennen. In der Regel ist nämlich die Gebühr im Kurs bereits enthalten. Nur durch Vergleich können Sie den preiswertesten Anbieter finden.

Noch eine Mahnung: Nicht jeder, der sich Broker nennt, ist ein solcher. Deshalb nennen wir an dieser Stelle die Namen von Firmen, die wir nach heutigem Wissensstand für seriös halten, in alphabethischer Reihenfolge:

- *Merrill Lynch* (Frankfurt/Hamburg/Düsseldorf/München)
- *Prudential-Bache Securities* (Frankfurt/Hamburg/Düsseldorf/München)

7. Zins-Prognosen

Wie im Kapitel 4 bereits ausgeführt, unterscheiden wir – grob gesagt – zwei Arten von Renditekurven, die **normale** und die **inverse Renditekurve.** In der Realität sind natürlich noch weitere Ausformungen denkbar, sie werden hier aber nicht weiter verfolgt.

Ziel unserer Überlegungen ist es, eine einfache Analyseform zu entwickeln, die uns die Entscheidung über die zu wählende Laufzeit leichter macht. Die Laufzeit spielt eine besondere Rolle, da wir mit ihr die Rendite auf unser Kapital festschreiben.

7.1 Die Zinsstruktur

In unseren bisherigen Ausführungen war immer von Zins und Rendite die Rede. Es könnte leicht der Eindruck entstehen, dass es nur *einen* Zins gibt. In der Realität sehen wir uns aber einer Vielzahl von Zinssätzen gegenüber, die sich nach den unterschiedlichsten Kriterien einteilen lassen. Bei Banken erfolgt die erste Unterscheidung nach **Ausleihungen** (Soll-Zins) oder **Einlagen** (Haben-Zins). Risiko, Laufzeit und Bonität sind die nächsten Faktoren auf dem Geld- und Kapitalmarkt, und schließlich unterscheidet sich der Zins auch noch nach Marktsegment und Kreditart.

Ein Beispiel für unterschiedliche Zinsen zeigt die nächste Abbildung.

7.2 Die Zyklus-Analyse

Natürlich ist die Betrachtung vergangener Zeiträume und Entwicklungen keine Garantie für die richtige Beurteilung **zukünftiger Entwicklungen**. Das Besondere der zukünftigen Entwicklung ist ja, dass sie gerade *nicht bekannt* ist.

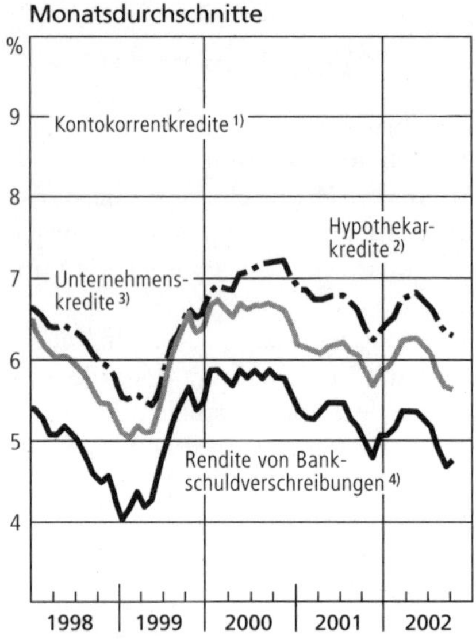

1 Von 500 000 € bis unter 2,5 Mio €. — **2** Auf Wohngrundstücke; Effektivverzinsung, zu Festzinsen auf 10 Jahre. — **3** Langfristige Festzinskredite an Unternehmen und Selbständige von 100 000 € bis unter 500 000 €. — **4** Mit mittlerer Restlaufzeit von über 9 bis 10 Jahren.

(Quelle: Deutsche Bundesbank)

Um aber dennoch zumindest eine grobe Einschätzung vornehmen zu können, bemühen wir in den folgenden Ausführungen verschiedene Zyklen.

Deutsche Zinssätze

Bei der Betrachtung der Umlaufrendite im Kapitel 2.4 ist für 1974 und 1981 ein Höchststand von weit über 10% zu verzeichnen. Nach dieser Hochzinsphase sinkt der Zinssatz jeweils bis unter 6% ab.

Der Ifo-Geschäftsklima-Index

Über diesen Index wird monatlich in der Presse berichtet. Er ist daher von jedermann leicht zu verfolgen. Er hat eine schwache

Vorläuferfunktion und zeigt, dass die Wirtschaftsentwicklung auch einen Einfluss auf den Zins-Trend hat.

Die Erfahrung hat aber auch gezeigt, dass nach der Hochzinsphase eine Talfahrt beginnt, die man mit dem Kauf von hochprozentigen Instrumenten nutzen kann.

7.3 Die Bundesbank

Aufgaben der Deutschen Bundesbank

Als Zentralbank nimmt die Bundesbank eine Reihe historisch gewachsener Funktionen wahr: Sie ist Notenbank, Bank der Banken, Bank des Staates und der Währungsreserven. Hinzu kommt ihre Einbindung in die Bankenaufsicht. Darüber hinaus nimmt die Deutsche Bundesbank Aufgaben im Rahmen des Europäischen Systems der Zentralbanken (ESZB) wahr.

(1) **Notenbank.** Die EZB hat das ausschließliche Recht, die Ausgabe von Banknoten innerhalb des Euro-Währungsraumes zu genehmigen. Dabei sind die EZB und die nationalen Zentralbanken zur Ausgabe von Banknoten berechtigt.

Die Versorgung der Bevölkerung und der Wirtschaft mit Zahlungsmitteln umfaßt die Ausgabe von Banknoten, das regelmäßige Aussortieren nicht mehr umlaufsfähiger Noten, die Falschgeldkontrolle, die Ersatzleistung für beschädigte Noten und den – allerdings selten vorkommenden – Aufruf zur Einziehung von Noten, wenn z.B. Scheine mit verändertem Erscheinungsbild in Umlauf kommen.

Die Bundesbank gibt sieben verschiedene Notenwerte heraus: Scheine zu 5, 10, 20, 50, 100, 200, 500 Euro. Die in Deutschland im Zahlungsverkehr am häufigsten benutzte Banknote ist die 50-Euro-Banknote, die die prominente Rolle des 100-DM-Scheins übernommen hat. Sie weist stückzahlmäßig einen Anteil von rund 26% und wertmäßig einen Anteil von rund einem Drittel aus. Ende 2001. belief sich der gesamte DM-Notenumlauf auf rd. 75 Mrd. Euro.

(2) **Die Bank der Banken.** (Die Sonderstellung der Bundesbank als Bank der Banken beruht darauf, dass die Kreditinstitute zur Aufrechterhaltung ihrer Zahlungsfähigkeit auf Guthaben bei der Bundesbank angewiesen sind. Sie müssen an ihre Kunden Bargeld auszahlen und bei der Bundesbank Guthaben, sog. Mindestreserven, unterhalten.

Bargeld und Notenbankguthaben kann sich das Bankensystem jedoch nur durch Geschäfte mit der Bundesbank beschaffen. Die Bundesbank ist als Teil des ESZB damit auch die „letzte“ Refinanzierungsquelle des Bankensystems. Außerdem stellt sie den Banken Bankdienstleistungen für die Abwicklung des unbaren Zahlungsverkehrs zur Verfügung. Schließlich ist sie in die Aufsicht über die Kreditinstitute und Finanzdienstleistungsinstitute eingeschaltet.

(3) **Die Bank des Staates.** Die Bundesbank ist ferner die Hausbank des Bundes und eingeschränkt auch der Länder. Sie führt für die öffentlichen Haushalte Konten, besorgt den Zahlungsverkehr und unterstützt den Bund und die Länder bei der Kreditaufnahme am Kapitalmarkt.

Zudem bringt sie Münzen in Umlauf, die der Bund ausgeben darf, nachdem der Umfang der Ausgabe durch die EZB genehmigt wurde. Die Bundesbank darf jedoch staatlichen Stellen keine Kredite gewähren.

(4) **Verwalterin der Währungsreserven.** Als Verwalterin der Währungsreserven hält die Bundesbank die offiziellen Währungsreserven der Bundesrepublik Deutschland und legt sie gewinnbringend an. Dabei handelt es sich hauptsächlich um Guthaben und Wertpapiere, die in US-Dollar bei Banken oder Notenbanken im Ausland gehalten werden. Hinzu kommen Goldbestände sowie Reservepositionen und Forderungen gegenüber dem Internationalen Währungsfonds (IWF) und der EZB.

Die nationalen Notenbanken haben zu Beginn der 3. Stufe der EWWU Währungsreserven von knapp 40 Milliarden Euro auf die EZB übertragen. Die Bundesbank ist hieran mit 12,2 Milliarden Euro, die sich zu 15% aus Gold und zu 85% aus Devisen zusammensetzen, beteiligt. Die Verwaltung dieser Währungsreserven verbleibt weiterhin bei den nationalen Notenbanken.

Geschäfte der nationalen Notenbanken mit den ihnen verbleibenden Währungsreserven bedürfen ab einer bestimmten Größenordnung der Zustimmung der EZB, damit die Einheitlichkeit der gemeinsamen Geld- und Wechselkurspolitik gewahrt bleibt.

(5) **Einbindung in die Bankenaufsicht.** Durch ihre Teilnahme am Forum für Finanzmarktaufsicht ist die Deutsche Bundesbank gesetzlich für die Systemstabilität mitverantwortlich. Darüber hinaus ist die umfassende Einschaltung der Bundesbank in die laufende Überwachung der Kredit- und Finanzdienstleistungsinstitute in § 7 Absatz 1 KWG nunmehr gesetzlich fixiert und konkretisiert.

In der Regel erfolgt die laufende Überwachung durch die Hauptverwaltungen. Die Stellen der Bank analysieren und werten die Berichte und Anzeigen der Institute aus. Ferner führen sie die bankgeschäftlichen

Vor-Ort-Prüfungen zur Beurteilung der angemessenen Eigenkapitalausstattung und Risikosteuerungsverfahren der Institute durch und bewerten die getroffenen Prüfungsfeststellungen.

Die Bundesanstalt für Finanzdienstleistungsaufsicht legt ihren aufsichtsrechtlichen Maßnahmen die Prüfungsfeststellungen und Bewertungen der Bundesbank in der Regel zu Grunde.

(6) Die Aufgaben der Deutschen Bundesbank im Rahmen des ESZB. § 3 des Gesetzes über die Deutsche Bundesbank definiert die Aufgabe der Bundesbank: „Die Deutsche Bundesbank ist als Zentralbank der Bundesrepublik Deutschland integraler Bestandteil des Europäischen Systems der Zentralbanken. Sie wirkt an der Erfüllung seiner Aufgaben mit dem vorrangigen Ziel mit, die Preisstabilität zu gewährleisten, ..., und sorgt für die bankmäßige Abwicklung des Zahlungsverkehrs im Inland und mit dem Ausland ...".

Die Bundesbank führt als nationale Zentralbank die gemeinsame Geldpolitik des Eurosystems der Zentralbanken in Deutschland durch.

Damit sie diesen Auftrag ohne politischen Druck ausführen kann, hat ihr der Gesetzgeber ein hohes Maß an Unabhängigkeit verliehen. Sie hat nur „soweit dies unter Wahrung ihrer Aufgabe als Bestandteil des Europäischen Systems der Zentralbanken möglich ist" die allgemeine Wirtschaftspolitik der Bundesregierung zu unterstützen.

Gemäß Art. 107 des Maastricht-Vertrages darf weder die EZB noch eine nationale Zentralbank noch ein Mitglied ihrer Beschlussorgane bei der Wahrnehmung der ihr übertragenen Befugnisse, Aufgaben und Pflichten Weisungen von Organen oder Einrichtungen der Gemeinschaft, von Regierungen der Mitgliedstaaten oder von anderen Stellen einholen oder entgegennehmen.

(7) Geldpolitische Strategie und geldpolitische Instrumente. Um den Wert des Geldes zu erhalten, ist es wichtig, dass Preisstabilität herrscht. Preisstabilität hat der EZB-Rat als Anstieg des Harmonisierten Verbraucherpreisindex (HVPI) im Euro-Währungsgebiet von unter 2% gegenüber dem Vorjahr definiert. Für das Erreichen der Preisstabilität hat der EZB-Rat zudem eine Strategie festgelegt, die der Geldmenge eine herausragende Rolle zuweist.

Dies erfolgte in Anlehnung an die bisherige Strategie der Bundesbank, weil die Kontrolle der Geldmenge eine notwendige, wenn auch nicht hinreichende Bedingung für die Preisstabilität ist. Die Berücksichtigung der Geldmenge kommt in der Ankündigung eines quantitativen Referenzwertes für das Wachstum eines breiten monetären Aggregats M3 zum Ausdruck.

Parallel zur Analyse des Geldmengenwachstums nimmt der EZB-Rat eine Beurteilung der Aussichten für die Preisentwicklung und der Risiken für die Preisstabilität im Euro-Währungsgebiet vor. Für diese Beurteilung wird ein breites Spektrum wirtschaftlicher und finanzieller Größen als Indikatoren herangezogen.

Im Juni und Dezember jeden Jahres veröffentlicht das Eurosystem diese Analyse in aggregierter Form als gesamtwirtschaftliche Projektionen.

Das Eurosystem ist für den Erfolg seiner Stabilitätspolitik jedoch auf die Mitwirkung der öffentlichen Haushalte und der Tarifpartner in den Teilnehmerländern der Währungsunion angewiesen.

Die Europäische Zentralbank (EZB) bzw. die nationalen Zentralbanken, die die Geldpolitik weitestgehend dezentral ausführen, verfügen über eine Reihe zins- und liquiditätsbeeinflussender geldpolitischer Instrumente, um das Ziel der Preisstabilität erreichen zu können.

Im Zentrum dieser geldpolitischen Instrumente stehen die sogenannten Offenmarktgeschäfte. Dabei wird zwischen Hauptrefinanzierungsgeschäften, längerfristigen Refinanzierungsgeschäften (Basistendern), Feinsteuerungsoperationen und strukturellen Operationen unterschieden.

Die Hauptrefinanzierungsgeschäfte sind ein Mittel der Liquiditätsbereitstellung und werden im wöchentlichen Rhythmus mit 14-tägiger Laufzeit als sogenannte befristete Transaktionen ausgeschrieben. Diesem Instrument kommt eine Schlüsselrolle zu, da es dem Finanzsektor den größten Teil der Liquidität zur Verfügung, stellt.

Die Liquiditätsbereitstellung mittels der längerfristigen Refinanzierungsgeschäfte erfolgt ebenfalls über befristete Transaktionen. Allerdings werden diese Geschäfte nur in monatlichen Abständen ausgeschrieben. Die Laufzeit dieser Basistender beträgt 3 Monate.

Feinsteuerungsoperationen werden nur von Fall zu Fall durchgeführt, um unerwartete Liquiditätsschwankungen auszugleichen.

Strukturelle Operationen können in regelmäßigen oder unregelmäßigen Abständen zur Anpassung der strukturellen Liquiditätsposition des Finanzsektors gegenüber dem Eurosystem genutzt werden.

Als weitere Instrumente stehen dem Eurosystem zwei ständige Fazilitäten zur Verfügung, die dazu dienen, Liquidität kurzfristig bereitzustellen (Spitzenrefinanzierungsfazilität) oder zu absorbieren (Einlagefazilität). Die Zinssätze dieser beiden Instrumente stecken dabei die Ober- bzw. Untergrenze der Geldmarktsätze für Tagesgeld ab.

Die genannten Instrumente werden durch das Mindestreserveinstrument ergänzt. Danach müssen die Banken bei den nationalen Zentralbanken Guthaben unterhalten, deren Höhe sich nach bestimmten Verbindlichkeiten richtet. Das zu diesem Zweck bei der Bundesbank zu unterhaltende Guthaben wird zum Satz für die ESZB-Hauptrefinanzierungsgeschäfte verzinst.

(Quelle: Deutsche Bundesbank)

8. Anleihen-Swaps

Bei einer Swap-Transaktion werden im Depot befindliche Anleihen durch andere ersetzt. Für diesen Ersatz gibt es verschiedene Motivationen. Grundsätzlich wird immer die **Verbesserung der Rendite** im Vordergrund stehen.

Die Veränderung der folgenden Faktoren können Anlass zu einem Austausch – einem Bond-Swap – sein:

- steigender Zins/sinkender Zins
- unterschiedliche Bewertung innerhalb des gleichen Markt-Segmentes
- voraussichtliche Bonitätsveränderung
- unterschiedliche Bewertung der Markt-Segmente.

Bevor Sie nun einen Anleihen-Swap vornehmen, gilt es einige Grundsatz-Überlegungen anzustellen. Wir haben dafür eine Tabelle entworfen, die Ihnen die Entscheidung erleichtern soll. Sie finden sie am Ende des Kapitels.

8.1 Zins-Änderungs-Swap

Der häufigste Anlass für einen Swap ist die Veränderung der Zinsen (steigender Zins/sinkender Zins). Die einfachste Anleihen-Regel lautet bekanntlich: Kurzläufer bei steigenden Zinsen und Langläufer bei sinkenden Zinsen. Aufgrund der Rendite- Struktur ist diese Regel natürlich etwas allgemein, soll aber hier nur zur Verdeutlichung der Swap-Technik beitragen.

Steigt der Zins, werden gerade die Langläufer in einem Depot stark an Wert verlieren. Um dies zu verhindern, werden bei diesem Zins-Änderungs-Swap die Langläufer gegen Kurzläufer gleicher Qualität ausgetauscht, also Verkauf der Langläufer und Kauf von Kurzläufern. Durch die häufiger stattfindende Wiederanlage der Erträge oder des Kapitals (bei Kurzläufern) wird eine eventuell geringere Rendite der nahen Fälligkeiten ausgeglichen.

8.2 Substitutions-Swap

Ein Substitutions-Swap erfogt bei Anleihen, die eine unterschiedliche Beurteilung innerhalb des gleichen Markt-Segmentes erfahren. Ein Beispiel aus der Energieversorgung soll dies verdeutlichen:

Zwei Versorgungsunternehmen werden in Bezug auf ihre Bonität und ihr Investmentrisiko gleich bewertet. Beide haben Papiere mit 20 Jahren Restlaufzeit und einem Coupon von 8% emittiert. Die Anleihe des Unternehmens ABC wird zu 100 Prozent, die des Unternehmens XYZ dagegen mit einem Abschlag zu 92 Prozent gehandelt. Dieser Abschlag bedeutet aber eine höhere Rendite (8,87%). Hier bietet sich ein Tausch der Papiere förmlich an, da beide über gleiche Bedingungen verfügen.

8.3 Bonitäts-Swap

Ein Bonitäts-Swap kann eine vorbeugende Maßnahme sein. Wenn Sie beispielsweise gehört haben, dass sich die Bewertung des Unternehmens ändern wird, können Sie durch schnelles Handeln davon profitieren. Steht zu erwarten, dass ein Unternehmen höher eingestuft wird (up-grading), dann wird auch der Kurs entsprechend steigen. Mit einem frühzeitigen Kauf profitieren Sie von der Aufwertung.

Steht zu erwarten, dass ein Unternehmen niedriger eingestuft wird (down-grading), können Sie durch vorzeitigen Verkauf einen Kursverlust vermeiden. Die Beurteilung solcher Situationen ist vergleichsweise schwer.

Eine weitere Motivation für einen Bonitäts-Swap ist aber auch die Suche nach höherer Rendite. Beispielsweise könnte ein Anleger einen AAA-bewerteten Bond gegen einen mit nur einem A bewerteten Bond tauschen, um dadurch eine Verbesserung der Rendite zu erreichen. Er nimmt natürlich damit auch eine Vergrößerung des Risikos in Kauf.

8.4 Sektor-Swap

Bei einem Sektor-Swap macht sich der Anleger die unterschiedliche Bewertung der Markt-Segmente zunutze. Wie Sie es vielleicht auch aus dem Aktienmarkt kennen, schwankt die Gunst der Anleger häufig von einem Markt-Segment zum anderen. Mal sind die Versorger „in“, mal sind es die Papierwerte. Genauso verhält es sich auch im Rentenmarkt. Die Lieblinge werden gekauft, die anderen werden verkauft. Diese **Gemütsschwankungen** des Börsenpublikums kann man mit einem Sektor-Swap zu seinem eigenen Vorteil nutzen.

Wenn Sie einen wenig beachteten Sektor ausgemacht haben, verkaufen Sie ihre schon ausgereizten Papiere, um sich mit den höher rentierenden Papieren aus dem neuen Sektor einzudecken. Wechselt das Publikum dann die Zugpferde, können Sie bereits die ersten Kapitalgewinne abkassieren.

Bei allen Swaps ist natürlich eine gute Bank- oder Brokerverbindung unerlässlich.

Swap-Beispiele: Ein Anleger kauft einen Bond der Firma XYZ mit folgenden Daten:

• Laufzeit	2 Jahre
• Coupon	7,5%
• Kaufkurs	94,00
• Rendite	11%
• Qualität	AAA

Die Rendite entspricht dem Marktzinsniveau. Nach einem Jahr sinkt das Zinsniveau auf 10% und der Anleger möchte seine hohe Rendite nicht verlieren. Da sein Bond in einem Jahr ausläuft, sucht er einen längerlaufenden mit einem hohen Couponzins.

Swap-Tabelle: Vorüberlegung: Warum soll ein Swap erfolgen? (schriftlich begründen!) ....

....

z. B.: Das sinkende Zinsniveau hat den Kurswert der Anleihe bereits auf 97,72 steigen lassen, mehr als 100,00 sind nicht zu erzielen. Das hohe Renditeniveau lässt sich nur durch einen hohen Coupon halten.

	Neue Anleihe	bisherige Anleihe
Emittent	Firma ABC	Firma XYZ
Fälligkeit	10 Jahre	1 Jahr
Coupon	10%	7,5%
Bonität	AA	AAA
Aktueller Kurs	97,00	97,72
Rendite	10,50%	10%

Durch den Swap verbessert sich die Rendite um 0,5%.

Vergrößert sich durch den Swap das Risiko (Rating/Währung/etc.)? Von AAA auf AA, aber immer noch gute Qualität.

Wenn der Zins sich verändert, tritt ohne den beabsichtigten Swap folgender Verlust ein:

1% ... kein ... 2% ... kein ... 3% ... 500,– €
4% ... 1500,– € 5% ...... 6% ......

Wichtiger aber ist, dass nach dem Ende der Laufzeit die Rendite wesentlich schlechter sein wird, wenn sie jetzt nicht festgeschrieben wird (z. B. durch den hohen Coupon-Zins von 10%).

Sie sehen, in diesem Beispiel macht es Sinn, einen Swap durchzuführen. Für Ihr Swap-Problem haben wir nachfolgend die Tabelle noch einmal abgebildet.

Swap-Tabelle: Vorüberlegung: Warum soll ein Swap erfolgen? (schriftlich begründen!) ....

....

....

....

	Neue Anleihe	bisherige Anleihe
Emittent		
Fälligkeit		
Coupon		
Bonität		
Aktueller Kurs		
Rendite		

Durch den Swap verbessert sich die Rendite um ...%.
Vergrößert sich durch den Swap das Risiko? (Rating/Währung/etc.)

....

Wenn der Zins sich verändert, tritt ohne den beabsichtigten Swap folgender Verlust ein:

1% .... 2% .... 3% ....
4% .... 5% .... 6% ....
(Die Werte können mit den Formeln aus 1.4 und einem Taschenrechner bestimmt werden).

9. Aufbau eines Depots

Wer hier einen Musterplan für den Erfolg erwartet, der sucht vergebens. Es liegt in der Natur der Sache, dass die Struktur des eigenen Vermögens bei jedem etwas anders ist. Wir müssen uns also auf einige Ratschläge beschränken, wollen aber für verschiedene Situationen auch Vorschläge unterbreiten.

Beispiel 1: Der Plan des Peter Meyer

Peter Meyer ist Single, arbeitet in einer großen Spedition und verdient mehr, als er derzeit zum Leben braucht. Ein Freund hat ihn auf die Idee gebracht, mit seinem Geld doch mehr anzufangen und empfiehlt ihm den Kauf von Aktien. Die sind Herrn Meyer jedoch zu spekulativ und so erkundigt er sich bei seiner Bank nach einer sicheren Anlage. Peter sucht hohe Zinsen, möchte über die Hälfte seines Kapitals jederzeit verfügen können, würde aber eine Mindest-Festanlagezeit von einem Jahr akzeptieren. Sein Kapital beträgt 20000,– €.

Der Bankberater empfiehlt ihm eine Anlage mit hohem Ertrag ohne Risiko. Gibt's das? Nun, das Sparbuch hat er nicht gemeint. Da ist zwar das Risiko gleich null, aber die Rendite auch nicht viel höher. Und für Termineinlagen reicht das Kapital unseres Anlegers noch nicht aus!

Lösung 1: Er kauft einen abgezinsten Sparbrief mit einer Laufzeit von 4 Jahren, einem Nennwert von 10000,– € und zahlt dafür 7630,– €.

- **Vorteile:** Kauf und Rückgabe sind spesenfrei; Versteuerung der Zinseinnahmen erst nach 4 Jahren.
- **Nachteil:** Eine vorzeitige Rückgabe ist nicht möglich, daher kann nicht an steigenden Zinsen partizipiert werden.

Lösung 2: Er kauft für 10000,– € Bundesschatzbriefe des Typs B.

- **Nachteil:** Die Laufzeit beträgt 7 Jahre, die Briefe können aber nach einer Sperrfrist von einem Jahr jederzeit zurückgegeben werden.
- **Vorteile:** steigende Verzinsung mit der Länge der Laufzeit, keine Spesen bei Kauf und Rückgabe, gebührenfreie Verwaltung im Bundesschuldbuch. Nach 7 Jahren sind aus Peters 10000,– € genau 17980,– € geworden.

Lösung 3: Er legt die verbleibenden 2370,– € auf einem Sparbuch an.

- **Nachteil:** geringe Verzinsung
- **Vorteile:** jederzeitige Verfügbarkeit.

Peter hat's geschafft: Er kann jederzeit an die 2370,– € auf seinem Sparbuch, er könnte nach einem Jahr seine 10 000,– € aus den Bundesschatzbriefen plus Zins zurückbekommen und er erhält nach insgesamt vier Jahren 10 000,– € aus seinen Sparbriefen. Alles in allem ein gelungener Auftakt mit nichtbörsennotierten Anlage-Instrumenten.

Beispiel 2: Die Strategie der Hilde Lehmann

Hilde Lehmann hatte immer schon den Hang zum Geld. So hat sie sich ständig um die Geldangelegenheiten der Familie gekümmert und denkt nun an eine größere Anlage. Zur Verfügung stehen ihrer vierköpfigen Familie 270 000,– € (man hat ein wenig geerbt!).

Hilde hat auch schon einen Plan. Sie will bei den derzeit hohen Zinsen langlaufende Anleihen erwerben. Sie kauft Anleihen mit einem Coupon von 9% und zahlt einen Kurs von 99%. Die Laufzeit beträgt 20 Jahre. Sie hat vier verschiedene Zahltermine gewählt, so dass in jedem Vierteljahr eine Zinszahlung erfolgt.

- **Nachteil:** lange Laufzeit, allerdings durch die Börsennotierung jederzeit zum aktuellen Kurs veräußerbar.
- **Vorteil:** Der hohe Coupon sorgt für ein zusätzliches Einkommen, sinken die Zinsen, kommt noch eine Kurswertsteigerung hinzu.

Beispiel 3: Der Großanleger Manfred Krösus

Manfred Krösus hat in diesem Jahr einen zweistelligen Millionenbetrag unterzubringen. Auch er wünscht sich Sicherheit und eine hohe Rendite. Aber bei der Größe des anzulegenden Kapitals kommt er um eine Risikostreuung nicht herum. Er hat deshalb seinem Berater folgende Liste gegeben und ihn beauftragt, entsprechende Anleihen ausfindig zu machen.

Vom Gesamt-Kapital

Anlage in der Heimatwährung 60%	**Anlage in einer Fremdwährung 40%**
30% langfristig, erstklassige Bonität	20% langfristig, erstklassige Bonität
15% mittelfristig, gute Bonität	10% mittelfristig, erstklassige Bonität
10% kurzfristig, mäßige Bonität	10% kurzfristig, erstklassige Bonität
5% lang-, mittel- oder kurzfristige spekulative Werte	

Welche Anleihen der Berater für *Manfred Krösus* nun ausgesucht hat, ist für unsere Ausführungen nicht weiter von Bedeutung. Sicher aber zeigt das Raster, wie ein konservativ eingestellter Anleger das Risiko zu beschränken sucht.

9.1 Verschiedene Strategien

An dieser Stelle ist es kaum noch erforderlich, Ihnen zu raten, bei hohem Zinsniveau langlaufende Anleihen zu erwerben, nicht wahr? Aber andererseits kann es nicht schaden, darauf hinzuweisen, dass hochverzinsliche Bonds bei sinkendem Zinsniveau Kursgewinne erzielen. Um diese aber zu realisieren, ist der Verkauf der Bonds erforderlich. Nehmen Sie den Gewinn mit, neue Gelegenheiten finden sich immer wieder!

Strategie mit Discount-Bonds

Durch die hohen Zinsen werden spezielle Anleihen wieder für den Anleger interessant. In Deutschland muss man sie vielleicht suchen, in den USA sind sie in großer Zahl anzutreffen. Die Rede ist von den Discount-Bonds. Um die Vorteile dieser Bonds im rechten Licht sehen zu können, bemühen wir ein Beispiel.

Beispiel: Ein Anleger kauft einen 12% Bond zu pari; er zahlt also 100% des Kaufpreises. Bei einem erstklassigen Schuldner wird er in der Regel 102% bis 105% zahlen müssen, bei geringerer Bonität oder steigenden Zinsen dagegen nur 95% bis 98%. Dafür erhält er jährlich 12% Zins auf den Nennwert des Papieres.

Wenn dieser Investor 50% des Zinsertrages als Einkommen an die Steuer abführen muss, dann bleiben noch 6% Reinertrag. Kauft er einen Zerobond, dann erhält er während der Laufzeit keinen Zins. Die Rendite ergibt sich allein aus der Differenz zwischen dem Einkaufspreis und dem Verkaufspreis. Das Finanzamt bekommt beim Verkauf sein Scherflein und berechnet den jeweiligen persönlichen Steuersatz.

Daraus folgt, dass bei Notverkäufen während der Laufzeit, bei dann noch hoher Steuerprogression, die Zahlen unter dem Strich tiefrot werden. Es wird weniger erzielt, als man selbst bezahlt hat.

Es müsste eine Kombination aus diesen beiden Arten geben, und es gibt sie sogar schon seit Jahrzehnten. Sie werden **Low-Coupon-Bonds** genannt, niedrigverzinsliche Wertpapiere. Sie haben einen Coupon von

2,75% bis etwa 6%. Da das Zinsniveau jetzt wieder weit darüber liegt, werden diese Bonds mit großen Abschlägen verkauft, daher auch ihr zweiter Name **Discount- Bonds.**

Hier bietet sich nun die Gelegenheit, von regelmäßigen Zinszahlungen und einem programmierten Kursgewinn zu profitieren. Durch Ausnutzung der Beleihungsfähigkeit dieser Bonds (50% oder mehr) ergeben sich ungeahnte Rendite-Ausblicke.

10. Information ist alles

Wer sein Geld lukrativ anlegen will, benötigt Informationen. Durch das Internet ist es heute leichter als je zuvor, qualitativ hochwertige Informationen zu finden.

Allerdings bringt die schiere Masse an Informationen auch das Problem der Auswahl mit sich. Daher ist die Auswahl der Informationen genau so wichtig, wie die Information selbst.

Wir empfehlen Ihnen, auf jeden Fall eine gute Zeitung zu abonnieren. Das kann das *Handelsblatt*, die *FAZ* oder auch die *Welt* sein. Als Ergänzung sollten Sie auch den jeweiligen Internetservice der Zeitungen nutzen.

Bei manchen Webseiten wird auch ein Depotservice geboten. Dort können Sie Ihre Anleihen und anderen Wertpapiere eingeben und haben damit jederzeit den aktuellen Wert Ihrer Anlage vor Augen.

Neuemissionen werden Ihnen meist von Ihrer Bank oder Sparkasse angeboten. Lassen Sie sich in jedem Fall auch den richtigen Emissionsprospekt dazu geben. Lassen Sie Ausreden wie „Will sonst niemand lesen!" nicht gelten. Sie wollen doch alle Informationen!

Informationen über Informationen veralten sehr schnell, deshalb wollen wir an dieser Stelle auch keine weiteren hinzufügen.

Schauen Sie doch einmal auf den folgenden Webseiten vorbei:

- ww.BondInvestor.de,
- www.Siebers-Research-Institute.de,
- www.siebers.com,
- www.BoersenSeminare.net,
- www.BoersenSachverstaendiger.de,
- www.bsv.de

Dort finden Sie oft weiterführende Links zu noch mehr Informationen.

Die Linkliste wird ständig aktualisiert, nimmt auch Vorschläge entgegen und steht im Internet unter www.BondInvestor.de zur Verfügung. Besonders empfehlenswert ist „Der BondInvestor".

Dieser kostenlose Newsletter kann dort abonniert werden. Er bringt in regelmäßigen Abständen auch Aktualisierungen und neue Texte, die noch nicht in diesem Buch enthalten sind.

Für unsere Leser ist auch ein eigener Bereich geplant, der in Kürze fertiggestellt sein wird. Dort können Sie sich mit dem folgenden Code „einloggen“: 5 009 500 220.

Und jetzt bleibt uns nur noch übrig, Ihnen bei Ihren Anlagen Glück und das richtige Augenmaß zu wünschen.

Stichwortverzeichnis

Buchanzeigen

Finanzen, Vermögen, Altersvorsorge

GELD GEZIELT EINSETZEN

Mein Recht als Verbraucher

Niebling
Geschäftsbedingungen von A–Z

Neues Schuldrecht – Neue AGB. Architektenverträge, Banken-AGB, Einkaufsbedingungen, Gewährleistung, Kreditkarten, Leasing, Maklerverträge, Reiseverträge, Verbraucherverbände, Wertstellungsklausel. Arten, Gestaltung, Geltung, Nachprüfung.

5.A. 2002. 474 S.
€ 13,50. dtv 5066 §

Sangenstedt/Metzler
Meine Rechte als Verbraucher

Warenkauf, Haustürgeschäfte, Verbraucherkredite, Kleingedrucktes.

3.A. 2004. Rd. 350 S.
Ca. € 12,–. dtv 5220 §

In Vorbereitung für Sommer 2004

Zimmermann
Das Recht des Schuldners von A–Z

Verbraucher- und Schuldnerschutz.

2.A. 2003. 313 S.
€ 12,–. dtv 5657 §

Messner/Hofmeister
Endlich schuldenfrei

Ratgeber für Selbständige und Verbraucher. Mit Hinweisen, Tipps, Beispielen und Formularmustern.

3.A. Rd. 380 S.
Ca. € 12,–. dtv 5667 §

In Vorbereitung

Geldanlage und Banken

BankR · Bankrecht

KreditwesenG, GeldwäscheG, BörsenG, BörsenzulassungsV, WertpapierhandelsG, AGB-Banken/Sparkassen, FinDAG, AuslandsinvestmentG, Bedingungen für Wertpapier- und Termingeschäfte sowie für den Überweisungsverkehr.

Textausgabe.
31.A. 2003. 789 S.
€ 10,–. dtv 5021

Schäfer
Financial Dictionary I
Fachwörterbuch Finanzen, Banken, Börse. Englisch-Deutsch.
4.A. 2004. Rd. 700 S.
Ca. € 14,–. dtv 5804
In Vorbereitung für Frühjahr 2004

Financial Dictionary II
Fachwörterbuch Finanzen, Banken, Börse. Deutsch-Englisch.
4.A. 2004. Rd. 600 S.
Ca. € 14,–. dtv 5805
In Vorbereitung für Frühjahr 2004

Gerke/Kölbl
Alles über Bankgeschäfte
Mehr Kompetenz im Umgang mit Kreditinstituten. Ein schneller und sachkundiger Einblick in die Grundlagen des Bankgeschäfts.
3.A. 2004. 399 S.
€ 12,50. dtv 5825
Neu im Januar 2004

Bestmann
Finanz- und Börsenlexikon
Über 3500 Begriffe für Studium und Praxis.
4.A. 2000. 1001 S.
€ 17,64. dtv 5803

Herrling
Der Kredit-Ratgeber
Grundfragen der Finanzierung, Kreditwürdigkeitsprüfung, Kreditvertrag, VerbraucherkreditG, Kreditformen, Leasing, Baufinanzierung und Steuervorteile, Bürgschaft, Verpfändung, Grundpfandrechte, Kleines Kredit-ABC.
3.A. 1993. 212 S.
€ 6,60. dtv 5801

Wimmer
So rechnen Banken
Entscheidungshilfen für Geldanlage und Kreditaufnahme.
1.A. 2000. 343 S.
€ 12,53. dtv 50822

Käßl
Das Wechsel-ABC
Das zuverlässige Lexikon: Ein praktischer Ratgeber in allen Wechselfragen.
2.A. 1994. 141 S.
€ 6,60. dtv 5800

Jäcklin
Vermögen bilden und vermehren
Ratgeber für Ihr privates Finanzmanagement.
2.A. 1997. 344 S.
€ 9,66. dtv 5876

Herrling
Der Wertpapier- und Anlage-Ratgeber
So wird mehr aus Ihrem Geld.
Mit vielen Beispielen.
4.A. 1996. 332 S.
€ 8,64. dtv 5802

Eller/Riechert
Geld verdienen mit kalkuliertem Risiko
Alles über innovative Geldanlagen.
Optionen, Futures, Equivity-Linked-Bonds, Index-Zertifikate. Wie funktionieren diese Anlageprodukte und wann ist ihr Einsatz sinnvoll?
2.A. 2000. 344 S.
€ 10,99. dtv 5874

Siebers/Siebers
Anleihen
Geld verdienen mit festverzinslichen Wertpapieren.
Das Buch gibt einen Überblick über die Vielfalt der festverzinslichen Wertpapiere, erklärt Zusammenhänge und zeigt, wie eine möglichst hohe und sichere Rendite erzielt werden kann.
2.A. 2004. 229 S.
€ 11,–. dtv 5824
Neu im Februar 2004

Aehling
Investmentclubs
Gemeinsam den Schritt an die Börse gehen.
1.A.1998. 209 S.
€ 8,64. dtv 50817

Beike
Indexinvestments
1.A. 2004. Rd. 200 S.
Ca. € 10,–. dtv 50864
In Vorbereitung für Sommer 2004

Aehling
Investmentfonds
Klug und sinnvoll anlegen. Anleger, die selbständig in Fonds investieren wollen, finden hier neben einem Überblick auch konkrete Hilfestellung für eine sinnvolle und individuell passende Investmentanlage.
1.A. 2004. 334 S.
€ 13,–. dtv 50865

Beike/Potthoff
Optionsscheine
Grundlagen für den gezielten Einsatz an der Börse.
3.A. 2000. 281 S.
€ 9,97. dtv 50812

Uszczapowski
Optionen und Futures verstehen
Grundlagen und neuere Entwicklungen.
4.A.1999. 362 S.
€ 10,–. dtv 5808 →

Kiehling
Kursstürze am Aktienmarkt
Crashs in der Vergangenheit und was wir daraus lernen können.
2.A. 2000. 304 S.
€ 12,53. dtv 5826

Bergdolt
Meine Rechte als Aktionär
Praktisches Know-how für Neu- und Kleinaktionäre.
Das Buch erläutert leicht verständlich alle Vorgänge vom Aktienkauf bis zum Verkauf, z.B. Dividendenzahlung, Kapitalerhöhung, Kapitalschnitt, Hauptversammlung u.v.a.m.
1.A. 2002. 252 S.
€ 9,50. dtv 5619

Sozialversicherung, sonstige Versicherungen und Altersvorsorge

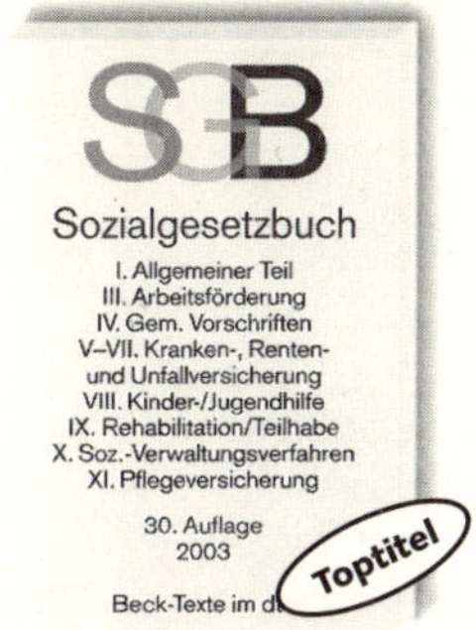

SGB · Sozialgesetzbuch

U.a. mit sämtlichen Büchern des SGB sowie Pflege-VersicherungsG, GesundheitsreformG, GesundheitsstrukturG, RentenreformG 1992, Renten-ÜberleitungsG und Anspruchs- und AnwartschaftsüberführungsG.

Textausgabe.
30.A.2003. 1458 S.
€ 14,50. dtv 5024

Winkler

Sozialrecht von A–Z

Über 800 Stichworterläuterungen zum aktuellen Recht.
Dieser gut verständliche Ratgeber berücksichtigt die vielfältigen Fragen des Sozialrechts in ihrer ganzen Bandbreite.

1.A. 2001. 430 S.
€ 11,50. dtv 5671 §

SGB V · Gesetzliche Krankenversicherung

mit SGB I und IV. Berücksichtigt: Gesetz zur Modernisierung der gesetzlichen Krankenversicherung.

Textausgabe.
12.A. 2004. Rd. 400 S.
Ca. € 8,50. dtv 5559

In Vorbereitung für Frühjahr 2004

Jürgensen

Ratgeber Künstlersozialversicherung

Vorteile, Voraussetzungen, Verfahren.
Umfassende Information über alle Aspekte der Künstlersozialversicherung, z.B. Versicherungspflicht, Voraussetzungen und Gang des Verfahrens.

1.A. 2002. 218 S.
€ 10,–. dtv 5683 §

SGB VI · Gesetzliche Rentenversicherung

U.a. mit VersorgungsruhensG, FremdrentenG, Fremdrenten- und Auslandsrenten-NeuregelungsG.

Textausgabe.
7.A. 2004. 451 S.
€ 10,–. dtv 5561

VersR · Privatversicherungsrecht

mit VersicherungsaufsichtsG, AltersvorsorgezertifizierungsG, VersicherungsvertragsG, EinführungsG zum VVG, PflichtversicherungsG, Kraftfahrzeug-PflichtversicherungsVO, Wettbewerbsrichtlinien der Versicherungswirtschaft und Auszügen aus BGB, HGB.

Textausgabe.
8.A. 2003. 311 S.
€ 7,–. dtv 5579

Köstler
Die neue Altersvorsorge
Staatlich geförderte Anlageformen auf dem Prüfstand.
Mit zahlreichen Grafiken und Tabellen zu allen Möglichkeiten der staatlichen Förderung und der geförderten Geldanlagen zur privaten Vorsorge.

1.A. 2004. Rd. 190 S.
Ca. € 9,50. dtv 50862 €

In Vorbereitung für Frühjahr 2004

Birk
Altersvorsorge
Arbeitnehmer - Beamte - Rentenreform 2001/2002 - Private Altersvorsorge.
Der Rechtsberater beantwortet anhand praxisnaher Beispiele alle wichtigen Fragen der betrieblichen und privaten Altersversorgung.

2.A. 2002. 510 S.
€ 14,–. dtv 5646 §

→

Neuhaus/Schwane
Berufs- und Erwerbsunfähigkeitsversicherungen
Ratgeber für Verbraucher, der dabei hilft, Lücken in der privaten Risikovorsorge zu erkennen und die richtige Versicherungslösung auszuwählen.

1.A. 2003. 189 S.
€ 9,50. dtv 5698 §

SGB VII · Gesetzliche Unfallversicherung
mit Nebenbestimmungen, Berufskrankheiten-VO, LeistungsR und FremdrentenR.

Textausgabe.
3.A. 2001. 342 S.
€ 9,–. dtv 5578

SGB XI · Soziale Pflegeversicherung
mit SGB I, SGB IV, Pflege-VersicherungsG (Auszug).

Textausgabe.
5.A. 2003. 454 S.
€ 11,–. dtv 5581

Schmidt
Guter Rat zur Pflegeversicherung
Alle wichtigen Rechtsfragen zu Versicherungspflicht, Beitragsbemessung, Pflegeleistungen.
Mit einem umfangreichen Adressteil im Anhang.

3.A. 2000. 223 S.
€ 7,41. dtv 50619 §

Zeichenerklärung: § Rechtsberater € Wirtschaftsberater

Vereine und Stiftungen

Ott
Vereine gründen und erfolgreich führen

Satzung · Versammlungen · Haftung · Gemeinnützigkeit.
In diesem Ratgeber erfährt der Leser alles, was er wissen muss, wenn er einen Verein gründen oder leiten, wenn er einem Verein beitreten oder sich darin betätigen will. Mit zahlreichen Mustern für die Vereinsarbeit im Anhang.

9.A. 2002. 297 S.
€ 8,50. dtv 5231 §

Sauer/Luger
Vereine und Steuern

Die Besteuerung des Vereins · Steuervorteile für Spender und Sponsoren · Aufwendungen der Mitglieder und ehrenamtlich Tätigen · Besondere Anforderungen an gemeinnützige Vereine · Praxis-ABC.

5.A. 2004. Rd. 380 S.
Ca. € 10,50. dtv 5264 §

In Vorbereitung für Frühjahr 2004

Menges
Gemeinnützige Einrichtungen

Nonprofit-Organisationen gründen, führen und optimieren.
Eine umfassende Darstellung der rechtlichen, steuerlichen und betriebswirtschaftlichen Grundlagen.

1.A. 2004. 326 S.
€ 12,50. dtv 5296 §

Neu im Januar 2004

Hof/Hartmann/Richter
Stiftungen

Errichtung - Gestaltung - Geschäftstätigkeit.
Das Buch erschließt jedem Interessierten die Möglichkeiten und Vorteile einer attraktiven Rechtsform.

1.A. 2004. 508 S.
€ 15,–. dtv 5621 §

Neu im Februar 2004 →

Fabisch
Fundraising

Spenden, Sponsoring und mehr ...
Vom Spendenbrief bis zum Sponsoringkonzept, von Stiftungsgeldern bis zur Bindung von Spendern, Mitgliedern und Ehrenamtlichen.
Mit vielen Fallbeispielen, Checklisten und Arbeitsbögen.

1.A. 2002. 371 S.
€ 14,–. dtv 50859 €

WettbR · Wettbewerbsrecht und Kartellrecht

Gesetz gegen den unlauteren Wettbewerb (UWG), ZugabeVO, RabattG mit DurchführungsVO, PreisangabenVO, MarkenG, MarkenVO, GemeinschaftsmarkenVO, ErstreckungsG, Gesetz gegen Wettbewerbsbeschränkungen (GWB) sowie die wichtigsten wettbewerbsrechtlichen internationalen Übereinkommen und Vorschriften der Europäischen Gemeinschaft.
Stand: 15.1.2003

Textausgabe.
24.A. 2003. 511 S.
€ 9,–. dtv 5009

PatR · Patent- und Musterrecht

Deutsches und europäisches Patentrecht, Arbeitnehmererfindungsrecht, Gebrauchsmusterrecht, Geschmacksmusterrecht und Internationale Verträge.

Textausgabe.
6.A. 2002. 624 S.
€ 10,–. dtv 5563

UrhR · Urheber- und Verlagsrecht

UrheberrechtsG, VerlagsG, Recht der urheberrechtlichen Verwertungsgesellschaften, Internationales Urheberrecht, EG-Recht.
Stand: 15.9.2003.

Textausgabe.
10.A. 2003. 570 S.
€ 11,–. dtv 5538

Schulze
Meine Rechte als Urheber

Urheber- und Verlagsrecht. Geschützte Werkarten und Leistungen, Urheberrechtsschutz, Geschmacksmusterschutz, Leistungsschutz, Verwertungsrechte, Urheberpersönlichkeitsrechte, Nutzungsverträge, Verlagsvertrag, Durchsetzung der Rechte, Geltungsbereich.

4.A. 2001. 336 S.
€ 10,–. dtv 5291 §

Harke
Ideen schützen lassen?

Patente, Marken, Design, Werbung, Copyright.
Der Ratgeber zeigt Erfindern, Gestaltern und Urhebern sowie den Umsetzern und Verwertern, ob und wie sie ihre Rechte an Werken und Ideen schützen und im Konfliktfall durchsetzen können.

1.A. 2000. 701 S.
€ 15,–. dtv 5642 §

GewO · Gewerbeordnung
mit sämtlichen DurchführungsVOen, HandwerksO, GaststättenG, LadenschlussG, ArbeitsschutzG, Bundes-ImmissionsschutzG, ArbeitszeitG, SchwarzarbeitsG u.a.

Textausgabe.
34.A. 2003. 479 S.
€ 7,50. dtv 5004

Gruber
Mein Recht als Gastwirt und Hotelier
Konzession und Sperrzeit, Verträge mit Gästen, Verpächtern und Lieferanten, Haftung und Pflichten, Arbeitsverhältnisse.

2.A. 2000. 191 S.
€ 9,97. dtv 5635 §

Stötter
Das Recht der Handelsvertreter
Vertrag, Provision, Wettbewerbsverbot.

5.A. 2000. 360 S.
€ 10,99. dtv 5210 §

InsO · Insolvenzordnung
Insolvenzordnung, Einführungsgesetz zur InsO (Auszug), Europäische InsolvenzverfahrensVO, Insolvenzrechtliche VergütungsVO, BekanntmachungsVO, VerbraucherinsolvenzVO, VordruckVO, Anfechtungsgesetz.
Stand: 1.5.2003.

Textausgabe.
8.A. 2003. 208 S.
€ 8,–. dtv 5583

Haarmeyer
Guter Rat bei Insolvenz
Problemlösungen für Schuldner und Gläubiger. Was Schuldner und Gläubiger tun können, wie man Krisen frühzeitig erkennt und abwendet, wie man im Insolvenzverfahren Risiken vermeidet und seine Rechte wahrt.

1.A. 2003. 311 S.
€ 12,50. dtv 50626 §

Starthilfen für Unternehmer

Hammer
Soll ich mich selbständig machen?
Chancen und Risiken bei der Neugründung, Geschäftsübernahme oder Beteiligung, Standortwahl, Finanzierung, Recht, Marketing und Controlling.

3.A. 1997. 260 S.
€ 8,64. dtv 5853 €

Füser
Ratgeber Existenzgründung
1000 Ideen und Checklisten zum Erfolg. Eine Fülle von Anregungen für unternehmerisch denkende Praktiker.

2.A. 2004. Rd. 400 S.
Ca. € 12,50. dtv 50828 €

In Vorbereitung für Frühjahr 2004

Hammer
Existenzgründung in der EU
Ein Wegweiser für den Schritt in die Selbständigkeit in 15 Staaten. Gesetzliche Pflichten vor Betriebsaufnahme, Wahl der Rechtsform, steuerliche Verpflichtungen, Finanzierungshilfen sowie Personalarbeit.

1.A. 1999. 323 S.
€ 15,29. dtv 5899 €

PJan2004-S36